Coleção Invenções Democráticas
Volume I

ESPINOSA E A PSICOLOGIA SOCIAL
Ensaios de ontologia política e antropogênese

Coleção Invenções Democráticas
Volume I

LAURENT BOVE

ESPINOSA E A PSICOLOGIA SOCIAL
Ensaios de ontologia política e antropogênese

Organização
David Calderoni

Tradução
André Menezes Rocha
Danilo Bilate de Carvalho
David Calderoni
Bernardo Bianchi
Éricka Mariê Itokazu
Henrique Piccinato Xavier
Lívia Godinho Nery Gomes
Marcelo Barata Ribeiro
Marcos Ferreira de Paula
Maurício Ayer
Moara Passoni
Renato Mezan

Revisão Técnico-Filosófica
Marcos Ferreira de Paula

Nupsi-USP   **autêntica**

Copyright © 2010 Laurent Bove

CONSELHO EDITORIAL INTERNACIONAL
Boaventura de Sousa Santos (Universidade de Coimbra/University of Wisconsin), Christian Azaïs (Université de Picardie Jules Verne d'Amiens), Diego Tatian (Universidad Nacional de Cordoba), Laurent Bove (Université de Picardie Jules Verne d'Amiens), Mariana Gainza, Marilena de Souza Chauí (FFLCH-USP), Milton Meira do Nascimento (FFLCH-USP), Paul Israel Singer (FEA-USP), Sandra Jovchelovitch (London School of Economics), Vittorio Morfino (Università degli studi di Milano-Bicocca).

COORDENADORIA DA COLEÇÃO INVENÇÕES DEMOCRÁTICAS
André Menezes Rocha, David Calderoni, Helena Singer, Lilian L'Abbate Kelian, Luciana de Souza Chauí Mattos Berlinck, Marcelo Gomes Justo, Maria Luci Buff Migliori, Maria Lúcia de Moraes Borges Calderoni.

PROJETO GRÁFICO DE CAPA
Diogo Droschi

PROJETO GRÁFICO DE MIOLO E EDITORAÇÃO ELETRÔNICA
Christiane Costa

REVISÃO
Dila Bragança de Mendonça

EDITORA RESPONSÁVEL
Rejane Dias

Revisado conforme o Novo Acordo Ortográfico.

Todos os direitos reservados pela Autêntica Editora. Nenhuma parte desta publicação poderá ser reproduzida, seja por meios mecânicos, eletrônicos, seja via cópia xerográfica, sem a autorização prévia da Editora.

AUTÊNTICA EDITORA LTDA.
Rua Aimorés, 981, 8º andar . Funcionários
30140-071 . Belo Horizonte . MG
Tel: (55 31) 3222 68 19
Televendas: 0800 283 13 22
www.autenticaeditora.com.br

Dados Internacionais de Catalogação na Publicação (CIP)
(Câmara Brasileira do Livro, SP, Brasil)

Bove, Laurent
 Espinosa e a psicologia social : ensaios de ontologia política e antropogênese / Laurent Bove ; revisão técnico-filosófica Marcos Ferreira de Paula ; organização David Calderoni. – Belo Horizonte: Autêntica Editora / Núcleo de Psicopatologia, Políticas Públicas de Saúde Mental e Ações Comunicativas em Saúde Pública da Universidade de São Paulo – Nupsi-USP, 2010. – (Invenções Democráticas, v.1)

Vários tradutores.
ISBN: 978-85-7526-471-3

1.Filosofia espinosana 2.Política – Filosofia 3. Psicologia social 4. Spinoza, Benedictus de, 1632-1677 – Crítica e interpretação I.Calderoni, David. II.Título. III. Série.

10-04747   CDD-149.7

Índices para catálogo sistemático:
1. Espinosismo : Filosofia   149.7

Sumário

Nota preliminar do revisor técnico-filosófico..7

Invenções Democráticas – Apresentando a Coleção
através da história deste livro..9
David Calderoni

Prefácio..15
Nelson da Silva Junior

Introdução...17

PARTE I **23**
"Desejo sem objeto", singularidade, linguagem e poder.
De Espinosa a Freud e Camus

CAPÍTULO 1..25
Sobre o princípio do conhecimento dos afetos em Espinosa:
causalidade e esforço sem objeto na Ética III

CAPÍTULO 2..41
A adolescência indefinida do mundo

CAPÍTULO 3..53
"Como dizer não às crianças?"

CAPÍTULO 4..63
Potência e prudência de *uma vida*
como singularidade em Espinosa

CAPÍTULO 5..77
Linguagem e poder em Espinosa: a questão da interpretação

CAPÍTULO 6..89
Viver contra o muro:
diagnóstico sobre o estado de nossa
natureza em regime de terror ordinário

PARTE II..**99**
A diferença antropológica na política espinosana

INTRODUÇÃO...101
Espinosa e a questão da diferença antropológica

CAPÍTULO 7..113
A animalização impossível:
a resistência lógica à transferência integral do direito natural

CAPÍTULO 8..117
A animalização realizada:
da lógica de guerra do *arcanum imperii*

CAPÍTULO 9..125
A automação integral das funções humanas:
o paradigma hebreu contra o paradigma turco

CAPÍTULO 10..135
A função ambivalente do amor:
objeto do amor e amor sem objeto na política espinosana

CAPÍTULO 11..153
Direito de guerra e direito comum na política espinosana

CONCLUSÃO..165
O humano e "sua" animalidade
ou a hibridação indefinida do
corpo historicizado dos homens

Bibliografia seletiva de Laurent Bove
sobre lógica dos afetos e política...169

Sobre os tradutores..174

Nota preliminar do revisor técnico-filosófico

Optamos por manter as referências à *Ética* no corpo do texto (salvo exceções), ao passo que as outras obras são citadas em nota de rodapé. A tradução do *Tratado Teológico-Político* (*TTP*) utilizada pelo autor é a de Jacqueline Lagrée e Pierre-François Moreau (*Spinoza Oeuvres III – Traité thélogico-politique*. Trad. J. Lagrée et P-F. Moreau. Paris: PUF, 1999), que estabeleceram uma divisão em parágrafos não constante do texto original em latim; é a essa divisão que Bove se refere com o termo *alínea* ao longo do texto. Para facilitar o trabalho do leitor brasileiro interessado, indicamos entre parênteses a paginação da edição brasileira traduzida por Pires Aurélio (ESPINOSA, B. *Tratado Teológico-Político*. São Paulo: Martins Fontes, 2003). Assim, o *Tratado Teológico-Político* será citado da seguinte forma, p. ex.: *TTP*, cap. XX [6] (p. 302) – onde o número entre colchetes refere-se à alínea da edição de Moreau indicada por Bove (em alguns ensaios), e a página entre parênteses refere-se à edição brasileira de Pires Aurélio. O mesmo cuidado não foi requerido para as citações da *Ética*, do *Tratado da emenda do intelecto* e do *Tratado Político*, porque nelas a divisão textual original permite que leitor se localize mais facilmente. Quanto a esta última obra, o autor utiliza a edição traduzida por Émille Saisset (SPINOZA. *Traité politique*. Paris: LGF, 2002, no Livre de poche, Classiques de la philosophie), introduzida e revisada pelo próprio Bove. Para os textos do *Tratado da emenda do intelecto*, o autor cita duas fontes: (1) a tradução de Charles Appuhn (SPINOZA. *Œuvres I*. Paris: GF Flammarion, 1964); (2) as *Opera quae supersunt omnia*, cujos textos em latim foram estabelecidos por Carl Hermann Bruder em 1843. Como as duas edições seguem diferentes numerações de parágrafos, para que o leitor interessado se situe, mantivemos apenas numeração de Bruder, que corresponde tanto à da tradução de Lívio Teixeira (*Tratado da reforma da inteligência*. São Paulo: Martins Fontes, 2002) quanto à de Carlos L. de Mattos (Tratado da correção do intelecto. In: *Espinosa*. São Paulo: Abril Cultural, 1973, 1. ed. e seguintes. Coleção Os pensadores.). Também para as *Cartas* de Espinosa o autor cita a tradução de Charles Appuhn (SPINOZA. *Œuvres IV*. Paris: GF Flammarion, 1966).

Siglas para as obras de Espinosa

TIE	Tratado da emenda do intelecto – *Tractatus de intellectus emendatione*
TTP	Tratado Teológico-Político – *Tractatus theologico-politicus*
TP	Tratado Político – *Tractatus poiliticus*
CM	Pensamentos metafísicos – *Cogitata metaphysica*

Siglas e abreviações indicativas da *Ética*

AD	Definição dos afetos (*Affectum definitiones*), adendo à parte III
Ap.	Apêndice
cor.	Corolário
def.	Definição
dem.	Demonstração
esc.	Escólio
exp.	Explicação
post.	Postulado
prop.	Proposição
pref.	Prefácios

Formas de citação

E III, *AD* 25	*Ética*, parte III, 25ª Definição dos afetos
E II, 35 esc.	*Ética*, parte II, proposição 35, escólio
TIE §57	*Tratado da emenda do intelecto*, parágrafo 57
TP, cap. I, art. 6	*Tratado Político*, capítulo 1, artigo 6.
TTP, cap. XX [6] (p. 302)	*Tratado Teológico-Político*, capítulo 20, alínea 6, página da edição de Pires Aurélio (ver *Nota preliminar* acima)
CM, I, 6	*Pensamentos metafísicos*, parte I, capítulo 6.

Invenções Democráticas
Apresentando a Coleção através da história deste livro

David Calderoni

> Somente os homens livres são
> gratos uns aos outros
>
> Espinosa, Ética, parte IV, proposição 71.

Na primavera de 2007, espalhei aos quatro ventos o Projeto *Bove no Brasil*.

Na primavera de 2008, floresciam as alianças entre a psicologia social, a psicanálise e a filosofia, formando a rede dialógica instituinte em cujos campos fraternos Laurent Bove viria lavrar suas fundas interrogações da vida humana[1].

---

[1] A polifonia e a cooperação interdisciplinar e interinstitucional entre o Departamento de Psicologia Social e do Trabalho do Instituto de Psicologia da USP (articulado por Nelson da Silva Junior), o Grupo de Estudos Espinosanos da Faculdade de Filosofia, Letras e Ciências Humanas da USP (articulado por Éricka Marie Itockazu) e o Departamento de Psicanálise do Instituto Sedes Sapientiae (articulado por Silvia Leonor Alonso) marcaram as aulas, as conferências e os encontros de Bove em São Paulo no ano de 2008, atividades correspondentes à maior parte dos textos deste livro, as quais compreenderam: de 21 a 24 de outubro, curso de quatro aulas no Instituto de Psicologia da USP, tendo por título *Espinosa e a psicologia social*; em 21 de outubro, conferência na Faculdade de Filosofia, Letras e Ciências Humanas da USP, intitulada *Prudência e potência de uma vida como singularidade em Espinosa*; em 23 de outubro, conferência no Instituto Sedes Sapientiae, intitulada *Sobre o princípio do conhecimento dos afetos em Espinosa. Causalidade e esforço sem objeto na Ética III*. Com relação à minha pesquisa [DC] de pós-doutorado sobre a culpabilidade e à pesquisa de doutorado de Lívia Godinho sobre a experimentação política da amizade, esta orientada e aquela supervisionada por Nelson da Silva Junior, dialogamos com Laurent Bove no Instituto de Psicologia da USP em 20 de outubro. Bove visitou em 23 de outubro a Cidade Escola Aprendiz, onde foi recebido por Lilian Kelian e Helena Singer, destacadas militantes da Educação Democrática. Transitou por São Paulo na calorosa companhia de Lívia Godinho e Moara Passoni. Esta última filmou suas atividades, inclusive o encontro inaugural do Grupo Invenções Democráticas, em 25 de outubro, que possibilitou a ideia desta coleção, conforme narrado adiante. Com relação às conferências proferidas na semana seguinte no Rio de Janeiro (*Direito de guerra e direito comum na política spinozista* e *Linguagem e poder em Espinosa*), foram contatados a pedido de Bove os professores convidantes Mauricio Rocha (PUC-Rio) e André Martins (UFRJ), o que

Foi quando, na língua franco-portuguesa que nossas correspondências semeavam, compreendi com Bove (ainda na França, ao telefone, na iminência de sua vinda) o dito de Espinosa em epígrafe: muito além do cálculo egoísta, a liberdade é dar de graça ao outro o que o outro nos dá por amizade, a saber, a comparticipação no bem comum.

Na amizade com Bove, esse bem comum vem significando o encontro com um conjunto de interrogações essenciais: qual o ser da política? qual o ser do homem? quando uma e outro se animalizam e se automatizam, em que medida ainda haveria uma vida propriamente humana?

Apoiando em Espinosa a articulação entre afeto e poder, tais questões são alinhavadas e desdobradas a partir da tese básica que Bove esposa: as imprescindíveis e necessárias relações de amor, empatia, solidariedade e cooperação que nutrem e sustentam o desenvolvimento de cada um de nós e de toda possível sociedade apoiam-se e articulam-se no desejo de não ser dominado por um igual-semelhante.

Porque me sinto profundamente implicado na relação com essas ideias e com o seu propositor, é com gratidão e prazer que aceitei o honroso e desafiador convite de Laurent Bove para apresentar este seu primeiro livro editado no Brasil: convite honroso, dado o primor intelectual e ético do autor que se faz sentir na originalidade e atualidade da obra; convite desafiador, porque evoca a complexa trajetória na qual se enunciaram entre nós as preciosas reflexões que ora vêm à luz inaugurando a Coleção Invenções Democráticas, seminal parceria com a Editora Autêntica que lança em nossa cultura política uma renovadora e convergente diversidade de interfaces de pensadores e militantes da liberdade – liberdade para cujo zelo assinalo que estas linhas são de minha inteira e exclusiva responsabilidade, sendo ponto sagrado da parceria que congraça a todos os inventores democráticos a salvaguarda da autonomia, da alteridade e da independência nos espaços da autoria singular.

Virtude que marcou o percurso do autor em nosso meio, a produtividade no convívio com a diferença apresenta-se como prolongamento de uma feliz natividade de encontros. De ascendência italiana, Laurent Bove veio ao mundo

---

contribuiu para iniciar relações de cooperação com suas equipes, resultando na grata cessão e incorporação dos esmerados trabalhos de tradução realizados por Bernardo Bianchi, Marcelo Barata Ribeiro e Danilo Bilate de Carvalho. Com relação às atuações fundamentais na vinda de Bove desempenhadas por Nelson da Silva Junior, Éricka Marie Itokazu, Homero Santiago, Renato Mezan, Marilena Chauí e Silvia Leonor Alonso, remetemos o leitor ao texto desta última, que introduziu a conferência de Bove no Sedes e que abre o primeiro ensaio do livro. Por fim, com relação à viabilização desta coleção e deste prefácio, agradeço especialmente a André Menezes Rocha, Cristiano Novaes de Rezende, Lilian L´Abbate Kelian, Luis César Oliva, Helena Singer, Laurent Bove, Lia Pitliuk, Luciana de Souza Chauí Mattos Berlinck, Marcos Ferreira de Paula, Maria das Graças de Sousa, Maria Luci Buff Migliori, Maria Lúcia de Moraes Borges Calderoni, Marilena de Souza Chaui, Marcelo Gomes Justo, Milton Meira do Nascimento e Rejane Dias dos Santos.

em 30 de janeiro de 1949 na cidade francesa de Marselha, cujo cordial cosmopolitismo ambientou a sua amizade face à alteridade e ao estrangeiro. Rima com isso encontrar suas referências biobibliográficas (reproduzidas a seguir, após atualização pelo autor) no periódico internacional *Multitudes*, nome plural referente ao conceito espinosano de multidão como indivíduo político coletivo:

> Laurent Bove é *Professeur des Universités*, professor de filosofia na Universidade de Amiens e pesquisador do UMR 5037 do CNRS (École Normale Supérieure-Lettres et Sciences Humaines de Lyon). Seus trabalhos versam sobre o espinosismo, os moralistas franceses, a ética e a política na Idade Clássica. Suas principais publicações são: *La stratégie du conatus. Affirmation et résistance chez Spinoza* (Vrin, 1996); uma nova edição de *Spinoza. Traité politique* (Livre de Poche, 2002); *Albert Camus, de l'absurde à l'amour* (em colaboração com A. Comte-Sponville e P. Renou, Renaissance du livre, 2001). Dirigiu (e codirigiu) muitas obras, entre as quais *Théâtre et Justice* (Ed. Quintette); *La Recta Ratio* (Ed. Presses de l'Université Paris-Sorbonne); *Vauvenargues, philosophie de la force active* (Ed. Champion); *Le philosophe, le sage et le politique* (Ed. de Saint-Étienne); *Qu'est-ce que les Lumières Radicales?* (Ed. Amsterdam); *Pascal et Spinoza* (Ed. Amsterdam). A essas obras se acrescentará em 2010 *Vauvenargues ou Le Séditieux, Entre Pascal et Spinoza, une philosophie pour la seconde nature* (Ed. Champion).

Ao lado de diversos intelectuais progressistas – entre os quais se encontra o seu amigo Antonio Negri, prefaciador da edição italiana de 2002 de *La stratégie du conatus* –, Bove participou entre 2000 e 2009 do comitê de redação transnacional da já mencionada *Multitudes*, revista de filosofia, arte e política (disponível em meio digital e impresso), para a qual vem elaborando artigos que abrangem: a problemática da monstruosidade no campo político; a crítica da apropriação do legado de Camus pelo pensamento conservador e o resgate de sua aguda leitura do terror banalizado no cotidiano; a análise espinosana do liberalismo como herdeiro da concepção do Estado monárquico de Hobbes; e a retomada filosófica de Vauvenargues como portador de uma revitalização anti-intelectualista e singularizante da experiência afetiva do mundo.[2]

Trabalhando também como codiretor e colaborador da coleção *Caute!* da Editora Amsterdam, voltada à publicação dos resultados de um projeto de pesquisa espinosano em ciências sociais, Bove vem tematizando a lógica dos afetos e da política ao longo de mais de oitenta títulos que compõem a sua vasta e rica produção bibliográfica, arrolada ao final deste volume. Nesses escritos, vemos a leitura de Espinosa entremeada à interpretação de Hobbes, Vauvenargues, Camus

---

[2] Cf.: *Tératopolitique: récits, histoire, (en)-jeux* [em coautoria com Filippo Del Lucchese] in Multitudes 33, été 2008; *Vivre contre un mur. Diagnostic sur l'état de notre nature en régime de terreur ordinaire* in Multitudes 33, été 2008 [texto integrado à presente publicação]; *Politique: "j'entends par là une vie humaine"* in Multitudes 22, automne 2005; *Vauvenargues ou le séditieux. Connaître par sentiment et force productive du singulier* in Multitudes 9, mai-juin 2002.

e Pascal, já mencionados, assim como de Maquiavel, Hegel, Marx, Freud, Peirce, Kojève, Epicuro, Bruegel e Boulainvilliers, entre outros autores, cuja meditativa frequentação permeia a ampla interlocução filosófica cultivada por Bove.

Entre suas produções, possui para nós sabor especial um artigo publicado em português no ano de 2006 sob o título de *Hilaritas et aquiescentia in se ipso [Hilaridade e contentamento íntimo]*. Este escrito – que me introduziu ao pensamento de Bove e que vim a traduzir e encaminhar à publicação – eu o recebi em abril de 1993 das mãos providenciais de Marilena Chauí, que retornava do IV Congresso Internacional *Spinoza by 2000*, ocorrido em Jerusalém.[3] O texto da *"Hilaritas..."* causou-me enorme sentimento de descoberta e de encantamento; sem deixar de ser um meticuloso trabalho de análise e desenvolvimento do pensamento de Espinosa, reconheci imediatamente o seu profundo significado clínico. Rigor e inovação, perfeição lógica e beleza, atenção aos nós vitais do humano: a essas características, que os anos estenderam a todas as minhas experiências de leitura dos textos de Bove, desde logo se deu algo mais difícil de definir e sumamente precioso: ao final das leituras, uma sensação de reconciliação com a humanidade, que é da ordem do sagrado.

Iria acrescentar como um atributo à parte a abertura dialógica. Penso que ela está presente na conjunção das qualidades já mencionadas, exprimindo-se no fato de que, além do interesse de sua temática e de seus resultados, o pensar criativo de Bove inaugura procedimentos metodológicos de grande fecundidade transversal. Assim, abrindo caminhos para uma refundação radical da psicologia social, seu pensamento faz trabalhar, em conjunção com os mecanismos da memória, da temporização e da imitação afetiva, as categorias psicanalíticas de *princípio de prazer, experiência de satisfação, desejo inconsciente, pulsão, associação, transferência, identificação* e *relação objetal*, tornando tais noções operatórias segundo uma interpretação da teoria dos afetos em Espinosa.

Intelectual voltado à ação, a abertura dialógica de Bove se exerce tanto na interface de campos teóricos distintos como na intersecção de práticas diversas. Assim, em 25 de outubro de 2008, culminando a extensa e intensa agenda de encontros, conferências e aulas em São Paulo, registrados pela cineasta e antropóloga Moara Passoni, reuniram-se militantes da *educação democrática* (Lilian Kelian), da *economia solidária* (Paul Singer), da *justiça restaurativa* (Maria Luci Buff Migliori), da *filosofia espinosana* (o próprio Laurent Bove) e do que viria a ser chamado de *movimento da psicopatologia para a saúde pública* (eu, Nelson da Silva Junior e Maria Lúcia Calderoni).

---

[3] BOVE, Laurent. "Hilaritas et acquiescentia in se ipso [Hilaridade e contentamento íntimo]". In Calderoni, David (Org.). *Psicopatologia: clínicas de hoje*. São Paulo:Via Lettera, 2006. p. 43-58. Este texto veio a integrar o quarto capítulo da mencionada obra magna de Bove *La Stratégie du Conatus – Affirmation et Resistence chez Spinoza* (Vrin, 1996).

Num clima de grande amizade e de estimulante curiosidade, demos lugar ao desejo de dialogar sobre nossas afinidades e horizontes de cooperação. Logo no início da conversa – que teve por consequência a decisão de fundar o Grupo Invenções Democráticas –, Paul Singer perguntou de que maneira a filosofia de Espinosa poderia efetivamente entrar em comunicação com as outras práticas ali presentes. Tendo a palavra sido passada a Laurent Bove, este expôs brevemente a posição espinosana em referência a uma declaração feita por Paul Singer num filme sobre a economia solidária.[4] Ali Singer disse, com efeito, que o alimento da autogestão seria "a felicidade: as pessoas se sentem efetivamente muito mais felizes em não ter em quem mandar, nem quem mande nelas...".

Em sua interlocução, Bove tratou de afastar Espinosa da tradição que pensa a subjetividade isolada do mundo e como fundada em si mesma:

> Espinosa – ao pensar tanto o ser humano como a sociedade – pensa sempre em termos de corpo coletivo ou de multiplicidade. Ou seja, para ele, um corpo humano é desde logo um corpo comum no qual e pelo qual convergem e se reúnem múltiplas partes que agem juntas para formar um mesmo indivíduo ("*se vários indivíduos concorrem para uma mesma ação de tal maneira que todos sejam a uma só vez causa de um mesmo efeito, eu considero a todos neste aspecto como uma mesma coisa singular*", escreve Espinosa na definição 7 da parte II de sua *Ética*). E esse corpo comum, que é uma "prática" comum múltipla e convergente, é por seu turno apreendido (e compreendido) num corpo sempre mais vasto (formando ele mesmo um "indivíduo de indivíduos" até chegar à Natureza inteira...).

Inserindo a psicologia individual na psicologia social, Laurent Bove apresentou então um postulado original:

> Há uma palavra latina em Espinosa que é, acho eu, intraduzível: é o que Espinosa chama de *hilaritas*. *Hilaritas*: pode ser o contentamento [*allégresse*], pode ser a satisfação [*gaieté*], mas a tradução nunca é satisfatória. [...] De fato, na *Ética*, Espinosa só fala de *hilaritas* no que concerne ao indivíduo humano, mas de minha parte eu penso que, de maneira totalmente "espinosista", pode-se legitimamente transpor tal afeto ao plano do corpo coletivo... A *hilaritas* torna-se então o afeto democrático por excelência. [...] A *hilaritas* é o sentimento (o afeto) que atravessa o tecido social justamente quando, por conta de sua boa auto-organização, este tecido social é afetado em cada um de seus elementos (ou de suas partes) "em igualdade" por um afeto de alegria. Isso significa que este tecido entrou num regime autônomo de sua potência de agir e de pensar, numa feliz produtividade de si mesmo.[5]

---

[4] *Intervista Paul Singer* [*Entrevista com Paul Singer*]. Disponível em: <http:www.youtube.com watch?v=FbSMSeosqaI.>

[5] No estabelecimento textual das falas deste encontro, eu e Bove colaboramos com Lívia Godinho e Mauricio Ayer.

Desse modo, no diálogo entre a economia solidária e a filosofia espinosana, constitutivo do corpo comum do Grupo Invenções Democráticas, Bove enunciou duas das principais ideias presentes em seus escritos:

- a fundação continuada da sociedade baseia-se num pressuposto democrático universal: o desejo de não ser dominado por um igual-semelhante;
- convergindo também com a felicidade autogestionária postulada por Singer, encontra-se teorizado no nível ético individual por Espinosa um afeto que Bove transpõe ao plano coletivo democrático – a *hilaritas* –, caracterizada como uma alegria equilibrada que atravessa constitutivamente o tecido social quando este opera em regime de auto-organização igualitária.

A meu ver, tal encontro de ideias permite num só lance fundamentar e exprimir a aposta viva e ativa do Grupo e da Coleção *Invenções Democráticas*: posto que toda existência social, qualquer que seja o regime político predominante, se alicerça num desejo e num afeto democráticos, sempre haverá base ontológica para inventar, promover e entrelaçar ações que permitam desenvolver democracia.

Qualifiquei como viva e ativa a aposta que embasa nossas *Invenções Democráticas* porque, no que tange às práticas que se agruparam sob este nome, penso que o movimento que compartem entre si e com o espírito da coleção homônima ora inaugurada caracteriza-se fortemente por uma firme contraposição a toda crença, voluntária ou involuntariamente niilista, que recomende a suspensão da práxis, isto é, dos pensamentos e das ações concretas visando à edificação de sociedades mais justas e equânimes.

Invenções Democráticas: o engajamento em maneiras criativas e solidárias de desenvolver autonomia e cooperação, onde a construção coletiva da liberdade acompanha a contraposição conjunta à lógica e aos efeitos da dominação – eis a posição ético-política que, a meu ver, nos reúne e com relação à qual as palavras de Bove inspiradas em Camus anunciam o desdobramento de sua enriquecedora convergência:

> Compreendemos que, se o niilismo está na destruição do *"comum a todos os homens"* que, verdadeiramente, constitui a matriz da democracia, somente uma nova figura libertária da resistência, liberada da vontade assassina de dominação racional e cujo projeto seja o de *"afirmar o homem em sua carne e em seu esforço de liberdade"*, poderá tecer estes vínculos sociais de solidariedade constitutivos de uma vida comum autenticamente humana.

Primavera de 2009

Prefácio
Nelson da Silva Junior[6]

Apresentar o primeiro livro de Laurent Bove no Brasil significa para mim uma grande honra e uma grande ousadia. Honra, pois Bove é um pensador ímpar, cuja erudição e rigor intelectual estão associados a uma opção de investigação reflexiva *decidida e integralmente* política, a exemplo de pensadores como Pierre Bourdieu e Hannah Arendt. Para além do reconhecimento mundial que Bove possui enquanto um conhecedor da obra de Espinosa, a raridade de tal amálgama bastaria, assim, para honrar aquele que o apresenta.

Ousadia, contudo, pois significa tomar posição num momento em que as questões e os problemas que a filosofia de Espinosa impõe à psicanálise ainda estão longe de poder ser firmemente formuladas. Diria que isso se deve ao caráter inconcluso e aparentemente ilimitado do campo do questionamento, o que se traduz pela ainda incipiente discussão *entre os autores* que abordam o tema "Espinosa e a psicanálise". Do ponto de vista de uma genealogia das influências filosóficas, por exemplo, está por ser realizado o entendimento não apenas da amplitude, mas sobretudo da modalidade de presença de Espinosa no pensamento de Freud e Lacan.

Ao convidarmos Bove para essa sequência de palestras, seminários e conversas sem esperar e sem contar com a constituição prévia desse campo,

---

[6] Doutor em Psicopatologia Fundamental e Psicanálise pela Université de Paris VII – Université Denis Diderot, é professor livre-docente do Departamento de Psicologia Social e do Trabalho da Universidade de São Paulo.

fizemo-lo, portanto, sabendo que seria preciso inventá-lo. Para a felicidade de todos nós, David Calderoni tem o mérito de saber criar espaços de diálogos possíveis entre interlocutores improváveis, entre os quais, a confraria "Invenções Democráticas", já descrita por David.

O diálogo Espinosa/Freud é, pois, improvável, contudo possível e gerador de invenções democráticas. Divergências de base entre os dois autores não devem ser escamoteadas; pelo contrário, um verdadeiro diálogo não apenas exige respeito para com diferenças inconciliáveis mas também as pressupõe. Por exemplo, o caráter primário ou secundário do amor ou da agressividade, na alma humana, o pressuposto de que a vida possui necessariamente uma harmonia consigo própria ou que sua origem se enraíza no *polemos*, no conflito consigo em sua natureza bipartite constituem alguns dos temas cujo aprofundamento permitirá constituir as condições de possibilidade do diálogo Espinosa/Freud. Um ponto particularmente importante no que diz respeito às possibilidades de reflexão teórica sobre as invenções democráticas é o da teoria das massas. São elas necessariamente regredidas, como indicam as teorizações freudianas, ou possuem uma inteligência própria como defende Espinosa? Enfim, a invenção de tal diálogo enquanto democrático pressupõe os alicerces das diferenças entre conceitos e da economia conceitual própria a cada obra. Somente a partir desse momento a fecundação mútua pode acontecer. A transformação recíproca será então consequência da importação de conceitos, importação inerente às releituras e aos recortes que cada modo de pensar acolhe e critica, e, de certo modo, impõe ao outro.

A amizade é um afeto não apenas político em sua essência como também condição de toda ação política. Desejo, assim, convidar o leitor a compartilhar desse diálogo e dele tomar parte quando o desejar, de modo que o pensamento possa abrir novas veredas e clareiras entre homens diferentes.

Janeiro de 2010

Introdução[7]

Este livro é o resultado de um seminário de filosofia ética e política, oferecido no Departamento de Psicologia Social e do Trabalho da Universidade de São Paulo, e de uma série de conferências sobre a filosofia de Espinosa, apresentadas no Brasil em outubro de 2008. A esses textos foram acrescentados dois estudos de psicologia social – *Como dizer não às crianças?* e *A adolescência indefinida do mundo* –, bem como uma reflexão sobre a análise camusiana da História. A unidade do conjunto desses textos está na abordagem *espinosana* da questão da diferença antropológica e, mais especificamente, da articulação entre uma ontologia política e o pensamento da antropogênese, com base na teoria do "*conatus*" desenvolvida por Espinosa na terceira parte de sua *Ética*.

A primeira parte da obra explora os "princípios" desse trabalho na teoria espinosana dos afetos e da singularidade, bem como a significação e o estatuto do conceito de *conatus*. O "esforço que cada ser faz para perseverar em seu ser" é inicialmente tido por um "desejo sem objeto" cuja potência constituinte é aqui analisada em vista da concepção freudiana do afeto. Em seu *Tratado Político*, Espinosa, ademais, concebe o *conatus* como uma prática "prudente", ela mesma identificada à "liberdade da natureza humana". No *Tratado Teológico-Político*, Espinosa escreve que o intelecto é a "lei do prudente", isto é, a verdadeira "fonte de vida". A *Ética* não emprega a noção de prudência. No entanto, o primeiro axioma de sua Parte V aponta o lugar

---
[7] Tradução de Marcos Ferreira de Paula.

vazio de uma causa (o das mudanças, que advém ao sujeito quando este é confrontado à ação de forças contrárias nele) que é efetivamente o de uma "prudência" no princípio da política ética dos remédios – para os afetos passivos – da primeira parte do *De Libertate*. Um esforço prudente que não é nada outro que a causalidade própria do *conatus* da essência de uma coisa singular em sua afirmação resistente.

É essa afirmação resistente que dá o eixo da análise e da investigação aos dois textos de psicologia social, ao passo que nosso estudo da conexão Linguagem-Poder vem completar o exame dos princípios e dos conceitos fundamentais de uma teoria da antropogênese. Em um contexto teórico que é o da *lógica* de guerra (o qual não é necessariamente o de um *estado* de guerra), a linguagem e a leitura (e seu trabalho de interpretação) tornam-se, com efeito, questões ético-políticas maiores para o pensamento da antropogênese. Estuda-se portanto essa questão, não somente através da interpretação da Sagrada Escritura (compreendida como atividade intelectual de resistência que deve estrategicamente reencontrar – segundo um pensamento sobre a conjuntura – os movimentos históricos que resistem, de fato, à dominação teológico-política), mas também por meio da articulação propriamente espinosana da linguagem e do poder que antecipa de maneira espantosa o pensamento pragmatista de um pensador contemporâneo como Pierce.

Reencontra-se na obra o "desejo sem objeto" – como potência de afirmação e resistência – na concepção do tempo em Albert Camus, aqui confrontada ao problema do niilismo. Por que reler Camus hoje? Primeiro, a fim de sublinhar que se trata de um pensador da "crise" e, malgrado as aparências e os desvirtuamentos, de um pensamento da radicalidade, da recusa da dominação e de uma ética da resistência. É esse aspecto crítico que é aqui esclarecido, a partir dos primeiros textos de Camus (escritos de 1935 a 1937) e dos que se seguiram imediatamente à Segunda Guerra mundial e à Liberação. Nesses textos – e é nisso que eles nos interessam – pode-se ler uma reflexão sobre a antropogênese numa dupla relação a uma monstruosidade a defender, e também a uma monstruosidade-política-que-chega[8] (a de um mundo "de comerciantes e policiais"), diante da qual Camus se esforça em re-pensar a *atividade* de uma resistência que escaparia às lógicas do terror.

Pensar a atividade de uma resistência que escapa às lógicas destrutivas (a um pensamento do *contra* e/ou da *negação*), é o que nos permitem, justamente, os textos de Espinosa. Essa análise é o objeto de nossa segunda parte.

A parte II da obra trata diretamente da questão da diferença antropológica, seguindo um fio que os estudos espinosanos não tinham (ao que me

---

[8] No original, *monstruosité-politique-qui-vient*. (N.T.).

consta) jamais seguido até aqui. A ideia de ler Espinosa a partir da questão da antropogênese se impôs no contexto teórico de meus trabalhos precedentes que atribuem importância decisiva ao pensamento de uma resistência *ativa* (a qual reencontramos através das noções de *conatus* e das ações: *vindicare, repellere, expellere* etc.), que se distancia radicalmente do *resistere* cartesiano dos *Princípios da Filosofia*, mas também do pensamento da negação (e, posteriormente, da negação da negação dialética).[9] Esse apagamento da negação, entretanto, vai de par, para a modernidade – como o mostrou Alexandre Kojève em seu comentário da *Fenomenologia do Espírito*[10] – com o apagamento do próprio Homem (o homem como ser pensante e falante, indivíduo livre e histórico, engendrando-se do Homem como negatividade). Desse ponto de vista o espinosismo, que é, para Hegel, a figura filosófica da ontologia identitária, aparece assim como a filosofia por excelência da supressão da diferença antropológica pela redução *animalizante* do ser humano ao seu ser animal eternamente idêntico a si. Donde a desaparição correlativa da liberdade, da moral, da política, da história... e do próprio Homem.

Após um estudo do *espinosismo* tal como é concebido e utilizado na estratégica filosófico-política do seminário de Alexandre Kojève (dado na *École des Hautes Études* de 1933 à 1939)[11], desejei retomar, a partir dos conceitos de "estratégia do *conatus*" (em que "estratégia" toma um sentido não teleológico), e de "resistência ativa", a questão da antropogênese sobre novas bases, isto é, à luz de conceitos fundamentais do espinosismo (justamente aqueles que, segundo o hegelianismo, tornariam esse desenvolvimento impossível...).

A reflexão se desenvolve então segundo quatro eixos maiores:

1º. Podemos sustentar, com base no espinosismo, a tese de uma *animalização* impossível do homem do ponto de vista da teoria jurídico-política do *contrato* e da transferência do direito natural. A partir essencialmente dos capítulos XVII e XX do *Tratado Teológico-Político*, pode-se mostrar por que há uma irredutibilidade da natureza *humana* e por que não haverá jamais transferência integral do direito natural do homem individual ao soberano... Daí uma concepção da resistência que pressupõe uma natureza resistente em sua humanidade (portanto uma identidade do homem que se defende contra os atentados aos seus direitos...).

---

[9] Cf. *La Stratégie du conatus. Affirmation et résistance chez Spinoza*. Paris: Vrin, 1996, e meu prefácio a minha edição do *Traité politique* de Espinosa, "De la prudence des corps. Du physique au politique", Paris: Livre de Poche, 2002.

[10] KOJÈVE, Alexandre .*Introduction à la lecture de Hegel. Leçons sur la* Phénoménologie de l'Esprit, *professées de 1933 à 1939 à l'École des Hautes Études, reunidos e publicados por Raymond Queneau*. Paris: Gallimard, 1947 (retomados em *Bibliothèque des Idées*, em 1968, atualmente publicados pela TEL Gallimard).

[11] Cf. meu artigo "Spinoza dans le cours d'Alexandre Kojève". In BLOCH, Olivier (Org.). *Spinoza au XXᵉ siècle*. Paris: Puf, 1993.

2º. Mas pode-se sustentar também que, *sob* o contrato, existe uma outra lógica, uma *lógica de guerra* que Espinosa nos convida a examinar quando ele escreve, desde o início do capítulo XVII, que o soberano tem, de fato, "múltiplos meios" para conduzir seus sujeitos a crer, amar, odiar "o que ele quer"... ou seja, ele tem a capacidade de produzir homens que "não experimentam nenhum afeto que não seja em virtude do soberano". Entramos então por aí na análise das tecnologias da dominação (ou seja, do *arcanum imperii*), que engajam homens em um processo animalizante por neutralização do que, à primeira vista, era dado como irredutível. *Exit* portanto a resistência *humana*? Esse novo contexto teórico (maquiaveliano, em ruptura tendencial com a teoria do contrato que o recobre parcialmente ainda...) permite redefinir o ato de resistência independentemente da pressuposição de uma essência humana enquanto tal. A resistência é aqui correlativa das *relações* que os afetos constituem, fazendo e desfazendo os próprios homens. A resistência vai se definir como um "direito de guerra", não jurídica e não individualista: trata-se somente de potência de fazer (e desfazer) na e pela complexidade afetiva de um corpo comum. É a resistência de uma potência do múltiplo (da *multitudinis potentia*, como conceito da complexidade), que possui inalienavelmente a soberania política e antropogenética (na produção indefinida de estilos e/ou maneiras de ser humano, no apagamento do Homem como humanidade que resiste).

3º. Constata-se então que se Espinosa oferece o pensamento original de uma antropogênese, ele pensa também os processos *inversos* da "animalização" segundo duas figuras da servidão radical: animalização por "atomização" dos indivíduos (Estado turco), animalização por "automação" integral das funções humanas (Estado hebreu). O paradoxo do Estado hebreu é o de mostrar que a servidão pode ser perfeitamente auto-organizada (segundo um regime de heteronomia integral) na ilusão partilhada da liberdade humana, mas também na fraternidade e igualdade reais.

4º. Donde a necessidade de repor a questão de uma definição da democracia verdadeira como potência de antropogênese ou como processo constituinte. Questão que é tratada através do exame da ambivalência do "comum" e mais particularmente do amor (do qual se perguntará sobre o objeto político ou, no pensamento espinosano da democracia, sobre a *ausência* do objeto...), e também por um retorno sobre a natureza de um "direito de guerra" que Espinosa afirma como indispensável a um pensamento político da paz verdadeira...

Guiando-nos, como que pela mão, rumo a uma concepção dos humanos, de suas humanidades e de suas animalidades, como processo de hibridações indefinidas dos corpos historicizados dos homens, a filosofia de Espinosa nos ajuda hoje a pensar, de maneira emancipadora, o processo da antropogênese bem como os impasses históricos (na automação e na animalização) que a ameaçam. O espinosismo nos oferece assim uma alternativa ético-política totalmente original (na articulação singular entre uma ontologia política e uma antropogênese) a partir da qual somos convidados a *re-pensar* profundamente o que querem dizer moral, política, democracia, igualdade, liberdade, mas também a *humanidade* do homem.

Meus mais vivos agradecimentos, por seu caloroso acolhimento, sua contribuição à realização deste livro e à iniciativa de minha vinda ao Brasil, a meus colegas e amigos David Calderoni e Nelson da Silva Junior, assim como a Marcos Ferreira de Paula, que coordenou a tradução da obra. Meus agradecimentos vão também a Paul Singer por sua generosa disponibilidade, assim como a Marilena Chauí, Maria das Graças de Souza, Homero Santiago, Silvia Leonor Alonso, Renato Mezan, André Martins, Maurício Rocha, Éricka Marie Itokazu, André Menezes Rocha, Cristiano Novaes de Resende, Lílian L'Abbate Kelian, Helena Singer, Lia Pitliuk, Luciana de Souza Chauí Mattos Berlinck, Maria Luci Buff Migliori, Maria Lúcia Calderoni, Marcelo Gomes Justo, Milton Meira do Nascimento, Rejane Dias dos Santos, Danilo Bilate de Carvalho, Bernardo Bianchi, Henrique Piccinato Xavier, Marcelo Barata Ribeiro, Maurício Ayer. É com uma afeição particular que eu agradeço a Lívia Godinho Nery Gomes e Moara Passoni, Alex Leite e Denise Ripper por me terem feito, também, descobrir São Paulo e Rio de Janeiro. Obrigado, enfim, a todos os que eu não pude nomear, que participaram das sessões do seminário e das diversas conferências. Obrigado calorosamente a todos por esse momentos de reflexão e de amizade.

Parte I

"Desejo sem objeto", singularidade, linguagem e poder. De Espinosa a Freud e Camus

CAPÍTULO 1
Sobre o princípio do conhecimento dos afetos em Espinosa:
causalidade e esforço sem objeto na Ética III[12]

Abertura da Conferência, por Silvia Leonor Alonso

Esta conferência está incluída num evento maior, do qual participaram várias instituições: o PST – Departamento de Psicologia Social e do Trabalho do Instituto de Psicologia da Universidade de São Paulo, desde onde Nelson da Silva Junior realizou o convite oficial para o Prof. Bove, nos marcos práticos inaugurais do projeto de acordo de cooperação entre a USP e a Universidade de Amiens.

A outra instituição participante desse evento maior é o Grupo de Estudos Espinosanos do Departamento de Filosofia da Faculdade de Filosofia, Letras e Ciências Humanas da Universidade de São Paulo, grupo integrado pela Profa. Marilena Chauí e que, desde 1996, pesquisa Espinosa e outros pensadores do século XVII.

A essas instâncias institucionais aliou-se o Departamento de Psicanálise do Instituto Sedes Sapientiae, em nome do qual gostaria de agradecer a Érika Marie Itokazu, membro do Grupo de Estudos Espinosanos, que permitiu a divulgação conjunta do evento, assim como a Homero Santiago, do mesmo Grupo, que participou dos encontros preliminares feitos pelo Departamento de Psicanálise em preparação a esta conferência.

---

[12] Conferência proferida no Instituto Sedes Sapientiae, em 23 de outubro de 2008. Tradução e edição de Renato Mezan. O tradutor agradece a Lia Pitliuk a cuidadosa transcrição das fitas originais e a David Calderoni por disponibilizar o DVD da conferência, que permitiu completar alguns trechos inaudíveis ou faltando nas fitas.

Foram dois os encontros preparatórios. No primeiro deles, Homero Santiago fez uma apresentação sobre os conceitos de Imanência e Transcendência em Espinosa, realizando proveitosas sínteses das questões centrais espinosanas a partir do primeiro parágrafo da primeira parte da Ética. Nosso Departamento lhe agradece por sua relevante colaboração.

No segundo encontro preparatório, David Calderoni apresentou o texto *Considerações sobre a culpa em Freud e Espinosa* à luz de dois casos clínicos com crianças.[13]

A interessante troca desses encontros preliminares fez surgir entre os participantes a proposta de continuidade deste diálogo interdisciplinar e, neste momento, a Área de Formação Contínua do Conselho de Direção está processando a forma possível de dar continuidade, dentro do Departamento de Psicanálise, a este diálogo que, certamente, será enriquecedor para todos.

Conferência de Laurent Bove

Em primeiro lugar, boa noite a todos. E minhas desculpas por não falar a sua bonita língua, que, depois de muitos diálogos com meu amigo David Calderoni, começo a compreender. Agradeço também a Silvia Alonso, que me recebe aqui, e a Renato Mezan, que vai traduzir a conferência. Vou lhes falar sobre Espinosa, e mais precisamente sobre uma parte da sua obra – a Parte III da *Ética* – que trata dos afetos.

Espinosa situa este problema a partir de alguns princípios fundamentais. O primeiro é que a realidade dos afetos só pode ser percebida se começarmos por expulsar do seu conceito a ideia de *finalidade*. Aqui ele segue o modelo, recente na época, da revolução galileana e busca oferecer dos afetos uma leitura estritamente racional. *Racional* significa aqui absolutamente *causal*: busca-se a causa dos afetos, considerada como se desenvolvendo dentro de um campo natural. Obviamente, isso exclui o sobrenatural; além disso, a natureza em questão é vista como *imanente*.

Vocês sabem que Espinosa provocou escândalo com sua ideia fundamental, segundo a qual a própria noção de Deus só tem sentido se a identificarmos com aquilo que é infinitamente infinito, ou seja, a Natureza. Essa Natureza determina a existência de seres e de coisas, como nós e outros, que se caracterizam por diferentes níveis de potência ou de força. De tal forma que a visão que ele tem daquilo que há para ser explicado e entendido – a realidade – é articulada do ponto de vista do desejo. Mas o desejo é compreendido como potência: não desejo "de algo", mas a própria potência de afirmar a vida e de produzir efeitos. É a isso que ele chama, em latim, *conatus* – o esforço que cada ente faz para perseverar no seu ser. É isso o desejo compreendido como

---

[13] Cf. http:www.sedes.org.br/Departamentos/Psicanalise/laurent_bove.htm

determinação finita – limitada – dentro daquilo que é infinitamente infinito, num plano de imanência. Dito de outro modo, o *apetite* ou *desejo* é antes de mais nada uma potência para agir.

Assim, temos duas ideias centrais: o *conatus*, o esforço para perseverar, e o *apetite* como potência de agir. Em função dos encontros que se dão entre os vários seres, a potência de cada um deles flutua. A *alegria* é definida por Espinosa como a sensação que experimentamos quando nossa potência aumenta, e *tristeza* é o efeito de um encontro que diminui nossa potência de agir. Há uma significação psicológica nesses termos, na medida em que se trata da sensação vivida ou experimentada pelo ser em questão.

Sobre esses quatro conceitos fundamentais, então – *conatus*, apetite, alegria e tristeza – ele vai apoiar a sua definição do amor e do ódio. Estes nada mais são do que respectivamente a alegria ou a tristeza, porém numa situação peculiar: quando podemos ter uma ideia da causa que nos faz sentir alegria ou tristeza. Isso só concerne aos seres humanos. É bem provável que muitos animais experimentem alegria ou tristeza como ele as definiu; mas outros, que somos nós, são capazes de ir além, e vivenciar afetos de amor e de ódio, porque temos uma ideia da causa que os provoca. Uma consequência importante disso é que nunca designamos a causa verdadeira das nossas alegrias e tristezas: ela, ou elas, são essencialmente inconscientes.

Em seguida, o que aparece nesse nível de complexidade (do amor ou do ódio) é o equivalente de uma relação objetal. Por quê? Porque essa causa suposta para o afeto que sinto é imediatamente identificada com uma coisa ou com uma pessoa. Isso é muito importante: os amores e os ódios são, no vocabulário de Espinosa, completamente imaginários, apesar de estarem enraizados numa base absolutamente real.

Tendo colocado esses elementos, ele vai procurar deduzir as primeiras leis da lógica dos afetos. Há várias lógicas aqui. Primeiro, uma lógica de *associação*; segundo, uma lógica de *transferência*; depois, uma lógica de *temporalização*; e por fim uma lógica de *identificação*. Sua abordagem do real é completamente "necessitarista", o que significa que exclui qualquer casualidade, qualquer acaso, qualquer interferência do que quer que seja exceto causas naturais, identificáveis e pensáveis.

Quando Freud vai aos Estados Unidos fazer suas conferências, a primeira coisa que ele afirma na Clark University é o princípio do determinismo: não existe livre-arbítrio. Espinosa fez isso antes dele. Ele coloca o princípio de contiguidade e diz textualmente o seguinte: "se a alma foi uma vez afetada simultaneamente por dois afetos, quando mais tarde ela for afetada por um deles, o outro a afetará igualmente".

O outro grande eixo, o da semelhança, vai criando associações por transferência, graças a essa semelhança: "apenas pelo fato de imaginarmos que uma coisa tem semelhança com um objeto que habitualmente afeta a alma com alegria ou tristeza, nós amaremos ou odiaremos essa coisa". A semelhança pode ser com algo que nos produz um afeto semelhante ou com algo que nos produz um afeto contrário; há possibilidade de mescla desses dois afetos, ou seja, de associação ambivalente, ou combinada por transferência e semelhança, "na medida em que a coisa que nos afeta habitualmente com alegria ou tristeza também pode se assemelhar a outra que nos toca com o afeto contrário". Surgem assim sentimentos mistos. Uma outra forma é a temporalização. Espinosa demonstra isso utilizando uma teoria que identifica fenômeno perceptivo e fenômeno alucinatório: "o homem se encontra afetado pela imagem de uma coisa passada ou futura com o mesmo afeto de alegria e tristeza que pela imagem de uma coisa presente".[14] Ou seja, o que não está presente – o passado ou o futuro – também tem o poder de nos mobilizar.

O caso da identificação é um pouquinho mais complicado. Há duas possibilidades. A primeira: nós já temos amores e ódios, e, portanto, os associamos com pessoas ou com coisas. A segunda se situa num nível mais arcaico, mais primitivo, anterior à polarização do amor e do ódio por figuras específicas, nessa espécie de vínculo osmótico no qual o indivíduo imita o afeto – ou o comportamento – de um outro. Essa dimensão profunda da identificação se encontra aquém ou abaixo da relação objetal.

Acabo de mencionar alguns conceitos fundamentais. Entrando um pouco mais no nosso tema, vou agora colocar em primeiro lugar um princípio de método, que já mencionei rapidamente: trata-se de afastar um importante obstáculo epistemológico. Espinosa diz: o homem não é um império dentro de um império. Ele se opõe a todas as filosofias do sujeito e do livre-arbítrio, os quais seriam, do ponto de vista das leis na natureza, "um milagre permanente".

Se queremos ser científicos, é preciso apoiar o conhecimento do afeto em leis naturais, que evidentemente dizem respeito a seres singulares, mas de forma alguma a *sujeitos* no sentido da filosofia posterior. No fundo, qual é a tarefa dessa lógica dos afetos? É mostrar de que maneira fenômenos aparentemente irracionais – ocorram eles no nível do imaginário ou no nível das paixões – podem e devem ser reduzidos ao exercício normal do pensamento racional. Isso se apoia, por sua vez, em outra ideia central do filósofo: o real é integralmente inteligível.

Um pouco antes de Espinosa, no *Tratado sobre as paixões*, a partir de um ponto de vista um pouco diferente, Descartes havia tentado algo semelhante: tratar as paixões como algo que tem a ver com o físico, com o corporal. O seu livro marca o início desse empreendimento de laicização ou de naturalização dos sentimentos e das paixões. Espinosa – em geral um crítico agudo das insuficiências de Descartes – afirma que nesse caso seu predecessor começou

---

[14] Sobre estas três situações, ver *Ética*, parte III, proposições 16, 17 e 18. (N. R.).

bem, mas se perdeu no meio do caminho, porque sofria de três preconceitos fundamentais, matriciais, que acabaram viciando seu empreendimento e o conduzindo ao fracasso. Primeiro e fundamental: Descartes não chega a abandonar por completo uma visão teleológica, finalista – uma visão de mundo que se apoia na pergunta "para quê?". Segundo, ele acredita no livre-arbítrio. Terceiro, repete algo que vem desde Platão e foi se tornando difundido por meio da religião, do cristianismo e de outras visões religiosas: que existe uma dualidade entre a alma e o corpo.

Para Espinosa, existe uma unidade do real, que faz com que qualquer acontecimento no plano do espírito seja simultaneamente um acontecimento no plano do corpo. Seria absurdo imaginar uma "psicossomática espinosana", porque na verdade não existe causalidade do corpo sobre o espírito, nem inversamente: há causalidades nos corpos *e* nos espíritos, que podem ser pensadas em conjunto. Falando em termos absolutos, trata-se da *mesma* causalidade. Assim, quando estudamos os afetos, estudamos simultaneamente o ponto de vista do corpo e o ponto de vista do espírito ou da alma.

Em primeiro lugar, as *afecções* – ou modificações – do corpo decorrem de seus encontros com outros seres, outros entes, que lhe são exteriores, e com os quais ele entra em relações de conflito, confronto, aliança etc. Esses encontros acarretam modificações na potência de agir de cada um dos envolvidos (de onde a alegria ou a tristeza), e que correspondem simultaneamente, no espírito, a tipos de ideias ou de representações. Ou seja, o afeto é ao mesmo tempo e indissoluvelmente uma afecção ou modificação do corpo, algo sentido como uma sensação, vivência ou experiência, *e* uma afecção da alma, uma ideia. Para Espinosa, um afeto e uma ideia são duas faces de uma mesma coisa: não se separam, embora possam ser vividos e pensados diferentemente, como dois aspectos de algo idêntico, que é fundamentalmente de ordem corporal.

Falamos de *potência*. Portanto, estamos dentro de relações energéticas, de força: as modificações do corpo são aspectos ligados a forças. As ideias, os afetos, todos estão atravessados por esta ideia de força. Espinosa define o afeto da seguinte maneira: "por *afeto*, entendo as afecções do corpo que aumentam ou diminuem, ajudam ou contrariam a potência de agir desse corpo, e, ao mesmo tempo, por *afeto* entendo também as ideias dessas afecções" (*E* III, *def.* 3). Quer dizer, a realidade e o seu conceito. É preciso entender a necessidade do surgimento do afeto em meio a tantos fatores que nos atingem, e essa articulação entre o que se passa no nível do afeto e o que se passa no nível da nossa capacidade de pensar.

Temos três casos possíveis. O primeiro é que o afeto ajude a potência de agir de um corpo: quando o experimentamos, sentimo-nos mais energizados, mais fortes, mais potentes. Dependendo do grau em que se der esse aumento de potência, pode ocorrer um fenômeno de complexificação, de multiplicação, de variação: essa rede se torna mais densa e mais articulada. Rede de quê? Das nossas aptidões a afetar e a sermos afetados, simultaneamente.

Quando isso acontece a partir de um certo limiar, podemos ter um tipo de ideia a que Espinosa denomina " ideias verdadeiras". Isso é importante: o pensamento de Espinosa trabalha com a ideia de *patamares* de complexidade e de complexificação. O que leva então à concepção de que as ideias verdadeiras surgem a partir de certo limiar de densificação desse reticulado pelo qual podemos representar as capacidades de potência de um determinado indivíduo. Outro ponto importante: para Espinosa, a ideia verdadeira só pode acompanhar afetos simultaneamente ativos e alegres.

No segundo caso, há um aumento da potência de agir do corpo, mas a potência dele permanece *aquém* do limiar a partir do qual a ideia pode se tornar verdadeira ou adequada. Nesse caso, diz Espinosa, estamos no domínio da paixão, do passivo. No primeiro caso, o afeto é alegre *e* ativo; no segundo caso, ele permanece alegre – existem paixões alegres – mas o afeto é passivo. Outro ponto fundamental: por que ele é passivo? Porque, nesse embate entre aquilo que de fora me afeta e a minha própria potência de agir, as causas exteriores têm um peso ou um valor maior. Consequentemente, sou afetado por assim dizer "à minha revelia".

Agora o terceiro caso. Nos dois anteriores, a potência aumenta: no primeiro, aumenta mais que o suficiente; no segundo, não aumenta o suficiente. No que vamos considerar agora, o terceiro, ela abaixa. Por meio desses encontros com outros seres singulares, posso ter minha potência de agir *diminuída*, e nesse caso serei tomado pelo afeto chamado tristeza. O correlato intelectual dos afetos tristes são as ideias chamadas *falsas* ou *inadequadas*, e, se isso chegar a um ponto no qual o afeto triste invade a totalidade do sistema, significa a morte. Esse ponto não é difícil de entender: se o desejo está ligado ao esforço para perseverar, para se expandir, aumentar etc., quando acontece o oposto disso tudo, pode-se atingir um ponto no qual os afetos tristes tomam todas as partes do corpo e do espírito.

A essa situação-limite, Espinosa chama *melancholia*. Quando ela se instala, desaparece a vontade de viver, e o ser pode se suicidar. O *conatus* se inverte então numa pulsão de morte. O ente foi estrangulado pelas forças externas, a ponto de que a consciência da própria morte ou do próprio suicídio seria uma contradição em termos. "Eu me suicido" seria uma contradição em termos. Em todo caso, o que importa é que a invasão do afeto triste pode chegar a um ponto de paralisia completa desse indivíduo, que tem o nome técnico de *melancolia*.

Vamos nos deter um pouquinho nessa ideia de *conatus*, ou potência, ou esforço, ou desejo, ou capacidade para agir (todos esses termos são muito próximos no pensamento de Espinosa). O singular é sempre alguma coisa já dada num certo nível de complexidade: não é um *sujeito* no sentido de dispor da capacidade de livre-arbítrio, de uma decisão independente de tudo e de todos. Não: já estamos sempre num nível determinado de complexidade. O indivíduo, na verdade, é sempre composto por indivíduos menores, em graus diferentes de complexidade, e, portanto, está longe de ser algo puramente simples. Essa constituição do indivíduo por partes – sejam membros, órgãos, moléculas etc. – forma um conjunto dotado de unidade porque todas as partes concorrem para um mesmo efeito. De tal maneira que se pode dizer que o indivíduo é uma "causalidade convergente".

Como estamos numa filosofia da necessidade e da causalidade radicais, pelo próprio fato de ser uma causalidade convergente, uma reunião de causalidades que visam a algo em comum, por isso mesmo o indivíduo é também palco de contradições. Isso é muito importante: não existe pulsão de morte preestabelecida em Espinosa, porque seria impossível que algo abrigasse em si mesmo o princípio de sua própria destruição. Trata-se de uma filosofia da *expansão*: podem acontecer maus encontros, que abaixam minha potência porque o outro é mais forte do que eu, mas não há nada que internamente me leve à autodestruição.

Embora não exista um princípio ontológico de autodestruição, não é possível pensar sem levar em conta que as pessoas, os seres, as coisas são divididos e contraditórios. Isso lhes vem do exterior, mas de alguma forma é assumido pelo indivíduo singular. Quem se ocupa dessa tarefa é uma parte do ser a que Espinosa chama *imaginação*. Essa divisão interna leva a uma situação paradoxal: embora todos queiramos a salvação, na verdade – como não sabemos para onde vamos, nem por que agimos como agimos, estamos na ignorância e na superstição – acabamos tomando medidas que produzem o efeito contrário àquele que desejávamos. Como diz Espinosa: combatemos pela nossa escravidão como se fosse pela nossa salvação.

Uma vez colocada a ideia de força sem qualquer finalismo, sem "para quê serve" etc., Espinosa, com uma lógica implacável, vai tirar todas as consequências que se deduzem desse conceito, ou seja, do ato de *pôr* a força.

Isso significa, em especial, que somos tão perfeitos quanto podemos ser: não nos falta absolutamente nada, nunca. Sempre extraímos as consequências da potência ou da força que temos; esta pode passar por intensidades variáveis, porém é sempre determinada. Alguém perguntou a Espinosa: "e o cego"? Espinosa respondeu que o cego *não* é aquele que não é dotado de visão: é uma maneira específica e própria de ser. Isso é importante porque, ao se falar em estratégia ou ação, nossos hábitos mentais nos levam quase inevitavelmente a pensar numa finalidade: uma "estratégia para...", "ação para..." etc. O que Espinosa está afirmando é que, pelo próprio fato de sermos um conjunto de forças articuladas de uma determinada forma, aquilo que fazemos ou realizamos é exatamente aquilo que *podemos* fazer ou realizar – nem mais, nem menos – segundo as flutuações de potência que vão ocorrendo pelos encontros bons ou maus, felizes ou infelizes, durante a nossa existência, independentemente de qualquer finalidade.

O ser vai funcionando, agindo; dependendo daquilo que ele encontra, e da maneira como lida com as situações que vão acontecendo, sua potência pode aumentar ou diminuir. Espinosa usa o termo *prudência* justamente para designar esse modo de funcionamento, essa união/separação/deslizamento. Contudo, dependendo da maneira como o ente se comportar, e da maneira como utilizar a sua potência, os efeitos dos seus atos podem se voltar contra ele e destruí-lo. Isso também é possível.

O ente vai sempre agir da maneira que considera prudente e adequada; no entanto, sua ação pode ter efeitos paradoxais. No campo da política, em particular, isso significa que, apesar dessa prudência predeterminada, de poder usar os meios de que dispõem, muitas vezes os homens combaterão pela sua servidão como se estivessem combatendo pela sua liberdade. Ou seja, a análise dos seres humanos e de seus delírios é paralela à análise dos corpos coletivos. Isso porque nós mesmos já somos indivíduos coletivos, constituídos por inúmeras partes.

Vou avançar então um pouquinho mais sobre essas orientações do desejo, conceito para o qual Espinosa usa a palavra latina *cupiditas*. O desejo, o *conatus*, a alegria e a tristeza explicam em primeiro lugar aquilo a que Espinosa chama *os decretos da alma* – e decretos aqui são as ideias, os desejos, as vontades, aquilo que nossa alma nos leva a fazer. Os quatro que acabo de mencionar são chamados por ele de *afetos primários*, porque deles nascem todos os demais. Gostaria de lhes dar uma ideia do que significam esses diferentes termos e como se organizam – desejo, alegria, tristeza etc.

Embora sejamos conscientes dos esforços que fazemos para viver, nós não temos a mais remota ideia das verdadeiras causas que nos determinam a agir. Do ponto de vista da sua causalidade, o desejo é essencialmente inconsciente. Considerar o desejo como a afirmação de uma singularidade atravessada por relações de forças serve a Espinosa para definir uma natureza que pode ser flutuante, mas que também pode adquirir, no imaginário, uma certa estabilidade. É preciso manter juntos, por um lado, a perseveração, o esforço para continuar, e, por outro lado, os efeitos dessas inúmeras ações, que podem chegar até o paradoxo.

Nesse ponto, é interessante distinguir entre o *desejo sem objeto* e as estratégias dos desejos conscientes, que, estes sim, possuem objetos. O *conatus* é desejo sem objeto porque não é nada mais que a produtividade do real em nós e através de nós, que funciona sem finalidade alguma e sem motivação alguma. Existe uma estratégia do desejo não teleológica, e por isso mesmo sem objeto. Quando a consciência intervém, vai refletir de maneira ilusória esse processo: para a consciência, os objetos estão ali desde sempre.

Os objetos já são de certa forma interpretados pela consciência a partir da experiência de amor ou de ódio que os acompanha. Isso significa que a consciência vai se dotar de estratégias teleológicas, finalistas, em geral completamente inadequadas, porque atravessadas pelo imaginário – diversas e distantes do que é realizado pelas estratégias reais, do que na realidade está acontecendo. O melhor exemplo disso é a ilusão da consciência de que nós desejamos uma coisa *porque* a julgamos boa, quando na verdade é o contrário: julgamos bom aquilo que desejamos. A consciência vai operar uma inversão da própria lógica do desejo, dos afetos e da sua explicação – tudo de ponta-cabeça. Do ponto de vista freudiano, poder-se-ia dizer que a consciência é um lugar de *méconnaissance*.[15] O vocabulário é diferente, mas a ideia é a mesma.

Quais são as causas do surgimento do primeiro desejo, isto é, do processo pelo qual algo polariza a consciência e se transforma em objeto dela? Espinosa nos envia então à experiência primeira de satisfação. Ele não leu Pavlov, mas no *Breve Tratado*, que é um texto de juventude, dá o exemplo de um menino que associa uma satisfação qualquer ao som de um sino, e a cada vez que o sino toca ele "saliva", para dizer as coisas rapidamente (risos).[16]

Aqui temos – no meio de tantas semelhanças desse pensamento com a psicanálise – uma diferença fundamental: contrariamente ao que sustenta Freud, e também Lacan, a *falta* não é essencial. Num mundo de positividade integral, não pode haver falta essencial, nem de qualquer outro tipo: a falta é sempre imaginária. O exemplo do cego, muito interessante, é assunto de uma longa discussão entre Espinosa e seus correspondentes. Estes dizem: "ao cego falta a visão", "ao surdo falta a audição", "ao coxo falta um andar sem esforço", "ao ignorante falta a sabedoria". Espinosa diz: não, não, não e não.[17] Cada um desses seres possui sua própria modalidade de existência. Aqui é a mesma coisa: contrariamente ao que dizem Lacan e Freud, não pode haver falta; a falta é sempre produzida como efeito ilusório da imaginação.

---

[15] *Méconnaissance* é mais do que desconhecimento ou ignorância: envolve a ideia de ilusão, de autoengano, de não "querer saber" do que se trata, porém sem saber que se está fazendo isso, ou seja, involuntariamente. Se for um ato voluntário, estaremos diante da mentira, que é outra coisa. (N. T.).

[16] Trata-se de uma passagem do *Breve tratado* em que Espinosa, analisando a diferença entre vontade e desejo, imagina uma criança tendo pela primeira vez uma percepção, no caso, o soar de um sininho, que lhe desperta um desejo (ver, p. ex., a edição traduzida por Atilano Dominguez: *Tratado breve*. Madrid: Alianza Editorial, 1990, segunda parte, Capítulo XVII, §4, p. 137). N. R.

[17] Na Carta 21, de 28 de janeiro de 1665, a Blyjenbergh, numa passagem em que trata das noções de negação e privação, Espinosa afirma que um cego não é aquele que está privado de visão; dizemos isso quando o comparamos àqueles que veem ou a um estado seu anterior, quando via. Ao afirmar que um cego está privado da visão, na verdade, estaríamos *negando* algo que julgamos pertencer à sua essência atual (o que fazemos por comparação); fazer tal negação é, para Espinosa, tão absurdo quanto dizer que uma pedra é cega. Cf. *Carta 21*, p. ex., na edição de Atilano Dominguez: *Correspondencia*. Madrid: Alianza Editorial, 1988, p. 195. (N. R.).

Como Freud, Espinosa diz que o desejo é a essência do homem – mas é importante perceber que, por trás da homofonia das palavras, trata-se de conceitos bem diferentes. Para ele, o desejo é a produtividade mesma da vida por meio e através dos afetos, mas isso não envolve nenhuma ideia de falta: não é um "desejo de...", não pede complemento nominal. A natureza do desejo como afeto primário é a potência ou aptidão para fazer alguma coisa, ou seja, de produzir efeitos por si mesma.

Agora, o grande problema da *Ética* é quem vai colocar o guizo no pescoço do gato (risos). Se essa é a natureza humana, se esta é a essência da realidade, por que não somos felizes? Por que nossa potência de ser e de agir não aumenta sempre, até chegar ao grau supremo, que Espinosa chama de *beatitudo* ou felicidade? Por que, ao contrário, somos tão infelizes? Por que o tempo todo nos vemos às voltas com os efeitos perversos e horrendos das nossas próprias ações e das dos outros?

O desejo é aqui uma potência de *afecção*, ou seja, uma capacidade de ser afetado. Isso significa ser mobilizado, modificado, transformado, tocado etc, e também a capacidade que esses efeitos têm de produzir por sua vez novos efeitos. Há uma orientação nesse processo, que podemos chamar de um *princípio do prazer*: na verdade, desejamos repetir os estados que produziram satisfação, a partir de experiências, traços, hábitos, tanto no corpo como no espírito. Por isso, quando chegamos mais perto do indivíduo singular, a memória ganha destaque especial, porque é graças a ela que essa orientação pode se estabelecer – em função dos traços e lembranças que ela conserva.

No entanto, Espinosa percebe a ambiguidade, a ambivalência da memória. Por um lado, ela tende a nos fazer repetir estados idênticos ou que supomos ser idênticos; por outro, a memória entra em processos ativos de resistência, de estratégia etc. Citando a *Ética*: "quando a alma imagina algo que diminui ou contraria a potência de agir do corpo, ela se esforça tanto quanto possível por lembrar-se de coisas que excluam a existência daquela ameaça" (*E* III, 13). Então, justamente, aqui a memória entra no mesmo conjunto de princípios que foram estabelecidos, ou seja, deve ser avaliada constantemente na sua possibilidade de reforçar os meios dos quais dispõe um ente singular, nos seus encontros, na sua forma de viver e de lidar com a vida, para aumentar ou diminuir seus meios de ação. E isso sem recorrer a qualquer finalidade ou teleologia.[18]

Estamos aqui então diante de lógicas essencialmente inconscientes, e também do desejo sem finalidade nem objetivos. Até aqui, estamos em processos

---

[18] Aparte de David Calderoni: "*Estamos falando da memória de um "sujeito" individual; queria acrescentar que isso se aplica também ao "sujeito" coletivo - por exemplo, ao conjunto dos que viviam sob o Estado teocrático hebreu estudado no Tratado Teológico-Político. A memória vale também para o corpo coletivo...*".

reais de ação, de forças *aquém* da representação de uma lei. Na *Habanera* da ópera *Carmen*, ouvimos que "*L'amour est enfant de bohème / Qui n'a jamais, jamais connu de loi*" (o amor é filho de uma cigana, e nunca conheceu lei alguma). Isso é completamente louco de um ponto de vista espinosista, porque a lei se introduz na alma no nível da lógica da representação: no momento em que há amor, já há uma representação da lei. O amor, na verdade, é um estratagema da lei para submeter o desejo, porque este se torna então desejo *de* um objeto, ainda que tal objeto seja imaginário ou alucinatório.

Dissemos que Espinosa define o amor como a alegria acompanhada da ideia de uma causa exterior. Essa causa exterior é necessariamente imaginativa. Ou seja, a consciência se engana acerca da causa da alegria, e, além disso, ela faz da sua causa uma *coisa*. Essa coisa, por sua vez, vai determinar novas estratégias, de tal forma que é sempre a coisa imaginária, e nunca a coisa real, verdadeira, que é buscada pela consciência. Tanto a estrutura do desejo de objeto quanto a estrutura do próprio objeto, nesse sentido, são fundamentalmente imaginárias. Só que – lembro mais uma vez – estamos numa filosofia da positividade absoluta: *imaginário* não quer dizer *quimérico*, que não existe. O imaginário tem um efeito concreto, na medida em que determina a ação, alimenta estratégias etc. São efeitos *inventivos*. O desejo, em resumo, inventa um mundo de objetos e de desejo, e se pauta por ele.

É nesse universo imaginário, então, que vai acontecer a vida dos homens, o seu sentido e o seu valor, e também todas as suas ilusões. É um mundo imaginário no qual o amor domina, dita as suas leis e parece preceder o desejo. É o mundo de um desejo estruturado como desejo de um objeto imaginário, que se oferece à consciência e à sua interpretação como um mundo no qual os homens agem em função de fins, do que lhes parece útil.

O caminho que estamos fazendo nos conduziu a esse ponto no qual o desejo – como desejo de objeto – se torna a matriz de operações afetivas. Mesmo correndo o risco de me repetir, reitero que é preciso não esquecer que essa relação de objeto é uma constituição imaginária da realidade, e por isso mesmo o desejo que opera nesses mecanismos afetivos transborda de todas as formas o desejo pelo objeto – que pode ser tão forte a ponto de fazer com que o indivíduo perca a sua dimensão de humanidade.

Isso me permite então voltar à diferenciação que fizemos há pouco entre os dois modos de identificação. Eu dizia que sob a relação objetal existe uma identificação muito profunda, osmótica. Essa identificação se realiza diretamente com o afeto do outro. Espinosa diz então o seguinte: "aquele que foge porque vê outros fugirem, aquele que tem medo porque vê outros terem medo, ou ainda aquele que ao ver que outro queimou a mão aperta a sua própria contra si mesmo, e move o corpo como se ele mesmo tivesse queimado a mão – deste dizemos que imita o afeto de um outro" (*E* III, AD 33 expl.).

A capacidade de identificação profunda e pré-verbal, pré-racional, é o elemento básico da constituição da humanidade dos homens, de um corpo coletivo, social. Esse princípio, quando combinado – e ele se combina necessariamente – com o princípio de prazer, é o princípio dinâmico de complexificação do tecido humano. "Tudo aquilo", escreve Espinosa, "que imaginamos contribuir para a alegria, nós nos esforçamos por promovê-lo, a fim de que aconteça; inversamente, aquilo que imaginamos ser contrário à alegria, ou seja, que contribui para a tristeza, esforçamo-nos por afastar ou destruir" (*E* III, 28). O princípio de prazer, evidentemente, envolve um princípio de resistência à destruição; mas, no nível de representação no qual se encontra o amor, isso pode se inverter, e caímos nesses efeitos paradoxais dos quais falei.

Vou parar por aqui, para que possamos conversar sobre esses pontos. Para terminar, gostaria de dizer que na parte III da *Ética* Espinosa se interessa pelos afetos em regime de heteronomia, ou seja, daqueles que sofremos e aos quais reagimos. Ele a conclui dizendo que podemos ter afetos ativos, e que isso ocorre essencialmente por meio do conhecimento dos processos singulares que os originam. Como alguém se torna espinosista? Buscando conhecer os processos causais dos seus próprios afetos singulares, pessoais. Uma espécie de psicanálise espinosista, que é, na verdade, a própria dinâmica da sabedoria.

Muito obrigado pela sua atenção.

Debate

Laurinda Ribeiro de Souza

Apesar de eu não entender de Espinosa, queria fazer uma pergunta: se é próprio do homem qualquer ação ser inerente à sua complexidade, como se pode entender a afirmação de que o desejo de objeto pode ser tão forte a ponto de levar o homem a perder a sua humanidade?

Laurent Bove

Sua pergunta permite que continuemos nossa reflexão, que é basicamente uma reflexão sobre os princípios. Na verdade, Espinosa pensa tanto no nível da singularidade – que já é uma complexidade de indivíduos formando indivíduos – quanto do coletivo. Tanto num plano quanto no outro se dão processos contraditórios, que eu chamaria processos de *antropogênese*, isto é, constitutivos de uma vida humana. Eles podem promover essa produtividade ou ao contrário podem reduzir os seres humanos ao nível do que Espinosa chama em seus escritos políticos de "animais brutos" ou de "autômatos".

A razão dos homens não é pressuposta; as ideias verdadeiras ou adequadas só podem surgir segundo a complexidade dos processos. As circunstâncias nas quais vivem os homens, tanto naturais como culturais ou políticas, podem tornar impossível a ocorrência de processos de hominização, de antropogênese, de criação de uma vida humana. Ou seja, o movimento pode funcionar dos dois lados: para a constituição de um tecido de humanidade ou para a inexistência dele, ou até para a sua destruição.

Ele pensa então que a lógica da identificação primitiva faz com que os homens se reconheçam imediatamente como iguais – e isso não é um valor: é uma posição afetiva que se dá por meio da identificação, graças às leis de semelhança. Justamente por causa disso, o desejo de não ser dominado é inerente a essa primeira lógica dos afetos. A identificação recíproca entre iguais acarreta imediatamente o desejo de não ser dirigido, controlado ou dominado. Isso tem várias gradações, mas todas nascem da mesma identificação afetiva espontânea com os demais iguais.

Por razões que seria longo explicar detalhadamente (mas isso poderia ser feito de um ponto de vista espinosista), a história dos homens é a história da dominação. De tal maneira que se poderia pensar, lendo Espinosa, num cadinho no qual se dão esses processos de hominização e antropogênese, e que a força dos corpos coletivos – do Estado, das sociedades, e assim por diante – vai contra isso. Há um processo de dilaceramento da humanidade do homem que se deve às instituições que ele mesmo cria.

O paradoxo aqui é que essa identificação produz algo comum, e é desse "comum" que se alimentam os poderes existentes, que de certa forma vampirizam em seu próprio benefício a força ou a potência do comum. Nós, leitores do Espinosa no século XXI, podemos tentar entender nosso mundo através dessas lentes, percebendo que as condições da vida política são em última análise as condições da antropogênese, e vice-versa.

David Calderoni

Existem dois afetos que Espinosa vai opor. Segundo Laurent Bove, um desses afetos não encontra tradução exata em nenhuma língua (embora os tradutores tenham procurado encontrá-la), seja em francês, seja em português.

Um desses afetos é a *hilaritas*, que é uma alegria perfeitamente equilibrada, e que é a chave da passagem da paixão à ação, dos afetos passivos aos afetos ativos. Em português seria *hilaridade* ou *contentamento*, em francês *alégresse*. E existe um afeto que, do ponto de vista teórico, seria oposto a ele, que já foi mencionado aqui: a melancolia. Esta é uma tristeza perfeitamente equilibrada, que seria uma verdadeira pulsão de morte, e ali ou alguém dá a mão ou o ser sucumbe.

Outro dia, na exposição no Departamento de Filosofia da FFLCH, eu provoquei Laurent Bove dizendo: bem, mas será que existe realmente uma simetria exata entre a *hilaritas* e a *melancholia*? E ele nos disse: bem, na verdade, do ponto de vista espinosista, a melancolia realizada é a morte; então o homem, enquanto vive, não comporta, efetivamente, a existência da melancolia.

Quero declarar que a minha pergunta não é meramente teórica. Todos nós somos homens de ação e estamos engajados numa ação política no mundo. Essa é uma questão clínico-política, entendendo por clínica um cuidado singular do singular que se dá nesse terreno da constituição do tecido da vida humana. Quero lembrar uma parte da *Ética* que aprendi exatamente com Laurent Bove, no texto através do qual o conheci. Ali ele chamava a atenção para o fato de que, numa das raras vezes em que nesse livro Espinosa fala de uma maneira pessoal, ele diz: "Por que, com efeito, seria melhor matar a fome e a sede do que *melancholiam expellere*, expulsar a melancolia?"[19]

Ora, se a melancolia realizada não existe... Vejam: estamos falando aqui de uma ação no mundo tal como nós conhecemos, no qual a melancolia existe. Numa clínica ampliada, cabe assim perguntar: o que seria o correlativo desse *melancholiam expellere*, desse expelir a melancolia? – perguntar para ajudar o outro a expeli-la, dentro desse processo de introjeção e de interiorização do conhecimento, inclusive do conhecimento sobre as leis do afeto, num plano da antropogênese.

Laurent Bove

Eu dizia há pouco que para Espinosa não existe a pulsão de morte, e que quando ela se manifesta não é endógena, mas resulta da invasão do sujeito por causalidades externas e superiores ao seu próprio *conatus*. Procurei falar justamente sobre o *conatus* como produtividade, uma positividade da própria vida. Quando surge o objeto, isso nos obriga a pensar que estamos frente a processos ficcionais, ilusórios, alucinatórios.

De fato, para nós, habituados a ouvir a expressão "desejo sem objeto", essas palavras podem remeter a textos de psicanálise, lacanianos ou outros, nos quais tal ideia evoca a pulsão de morte. Por isso é importante lembrar que apesar das semelhanças em muitos pontos, Espinosa e a psicanálise pertencem a universos ontológicos diferentes.

A psicanálise se inscreve numa metafísica que, em última análise, remonta ao platonismo. Os efeitos disso aparecem, entre outros, na ideia de uma perda primitiva e essencial do objeto, e na tentativa de o recuperar, que faz do desejo um *retorno*. Espinosa colocaria esse movimento no imaginário, porque segundo ele o primeiro desejo não volta para coisa alguma: ele *produz*. Só existiria pulsão de morte, então, numa situação na qual uma produtividade se tornasse impossível. É a isso que ele chama *melancolia*.

---

[19] Cf. *E* IV, 45 esc.: "[...] *Nam qui magis decet famem et sitim extinguere quam melancholiam expellere?*"

É uma definição muito singular. Ele diz (resumindo, porque há algumas distinções sutis que não vêm ao caso agora) que a melancolia ocorre quando todas as partes do corpo de um ser são afetadas da mesma maneira por um afeto de tristeza. Isso é muito importante, porque quando há desigualdades no investimento de cada parte do corpo do ser por diversos afetos, existe a possibilidade de que um resista ao outro, faça obstáculo a ele. Isso permite ao desejo, como força de produtividade positiva, resistir aos efeitos deletérios da depressão. Já a melancolia é uma queda vertiginosa e irresistível; se isso ocorrer, se o processo se completar, o resultado só pode ser a morte. É por esse motivo que se pode dizer, retrospectivamente: é isso a pulsão de morte.

Retomando: dadas as ideias de produtividade, de queda, da possibilidade dos afetos se comporem uns com os outros e formarem vetores, isso permite uma inumerável quantidade de formas de complexidade, cuja sutileza pode muito bem servir – de um ponto de vista clínico – para descrever as mais variadas constelações emocionais. Isso por um lado.

Por outro lado, é importante que o conhecimento desses processos complexos conduza em última análise à liberdade, à autonomia. Não no sentido de poder escolher livremente, sem motivações ("porque quero", "fiz porque o quis"), mas tendo consciência das determinações que me movem a agir. Esse movimento de recuperação das determinações essenciais Espinosa denomina, no que pode soar como paradoxo, a "livre necessidade".

Renata Udler Cromberg

Em primeiro lugar, queria agradecer ao professor Bove a produção da alegria do conhecimento que ele nos deu esta noite; agradecer ao Renato essa noite inspirada: não sei se todo mundo percebeu o privilégio de tê-lo como tradutor, inteiramente filósofo, psicanalista e de corpo presente; e ao David a belíssima introdução que fez à conferência do professor. O que eu gostaria de sugerir é que me parece que esse evento tem a ver com a possibilidade de um diálogo, de um trabalho entre a filosofia espinosista e a psicanálise, e eu acho esse trabalho o mais profícuo possível no sentido da reinvenção permanente da psicanálise.

Gostaria de sugerir uma proximidade. Embora a filosofia espinosista e a psicanálise trabalhem com princípios ontológicos diferentes, tenho a impressão de que considerar Freud exclusivamente dentro do modelo platônico fecha portas, ao invés de as abrir.

Um exemplo: penso que o próprio Freud estava tentando escapar do platonismo. Como ele trabalha, semelhantemente a Espinosa, a questão da antropogênese, ou seja, o que é a vida humana, o que seria, em linguagem freudiana, o sujeito humano, ou a psique (*sujeito* é um termo que Lacan introduz na psicanálise), o que é psiquismo humano – ele também vai à cultura e à política, para se remeter a alguma coisa do conhecimento do homem singular. Tenho a impressão de que Espinosa realiza o mesmo movimento. E me parece que em *O mal-estar na civilização* Freud tenta tirar a pulsão de morte do primeiro solo em que ele a fundou ao transformá-la em pulsão de destruição, e colocar na figura do superego e no narcisismo originário o solo mesmo de heteronomia no interior do sujeito. Ou seja, dessa identificação primária que levaria à morte do desejo singular.

Outro ponto que se poderia colocar nessa linha – e com isso eu termino – seria *Moisés e o monoteísmo*, onde vemos Freud, num golpe de gênio, inventar uma origem egípcia, não judia, para Moisés. Pensando sobre o que você nos falou hoje de manhã sobre o Estado hebreu em Espinosa, creio que Freud estava em busca de encontrar um caminho para fora da abstração do Um.

Laurent Bove

Quando eu disse que Freud estava mais do lado da problemática platônica, isso de fato é um pouco rápido. Mas uma resposta adequada às suas observações nos levaria muito longe, e terá de aguardar uma outra vez.

Muito obrigado a todos.

CAPÍTULO 2
A adolescência indefinida do mundo[20]

Em memória de Yaguine Koita (14 anos) e Fodé Tounkara (15 anos), portadores de uma mensagem aos "responsáveis da Europa". Mortos de frio no trem de pouso do voo Conakry–Bamako–Bruxelles, em 2 de agosto de 1999.

Europa 2000...

Eu realmente nunca ouvi ninguém lamentar a perda da adolescência. Muitos têm a nostalgia da infância, quase todos a saudade da sua juventude, mas ninguém acredita realmente que a adolescência foi o auge da sua vida. Não nos aprazem, de fato, os tempos de crise. As idades míticas, isto é, mitificadas, como a juventude ou a infância, têm imagem muito melhor. Ora, a adolescência é este momento intermediário e incerto de colapso dos mitos da primeira infância antes que o jovem adulto invista, com variados graus de eficácia e dificuldades, nos comportamentos próprios do seu ambiente, sexo e profissão.

Dizem que a adolescência é a idade difícil... Mas talvez fosse melhor falar em momento difícil de verdade e dureza no viver, que preferimos efetivamente esquecer quando adultos. Dizem também que é a idade ingrata... E essa afirmação diz mais sobre os sentimentos do adulto do que sobre os do próprio adolescente. Pelo menos aprendemos que o adulto vive a adolescência como uma idade que se esquece dos benefícios recebidos, até mesmo como uma traição.

---

[20] Tradução de André M. Rocha. Publicado em *L'adolescence à risque*, sob a direção de David Le Breton, Hachette Littératures, Pluriel Autrement 2003, p. 218-237.

Porque não reconhece o seu filho – ou já não se reconhece nele – o adulto não percebe nessa alteridade senão uma falta de reconhecimento, de sensibilidade, de amor... Face a uma indiferença do desejo adolescente, tido por culpado e que se desalinha por vezes na revolta, muitos pais dizem assim com tristeza a mesma coisa que alguns professores: nada lhes interessa mais, eles não têm um objetivo... E nisso mesmo o discurso da depressão, à sua própria revelia, possui sua verdade. Pois a melhor definição *positiva* que creio poder dar da adolescência é que ela designa um "tempo", o do desejo de coisa alguma (*désir de rien*). Ou, o que é a mesma coisa, o tempo do "desejo sem objeto". Desejo que Vauvenargues nomeava de "inquietude".[21]

Invoco também Albert Camus pela admirável definição que nos oferece da vida em uma bela passagem de *O avesso e o direito* (*L'envers et l'endroit*):

> Para mim, eu tinha que amar como se chora em prantos. Me parecia que cada hora de meu sono seria roubada da vida... ou seja, do tempo de desejo sem objeto. Como nessas horas vibrantes do cabaré de Palma e do convento de São Francisco, eu ficava imóvel e tenso, sem forças contra este imenso *élan* que queria colocar o mundo nas minhas mãos.[22]

Essa tensão extrema e vibrante da vida onde o amor se acompanha de lágrimas é a da adolescência.

A inquietude como força ativa

Que uma longa frequentação – num passado recente – dos seminários de Jacques Lacan (e sua leitura do *Traumdeutung*)[23] não conduza o leitor a um erro inquietante (trata-se de um erro vital!). O desejo infinito, multiforme, desejo de coisa alguma (*désir de rien*), longe de designar o inominável por excelência, ou seja, a morte, é, ao contrário, a tensão mesma da vida na fragilidade de sua afirmação, um tipo de impulso ou de esforço indefinido de viver, nele mesmo a-significante, sem finalidade nem falta, que Espinosa designava com o termo latino *conatus*.

Certamente, o movimento de colapso da adolescência põe realmente o sujeito desencantado em presença da morte e desta formidável interrogação que Sófocles, no Édipo em Colona (*Édipe à Colone*), colocava na boca de um velho homem: " É agora que não sou nada que me torno um homem?". Ora, a interrogação de Édipo, à beira da morte, também é aquela, genérica, do adolescente à beira da vida. Por ela é que há uma saída possível da infância ou da primeira forma

---

[21] VAUVENARGUES. *Introduction à La connaissance de l'esprit humain*. In: Vauvenargues. *Des lois de l'esprit*. P. 79. Présentation de Jean Dagen. Ed. Desjonquère 1997.

[22] CAMUS, Albert. *Essais*. Paris: Gallimard, 1965, p. 45.

[23] LACAN, J. *Le séminaire*. Paris: Sevil, 1978, livre II, chapitre XVII.

oceânica – em que estávamos mergulhados – do mundo dos mitos. Mas sobre esse fundo de desintegração do mundo e de si mesmo, é um poderoso amor da vida que anima a adolescência como processo. A adolescência é, como dizíamos, inquietude. Mas uma inquietude que, antes de ser este mal-estar ou travamento (*mésaise*) – segundo uma bela expressão que, no século XVIII, traduzia o *uneasiness* de Locke – que pode "capturar" a vida em uma paralisia total ao inverter o amor de viver em desejo de nada (*désir de néant*), é pura atividade poderosa e fecunda. A inquietação é, primeiramente, uma força ativa, isto é, o inverso (como aliás consta tão bem na etimologia) de uma quietude ou de um repouso ... (que trazem já neles o gosto da morte). Não, o adolescente não deseja repousar em paz! E sua atividade "sem objeto", longe de ser negativa e condenável, é a dinâmica mesma do ser em sua afirmação produtiva e constituinte.

O tempo do adolescente ou a adolescência, ela mesma, como tempo é o tempo humano por excelência, aquele que é aberto ao presente e à criação de todos os mundos possíveis. É também a verdade mesma do tempo que o adulto recusa ver recalcado, pois ele é, de seu ponto de vista, o da ausência (ele é sem "objeto"), portanto o da falta, da ambivalência e da instabilidade. Esse tempo, de fato, que é "tendência ao nada" (*tendance vers rien*)" e "fuga para nenhuma parte"[24] é o de um ser "perecendo e morrendo": o ser da "segunda natureza" pascaliana, isto é, de um mundo que, ao se libertar da finalidade, se torna enviesado e hostil.[25]

A extrema dificuldade para o adolescente, talvez a impossibilidade – pois é a via de uma "sabedoria" materialista tão difícil quanto rara – é ser afirmativamente presente nesse tempo do desejo sem objeto. Tempo que, para Pascal, é a proximidade absoluta da morte... mas que é positivamente também, na afirmação imanente da positividade do finito (assim também para Vauvenargues e, de certa maneira, para Albert Camus), o ser–tempo da regeneração contínua, na tensão extrema de um desejo de viver "que nos conduz a amar, estimar, conservar, expandir e defender a nossa frágil existência contra o mal".[26]

A *krisis* e o hipermercado do corpo do homem moderno

Adolescens vem de *adolescere*, que significa crescer, expandir, se desenvolver. A adolescência é esse processo mesmo ou esse devir. Não um devir-adulto: esse devir-adulto, no sentido social e histórico da normalização, será tristemente imposto. E disso é que provém a ansiedade, a do adulto mesmo, interiorizada.

---

[24] Expressões de Andre Comte-Sponville para definir "Le présent": L'être-temps. Paris: PUF, 1999, p. 80.
[25] PASCAL, B. *Les Pensées*. In: *Oeuvres*. Éd. Lafuma. Paris: Seuil, 1963, fragment 372-483.
[26] VAUVENARGUES. *Introduction à La connaissance de l'esprit humain*. In: Vauvenargues. *Des lois de l'esprit*. p. 67. Présentation de Jean Dagen. Ed. Desjonquère 1997.

A adolescência, como processo "sem objeto", certamente é a experiência de uma queda (o que dá razão a Pascal) mas indissociavelmente também o esforço continuado para superá-la. A adolescência diz assim, na verdade, a miséria ontológica da condição do homem: o seu mundo, seu ser não lhe são dados, eles são a-fazer em e por essa violenta tensão paroxística que, em nós, junta a vida à morte. E sem dúvida nunca vivemos com tamanha intensidade afetiva como nessa proximidade absoluta entre a vida e a morte, jamais, sem dúvida, nosso amor da vida pela vida conheceu tão de perto o desespero. O processo é certamente genérico, mas a verdade que ele afirma é historicamente para nós tanto mais emergente e forte que a renovação de crença religiosa, que há tempos aparece como um analgésico para aliviar e cobrir a crise (mesmo que se diga o contrário), mas que quase já desapareceu (ao menos em seus possantes efeitos analgésicos). O adolescente descobre, assim, uma segunda natureza como "sua" liberdade, mas uma liberdade abandonada a todos os ventos do possível, sob o beiral da morte. Liberdade para o presente, tanto exaltada como congelada ante a exigência de decidir viver, porquanto a crise da adolescência é o momento continuado de uma decisão. E é principalmente do ponto de vista da pura positividade imanente dessa determinação de viver que é preciso se aproximar do que é designado, habitualmente, como a crise da adolescência.

Esse momento crítico é, na verdade, um momento decisivo no sentido de que a crise (do grego *krisis*) exprime primeiramente o movimento mesmo, no presente, da decisão; movimento ontológico que desfaz o real ao mesmo tempo que o faz e que não pode fazer o real senão porque o desfaz. Essa força inquieta, como potência de existir e agir, é o próprio movimento da vida: é o presente vivo e "catastrófico" da constituição do mundo. Por ele é que há a história, a diferença e a alteridade. Por ele é que surge indefinidamente o novo. É o tempo renovado de uma história que anima a eternidade potente de uma afirmação. O tempo da adolescência, ou a adolescência como tempo, é o ser-tempo produtor do ser humano social-histórico. A adolescência não poderia, portanto, se reduzir a um momento limitado e transitório da vida humana. Pelo contrário, ela é o seu devir essencial, aquém do processo de normalização do ser-dado.

Pois há sempre, necessariamente, já algo do ser-dado em posição hegemônica: uma natureza, uma fortuna, um poder, a "morte imaginada figurada" do é-assim-mesmo do mundo dos objetos que, ao mesmo tempo, se alimenta e se opõe a esse desejo que é justamente a plenitude e a liberdade de não ter [objetos]. A positividade constituinte da *krisis* é, de fato, nos dias atuais historicamente ex-posta, pilhada, tornada impotente pela crise própria de uma civilização que se dá, de maneira massacrante e cínica, como sempre-a-se-constituir.[27]

---

[27] Para um estudo histórico exaustivo do poder constituinte como conceito da crise, cf. NEGRI, Antonio. *Le pouvoir constituant. Essai sur les alternatives de La modernité*. Paris: PUF, 1997.

A crise de nossa cultura é o processo de esterilização posto contra a potência constituinte da adolescência. Certamente, toda sociedade inventa seus procedimentos de iniciação e absorção que captam, canalizam, codificam e transformam o devir *adolescens* em proveito da produção de um sujeito de obediência próprio à sociedade dada. Mas, por um lado, nossa sociedade não oferece, face à demanda de sentido e valor, senão incerteza e desespero e, por outro lado, nenhuma sociedade jamais tentou submeter com uma tão minuciosa sistematicidade a vida adolescente a seu controle pelo esforço de ocupar, tanto no imaginário quanto no real – pela produção de uma multidão de objetos – todas as linhas do possível que a adolescência desenvolve.

Ora, os objetos do capitalismo mercantil, longe de oferecer vias simbólicas estruturantes fortes e diferenciadas, não se ocupam massivamente senão com o direcionamento do desejo indefinido de consumo das mercadorias. O *Leviatã* contemporâneo é a atitude da lógica mercantil que abraça, avalia e comercializa todo o real, mesmo em suas linhas mais divergentes. O capitalismo moderno já transbordou há muito o mundo específico da economia para ocupar de maneira tendencialmente totalitária todos os atos da vida humana, desenraizando o campo simbólico vivo de todo sentido e de todo valor em proveito apenas do dispositivo in-significante e imbecilizado da razão desejante (e delirante) ao mesmo tempo satisfeita e frustrada do animal-consumidor. O *hyper*-mercado (sob o modelo das patologias como são, por exemplo, a hypercalcemia ou a hypercolesterolmia) é o sintoma e o paradigma desse aumento patológico da taxa de mercadorias na circulação psíquica de uma vida humana. Porquanto a *hybris*, no domínio da produção e da circulação de mercadorias, provoca uma patologia historicamente singular que se tornou a norma de um novo tipo antropológico moderno: o de um humano cuja estratégia de vida, solitária, em casal ou em tribo, é tendencialmente em vias de *animalização*. Porém, antes de abordar esse tema, interroguemos sobre a situação de demanda do *homo-adolescens*.

O teatro da figuração

Para um adolescente, o sentido da vida é seguramente a mais angustiante das questões. Pois, como dissemos, a adolescência é o momento da verdade da condição do homem e se, por isso mesmo, a verdadeira vida se dá nesta vibrante tensão constitutiva e sem objeto, o adolescente que a vive permanece globalmente obscuro, e é – no sentimento do vazio da segunda natureza – na demanda de um bom Objeto, em si mesmo amável e clarificante que justificaria a vida, que naturalmente se determina seu desejo. Julgamos espontaneamente, com efeito, que a vida deve ter um sentido para ter um valor, mas é na procura de verdadeiros valores identificados a bons objetos que nos esforçamos por clarificar e fundar este sentido. Ao passo que as coisas não são boas, para nós, senão porque as desejamos, cremos, ao contrário (desde sempre para o gênero humano e, filosoficamente desde Platão e Aristóteles), que nós não podemos desejar uma coisa (com sentido) senão porque ela é, em si ou substancialmente, boa. Assim deve ser a vida em que procuramos o verdadeiro valor e o verdadeiro sentido... É sobre essa ilusão, geradora de inversões (*renversante*), que prosperam, com as religiões, todas as visões teológicas do mundo. Espinosa foi, sobre esse assunto, um dos mais esclarecidos.

Cremos, pois, que uma vida perde seu sentido ao perder o fundamento de seu valor (que, em última análise, não pode ser senão Deus ou um seu substituto) e que ela não vale mais então a pena de ser vivida... pois não é mais – na ausência desse fundamento em um Objeto ele mesmo bom – que pena, sofrimento, absurdo, desespero...

É nessa lógica inelutável e sem "solução" que nossa sociedade fecha o desejo-*adolescente*. Nas sociedades antigas ou tradicionais, à demanda de sentido correspondia uma resposta, ela mesma, certamente, da ordem da inversão do imaginário já evocada. Mas de um imaginário estruturalmente constituinte (como resposta satisfatória) ou de um imaginário em mutação liberando por isso mesmo os espaços vitais, eles mesmos constituintes, de sua contestação. À questão do sentido e do valor, nossa sociedade não oferece mais senão um desequilíbrio mental que, de maneira ambivalente, é portanto liberador de novas possibilidades de vida (como novos valores), mas que tende majoritariamente também a fazer sombra e obscurecer todo desejo e todo valor no turbilhão de seu vazio de significação.

Uma jovem aluna desorientada na vida e nos estudos me contou um dia que seus pais – falando ou calados! – sempre se portavam como "figurantes". A expressão esclarece bem o estado de dissolução substantiva dos papéis tradicionais e da perda de uma palavra que fazia sentido, que tinha um valor de referência e de instância estruturante de identificação (mesmo contestável e felizmente contestada, como foi o caso nos anos 60).

Que a dissolução dos papéis seja também a consequência e o signo de uma afirmação vitoriosa e coletiva do amor de viver na adolescência mesma, isso é certo. Mas também é evidente que, quando o processo de identificação se dirige, na ausência de verdadeiros atores da história, para simples figurantes, sem dúvida torna-se a si mesmo o simulacro de seu próprio ideal, o comediante de sua própria vida, o bufão malfadado de seu amor pela vida. E é a inquietude como trava (*mesais*) que triunfa no desgosto da vida. As formas novas do viver-junto ou as práticas sociais de liberação que criam um pouco de ser e sentido, não sendo senão formas ou práticas fragmentárias, sequenciais, marginais e quase experimentais, fizeram com que a grande massa dos adolescentes atravessasse a anomia dos anos de inverno,[28] em uma imensa ausência de ser, "preenchida"

---

[28] GUATTARI, Félix. Les années d'hiver 1980-1985. Paris: Bernard Barrault, 1986, particularmente p. 138 e seguintes.

pelos melhores lotes de divertimentos de todo gênero, vivida na galera e no ódio por centenas de milhões de pobres saídos da escola sem diploma nem qualificação (e que vêm aumentar o número das microssociedades paralelas, tribos fora-da-lei mais ou menos fraternas, mais ou menos violentas). Enfim, para os mais "controlados" familiarmente, esse período foi dominado pela seriedade pesada e angustiante da "privatização" [29] e da exigência de resultados escolares sob a ameaça de um futuro de desemprego...

A instrumentalização dos saberes

Uma escola que, também ela, se esvaziou de todo valor substantivo e cujo ensinamento (malgrado as diferenciações sempre maiores de suas disciplinas) jamais foi tão "abstrata". Abstraída, quero dizer, da unidade viva do desejo dos adolescentes a que esse ensinamento é reservado; abstraída também dos mecanismos reais de uma sociedade que alguns – sempre mais numerosos – sonham ver enfim um dia explicitamente como uma empresa (seja ela politicamente de direita ou de esquerda ... mas que sujeitaria seu direito às exigências do mercado), Escola que não seria explicitamente senão o procedimento adaptado e eficaz de aprendizagem. Se a segunda abstração tende, reformas após reformas, a ser reduzida – o que, com a recuperação econômica, oferecerá maiores soluções para um saber instrumentalizado e funcional – a primeira abstração não poderá inversamente senão se tornar cada vez mais aguda.

A opinião partilhada pelos adolescentes – uma vez o verniz de má-fé e o papel de "bom aluno" sejam embaçados – é que a vida escolar (que ocupa, no entanto, a maior parte de sua vida) é uma vida artificial que não se insere senão dificilmente em sua verdadeira vida cujo sentido se constrói – aos poucos – essencial e transversalmente no estabelecimento da amizade que constitui – aquém das estruturas adultas de poder – uma sociabilidade autônoma. Nossos adolescentes falam como moralistas. Nossas paixões, dizem, não são distintas de nós mesmos e a razão raciocinadora e calculadora da Escola nos é naturalmente estranha. A Escola opera, de fato, uma vivissecção pela qual separa o pensamento da vida, a razão do coração, a alma do corpo e o aluno do pensamento vivo da sua adolescência. Face ao processo tanto emotivo quanto cognitivo do *adolescens*, em quem amor e razão são inseparáveis, a Escola exige o sacrifício do afeto em proveito da afirmação de si em e por uma razão separada e instrumental. Alguns (raros) descobrirão o prazer de um jogo, outros (os mais hábeis ou aqueles com melhor posição social) o investimento para um futuro; todos os restantes, de resto a maioria, sofrerão a operação como uma longa e

---

[29] CASTORIADIS, Cornelius. La montée de l'insignifiance, les carrefours du labyrinthe IV, particularmente os textos referidos sob a rubrica *Kairos*, Paris: Du Seuil, 1996.

fatal tortura que não significa nada e que não leva talvez para lugar algum (o que, certamente, nem sempre foi o caso. A razão da Escola há muito tempo foi portadora de significação e valores – do progresso liberador das luzes e da democracia – assim como de um devir social). O que ninguém imagina é que assim a manquinaria capitalista do universal abstrato se impõe dividindo as energias, selecionando... Desse tratamento os alunos saem (em diferentes níveis, segundo as posições sociais) necessariamente entristecidos, felizes somente por terem saído e, para alguns, por ter a recompensa *in fine* de uma mais satisfatória e asseguradora funcionalização.

O paradoxo é que um sistema que não tem mais objeto simbólico claramente identificável e que irá cada vez de mal a pior, funciona ainda para dar um objeto para o desejo-adolescente, objeto que ele não tem e – *absolutamente falando* – nesse ponto o sistema vai bem (trecho difícil). Deserdada pelas significações e valores que a fundaram, a Escola é cada vez mais reduzida apenas às funções de instrumentalização: de seleção, de controle e de repressão. Se, a contrapelo, ela "cultiva" ainda, pelo trabalho heroico dos professores, na maioria dos casos é para alimentar as filas de espera dos consumidores de objetos culturais nos museus parisienses... ou para produzir outros professores.

Pois a grande cultura que a Escola se esforça ainda, com imensas dificuldades, por transmitir (ao passo que, sob a forma de mercadorias, ela corre pelas ruas!) atualmente cessou de ser – salvo para aqueles que ainda fazem tal uso *praticamente*) – uma força de liberação e de história.

A solda teleológica desejo–mercado

O mesmo ocorre com os direitos e as liberdades, produtos das lutas sociais, que, nos dias que correm, não são mais trampolins para ir "mais alto" (na conquista do céu!), porém objetos de consumo corrente, pois praticados sob o modo do *habitus*, como dados naturais e inatos da vida privada.

É esse processo que Alexandre Kojève tinha designado com o termo brutal de "retorno do Homem à animalidade".[30] Do que se trata? Para Kojève, do surgimento de uma era pós–histórica na qual o Homem – esse ser que não é histórico senão porque é capaz de exercer sua potência de negação sobre o que lhe é dado – desapareceu em proveito de um retorno à satisfação de identidade eterna de si do animal, isto é, de uma naturalidade de todos os comportamentos humanos assim reduzidos a uma lógica subcodificada da carência (*besoin*).

Se estou longe de acreditar nos pressupostos filosóficos kojevianos (na dialética hegeliana e em sua teleologia e, por isso mesmo, na ideia de um fim

---

[30] KOJÈVE, A. *Introduction à la lecture de Hegel*, nota da 2ª edição. Paris: Tel Gallimard, p. 436.

da história, bom ou mal!), penso, não obstante, que o diagnóstico de Kojève exprime bem uma situação global de fato: a tendência à animalização que eu leria, de minha parte, como a estratégia de vida que se impõe massivamente ao "desejo sem objeto", como processo próprio e sobredeterminado de socialização no império da mercadoria.

À fórmula kojeviana do "retorno à animalidade" como "certeza já presente", prefiro, no entanto, substituir aquela da *animalização* que exprime somente um *processo*, o da produção histórica de um novo tipo antropológico: de um animal, mais ou menos ilustrado (*savant*), mas sempre muito complicado, decerto muito diferente de todos os outros seres naturais, mas não estruturalmente outra coisa que eles, que se torna o homem contemporâneo. Esse surgimento não é possível senão segundo uma dupla redução tendencial, do desejo humano à forma–carência (*forme–besoin*) e do objeto desejado à forma–mercadoria. O que, nesta operação, está em vias de ser suprimido, não é a potência mesma do desejo (sem esta potência imanente não haveria mais mercado capitalista nem poder!), mas sua versatilidade ontológica e a multiplicidade histórica de suas vias de atualização. O que é reduzido é o campo de possíveis de constituição do mundo e o duplo processo que lhe é correlativo: de individuação (de um devir humano *autônomo*) e de individualização (de um devir humano *singular*). Essa tendência à esterilização do imaginário constituinte supõe uma solda teleológica cada vez mais rígida do desejo humano ao objeto-mercadoria. Tão eficaz essa solda que a coisa qualquer não devém, no limite, objeto de desejo e de fruição, senão enquanto é "reconhecida" sob a forma-mercadoria e, nessa medida, exposta ao poder de compra e ao desejo de todos.

Chamamos, pois, de *animalização* a dinâmica de instrumentalização integral dos desejos, dos afetos e da razão modernas à estrutura quase instintual do consumo de mercadorias. Trata–se de um novo modo histórico de funcionamento psíquico pelo qual um pensamento qualquer não pode jamais se refletir senão na clausura de sua instrumentalização. É o grau zero da reflexão crítica que já se pôde historicamente encontrar, por exemplo, nos homens dos aparelhos, de Igreja ou de Partido,[31] ou nos membros das sociedades antigas nos quais o poder político e o poder religioso estavam confundidos.

O direito à liberdade e o dever de motivação do animal cientista (*savant*)

Podemos colocar, efetivamente e como regra geral, que as disposições de um sujeito humano sendo necessariamente aquelas de um corpo socializado e historicizado, dois casos *limites* devem ser considerados na instituição da servidão:

---

[31] BOURDIEU, Pierre. *Méditations pascaliennes*. Paris: éd. Du Seuil, 1997, p.188.

1. Uma tirania explícita que, pelo terror, separaria a tal ponto os sujeitos que seus corpos seriam reduzidos à função animal somente. Os homens são então atomizados pelo medo e "conduzidos como um rebanho unicamente formado para a servidão, que merece mais o nome de solidão que o nome de corpo político" (como diz Espinosa no seu *Tratado Político*, cap. V, § 4).

2. Uma forma de tirania que – como no exemplo dado ainda por Espinosa acerca da teocracia hebraica fundada por Moisés – pela adesão religiosa integral dos sujeitos às instituições "não era mais uma servidão, mas deveria se confundir, aos olhos deles, com a liberdade".[32] Os hebreus (que nos oferecem um bom paradigma de sociedade antiga) viviam, com efeito, no contentamento de suas disposições e encontravam satisfação e repouso na oblação integral de sua existência comum a Deus. Sua estratégia individual de vida, fundida no coletivo, é um tipo de automação integral dos corpos e imbecilização correlativa dos espíritos, em perpétuo estado de infância e admiração (e/ou de espanto); admiração que era ela mesma constituinte da consociação do corpo coletivo. Esse modelo dá-se aos membros como a única possibilidade de vida verdadeira e considera, por isso mesmo, toda alteridade e toda diferença como radicalmente impura e inimiga. Essa forma de assujeitamento pode ser eficaz nos casos em que ela possa ser capaz de assegurar as satisfações das carências (*besoins*) e a seguridade do corpo.

E a forma de animalização do tempo presente é tanto mais reforçada quanto assegura realmente, para a maioria, a satisfação das carências (*besoins*). Se os anos de crises econômicas emperraram o processo de expansão de uma infantilização coletiva "feliz", não creio que tenham emperrado a orientação histórica ela mesma. Se o fenômeno dos sem-emprego, sem-recursos, sem-moradia, desenvolveu novas solidariedades, também reforçou, pelo medo do desemprego e temor de uma miséria cada vez mais visível e ameaçadora, o movimento antropológico de privatização. Nossa modernidade combina, assim, as duas formas estruturais da servidão radical: pela privatização da vida, por um lado, e, por outro, a ilusão de liberdade do desejo (que se reforçam mutuamente), o homem moderno trabalha pela solidão como fosse por sua salvação.

O que distingue radicalmente, no entanto, o processo contemporâneo de animalização das lógicas de automação das sociedades antigas é que nestas o mundo humano automatizado encarna os valores e as significações fortes. Na sociedade moderna, ao contrário, a prática reflexiva do animal inteligente é tendencialmente decepada de toda ordem simbólica e devotada ao vazio do tempo presente do desejo da mercadoria – isto é, fixada à imagem de um real

---

[32] SPINOZA, B. *Traité Théologico-Politique*. In: Oeuvres II. Trad. Ch. Appuhn. Paris: GF Flammarion, 1964, cap. XVII, p.294.

in-significante. Nessas condições, o presente da mercadoria tende e consumir o presente vivo do desejo sem objeto.

"Diante de tantos possíveis, me sufoco!", grita Kierkegaard em cada adolescente. E é sempre por novas mercadorias "possíveis" em excesso sobre a vida que o mercado responde, reduzindo, assim, o exercício do desejo "sem objeto" à *escolha* de mercadorias possíveis ou à escolha de meios (ou de ações para se apropriar delas). É, do mais fundo da servidão, a ilusão estrutural da liberdade. Em modo semelhante ao Estado hebreu primitivo... Pois é pela relação de amor – à mercadoria e/ou a Deus – e pela renovação continuada da alegria sentida diante de sua ideia, que se exerce o poder de maneira imanente, na quase–inutilidade de um poder explícito direto face a lembrança reiterada de obedecer a Deus, que os hebreus tinham inscrita em seus olhos, sobre as mãos, na porta das casas... e que, de nossa parte, encontramos também todos os dias no correio eletrônico, sobre nossas vestes, nos muros, nas telas... e, em última análise, nas exigências mesmas das estratégias de nossos desejos e de nossas carências (*besoins*).

A formidável mutação ideológica atual do capitalismo consiste em se perpetuar e se revivificar não mais oprimindo diretamente os indivíduos, mas fazendo, cada vez mais, apelo ao exercício de seu desejo, de sua inteligência e de sua liberdade, até mesmo de suas aptidões para a solidariedade quando se trata de construir uma cooperação interativa entre membros de uma mesma equipe para ganhar juntos a competição da concorrência, segundo o modelo mental do esportista profissional. É o futuro ativo e universal proposto ao desejo adolescente em via de socialização: uma mesma representação do mundo para todos (empregadores e empregados, mercadores e consumidores) – em um mundo, porém, fragmentado e violentamente concorrencial – e uma adesão plena e dinâmica de todas as potencialidades do ser (inteligência, sensibilidade, vontade) à estratégia guerreira do projeto da empresa, e por isso mesmo, à solda ideológica do desejo à mercadoria que ela supõe, reforça e perpetua, como o único modelo de verdadeira vida.

Resistências do amor de viver (*amour de vivre*)

Que certas condutas arriscadas dos adolescentes sejam hoje em dia analisáveis como formas de resistência a esse modelo, é a hipótese que nós formularemos. Quando assumir o risco "sem objeto", que incide sobre a vida do corpo orgânico, pode ser vivido como a última maneira livre e "rebelde" de afirmar, com todo o desejo de seu corpo, sua glória de existir e ser presente à vida, de *maneira diversa* à do animal inteligente. Pois, como o desejo "sem objeto", a conduta de risco é "para nada" senão para ela mesma, o prazer, o prestígio ou a glória de sua tensão des-esperada em proximidade absoluta tanto com a vida quanto com a morte.

Como se fosse preciso no Ocidente – no momento em que, na África e alhures, outros adolescentes são em massa diretamente confrontados ao problema da mera sobrevivência, pelo fato mesmo de nossa própria escolha de desenvolvimento – repetir mais uma vez, solitariamente face à morte, o gesto simbólico ordinário, criador de um primeiro sentido e de um primeiro valor, que marca a diferença antropológica. Gesto de que o animal – como o "servo" moderno – não é capaz. E que se dizem também (como nas ruas de Seattle) de outras afirmações resistentes e coletivas que reabrem ativamente o campo dos possíveis e os meios para uma defesa sempre mais lúcida e forte da adolescência indefinida do mundo.

CAPÍTULO 3
"Como dizer não às crianças?"[33]

Antes de encaminhar respostas, interroguemo-nos primeiramente sobre a própria questão. Esta é uma questão prática e que incide sobre uma prática: *de que modo agir e, no caso que nos interessa mais precisamente, de que modo agir pela palavra e por uma palavra de negação*, já que se trata de dizer não?

1. Dizer: *dicere* significa *mostrar pela palavra* e *dictio* indica, etimologicamente, um modo ou uma *maneira* específica de dizer; e sabe-se por experiência que o que é frequentemente inaceitável numa palavra é menos o que é dito e mais a *maneira* de dizê-lo.

Observemos também que a questão não opõe a palavra aos atos. Desde logo, situamo-nos na ideia de que a palavra – e sobretudo a palavra de recusa – tem uma dimensão ativa, operatória ou, como se diz hoje em dia, performativa; ou seja, que ela se situa no princípio de uma causalidade eficiente e prática. Em suma: que o ato de palavra não é sem efeito ou sem consequência prática e, às vezes, para toda uma vida. Por conseguinte, é falso dizer que as palavras se esvaem e que os atos permanecem, porque as palavras são atos – particularmente na relação parental.

A nossa questão mergulha-nos, de modo efetivo e imediato, numa situação relacional fortemente afetiva. Trata-se de desejos e sentimentos que se confrontam

---

[33] Tradução de David Calderoni. Intervenção de L. Bove na abertura do diálogo com o psiquiatra infantil Marcel Rufo, durante o colóquio *Histórias de família: a propósito da Autoridade e do Interdito*, realizado em 23 de novembro de 2006, no Théâtre de La Criée, em Marseille, França. (N.T)

inicialmente de maneira muito assimétrica: a igualdade não está dada, está *por fazer*, sendo necessariamente a relação pais-criança, a princípio, uma efetiva relação de dominação – e às vezes também, consequentemente, uma relação de revolta.

É necessário acrescentar a esta reflexão preliminar que a palavra tampouco consiste no contrário do silêncio. A recusa de dirigir a palavra ao outro é também, certamente, um potente e significante ato de palavra e de negação, às vezes até bastante mortífero: "Eu não falo mais com você" pode significar "Você não existe mais", expressando assim uma verdadeira lógica de abandono ou de matança simbólica, quando o outro, como a criança, vive precisamente dessa e por essa relação de fala com os pais.

Inversamente, para os pais, não mais falar, murar-se no silêncio, pode também querer dizer à criança "*O teu comportamento, o teu desejo me mata*", segundo uma lógica de culpabilização e de chantagem de suicídio, exigindo por isso mesmo um retorno da criança ou do adolescente à conformidade de uma imagem (que o torna sábio-como-uma-imagem, precisamente a do desejo dos próprios pais enquanto negação do desejo da sua criança).

Se a palavra pode ser consistente, mesmo no silêncio, também é evidente que se pode falar muito para não *mostrar* nada de sua palavra... e mesmo para fazer o contrário, isto é, para dissimular a sua palavra por uma enxurrada de palavras e, portanto, para negar ou mascarar a palavra própria de seu desejo. Freud fala aí de "denegação".

Há um texto bastante curto e muito estimulante de Freud sobre a negação e a denegação que nos vai permitir entrar com os dois pés na questão "como dizer-lhe não?".[34]

Freud escreve que as formas linguageiras mais primitivas do "sim" e do "não" são a expressão das mais antigas moções pulsionais, a saber, das moções orais: "Isso eu quero comer, ou, então, quero cuspi-lo", como diz Freud sobre o Eu da criancinha regida pelo princípio de prazer/desprazer. De modo que o "não", na linguagem, pode ser considerado como expressão primitiva de uma expulsão que toma, em primeiro lugar, a forma do cuspe, de acordo com uma negação que, como escreve Freud, pertence à lógica da pulsão de destruição. E certamente essas pulsões ou impulsos primitivos destrutivos continuam a agir obscuramente na vida do adulto. Os mesmos adultos-pais que, por um amor imoderado e possessivo da sua progênie, dizem desejar "comer" a sua criança, incorrem sem dúvida no risco psíquico – quando *ela*, essa criança-adolescente vier a ter outros desejos e, por isso, vier a se mostrar "incomestível" ou mesmo "indigesta"! – de ver reaparecer neles, com eles, em face da criança rebelde que

---

[34] Em *Résultats, idées, problèmes II*, 1921-1938, trata-se do texto de 1925 intitulado "La négation". Paris: PUF, 1985, p. 135-139.

não quer "ser comida", esse não primitivo da negação que quer a destruição do outro (da sua singularidade, da sua diferença, em suma, da sua autonomia). Desse ponto de vista, a antropofagia efetiva pode ser a expressão de um ódio extremo: é assim que, na *Ilíada*, Aquiles diz ao derrotado Heitor o quanto deseja *"cortar e devorar a sua carne toda nua"*...

Na linguagem exercida pelo paciente durante o tratamento psicanalítico, Freud explica também em seu estudo como a negação (enquanto denegação de um conteúdo de representação) pode ser uma boa indicação do desejo repelido que pôde sutilmente traçar um caminho até a consciência, mas com a condição expressa de fazer-se negar – por exemplo, quando, na interpretação de um sonho, se trata de reconhecer personagens, e o paciente emprega ingenuamente a negação para dizer: *"estou seguro de que este personagem não é minha mãe"*, pode-se estar certo de que era a sua mãe...

Sabe-se que a função do psiquiatra ou do psicanalista será ajudar o paciente a vencer a resistência dessa negação, a fim de conduzi-lo à aceitação intelectual (e, se possível, afetiva) do desejo que foi recalcado e que traz problemas – para aceitar esse desejo, mas para *poder* dizer-lhe "sim" ou talvez *poder* dizer-lhe de novo "não"... embora este já não mais o "não" da expulsão (própria do recalque, do cuspe ou da denegação), ele é o "não" que permite no presente a ação transformadora e potente da análise e, portanto, um melhor conhecimento de si. Ação da análise "cujo objetivo, escrevia Freud nos *Essais de psychanalyse*, consiste não em tornar impossíveis as reações mórbidas, mas sim em dar ao *Eu* a *liberdade* de decidir-se num ou noutro sentido".[35]

É muito relevante para o nosso tema esse estatuto do poder de decisão do Eu apoiado sobre o conhecimento do desejo. Com efeito, tal estatuto pode ser uma espécie de modelo para a função de autoridade daquele que possui a potência, a competência efetiva, afetiva e cognitiva de autorizar ou de interditar.

Antes de adentrar a noção de autoridade, gostaria de refletir sobre o interdito.

2. Por que o Eu do sujeito, conhecendo os seus próprios desejos, pode utilizar-se livremente do "não" do interdito? É que para ele o "não" já não se diz mais como uma negação primitiva, mas antes como uma afirmação refletida entre (*inter*) dois-dizeres-contrários, o do desejo e o da primeira proibição, que o sujeito já é capaz, no presente, de *com-preender*, isto é, de apreender conjuntamente.

O interdito, nesse segundo sentido, não é mais um *contra-dizer* (um dizer contra), mas sim um *inter-dizer* (etimologicamente, interditar vem de *inter-dicere*), *dizer entre*, num intervalo aberto entre dois muros que é um espaço de liberdade permitido pelo conhecimento dos seus próprios desejos. Um conhecimento que é

---

[35] FREUD, S. "Les états de dépendance du Moi". In: *Essais de psychanalyse*. Paris: Payot, 1972, p. 223, nota 1.

para o sujeito uma verdadeira força transformadora, ou que ao menos altera as relações do sujeito com os seus próprios desejos, no sentido da liberdade de agir.

Há aí uma primeira indicação de resposta à pergunta "como dizer-lhe não?". É a indicação de uma via que permite escapar ao impulso destrutivo da negação primitiva do cuspir e que indica a existência de um *inter-ditar* que não diz "não", que pode dizer "sim" à liberdade do desejo enquanto sujeito do desejo.

Explico.

É o próprio Freud [36] que nos convida a operar esse deslocamento da relação intrapsíquica do Eu no que diz respeito aos seus desejos e no que diz respeito às interdições inconscientes, deslocando, portanto, essa relação interna para a relação familiar entre os pais e as crianças ao presentificar uma grade de leitura ou de inteligibilidade da relação familiar: "O *Eu* [com os seus desejos] submete-se ao imperativo categórico do *Super-Eu* [isto é, do interdito interior]", como "a criança – Freud precisa – que se acha constrangida a obedecer aos seus pais".[37]

Para a criança, esse constrangimento, como a submissão obrigatória do Eu-e-de-seus-desejos ao Super-Eu, não se dá, claro, sem as mais patológicas consequências, conforme a maneira como o "não" (do interdito) é imposto ao Eu e/ou ao desejo da criança. É verdadeiramente uma questão de maneira, *da maneira da negação* (o "não" do recalque inconsciente não é em si mesmo patológico, sendo em princípio, ao contrário, um sistema estratégico de defesa do sujeito do desejo. Portanto, o "não" do interdito não é em si mesmo mórbido para o desejo; *a maneira da negação* é que pode ser mórbida).

Assim, o mórbido se dá quando a coerção parental não deixa à vida da criança nenhum espaço para o desejo legítimo de autonomia e de singularidade. Isso se dá quando o "não" não reconhece o outro como um ser dotado de um desejo singular e autônomo ou, pelo menos, como sujeito de uma *demanda* legítima de autonomia e de singularidade.

A questão, portanto, que verdadeiramente se coloca é: como ensinar a autonomia do sujeito do desejo mediante um "não" que, afirmando-se como a proposta de um encontro-*entre*, favoreça sempre e essencialmente a emergência construtiva de um "sim" junto ao impulso de uma vida singular.

A autoridade legítima vem dessa posição do *inter-ditar*, que faz do sujeito (no caso, os pais) um *inter-locutor* competente, aquele que pode fazer surgir uma *palavra entre*, aquele que não se emparede num *contra-dizer*, mas que possa sempre *inter-vir* (vir "entre"), sendo o mediador, o intermediário de contradições. Aquele que, por conseguinte, pode abrir e reabrir indefinidamente, por uma palavra viva, o intervalo da dinâmica do desejo no "entre-dois" de uma troca produtora de subjetividade.

---

[36] FREUD, S. "Les états de dépendance du Moi". In: *Essais de psychanalyse*. Paris: Payot, 1972, p. 223, nota 1.
[37] FREUD, S. "Les états de dépendance du Moi"; op. cit., p. 221.

A autoridade corresponde, assim, bastante bem, ao que Pascal, nos *Pensamentos*, chama de "grandeza": "*Não se mostra a própria grandeza* [eu diria, a própria autoridade] *por situar-se num extremo, mas por tocar a uma só vez os dois extremos, preenchendo todo o entre-dois*".[38]

No fundo, à pergunta "como dizer não?", devemos basicamente procurar a resposta no próprio conhecimento das leis da realidade humana, das paixões ou dos afetos, quer dizer, das lógicas do desejo e do vir-a-ser do sujeito.

E não se pode responder a essa pergunta mediante receitas técnicas, tal como nos conselhos astuciosos que se podem dar para uso geral, em resposta, por exemplo à pergunta: "como fazer com que as crianças comam espinafre no restaurante?"! Aqui, não cabem pequenos ilusionismos (mesmo os psicologizantes!), mas a necessidade efetiva de conhecer e de conhecer-se realmente. E de conhecer também a função e os limites da relação de obediência que não pode ser um fim, mas apenas um meio provisório na construção da autonomia.

Dentre as nossas histórias, detenhamo-nos sobre aquela que é a primeira, pelo menos para a cultura dos judeus, dos cristãos e dos muçulmanos: a história do pecado original. Como interpretar tal narrativa? *Antes de tudo*, interrogando-se: qual é a condição efetiva de Adão? Seria ele o homem perfeito que peca pela liberdade da sua vontade, como ensinam as religiões, ou seria ele um ser primitivo (o *primeiro*) e por isso um ser muito impotente e muito ignorante que, como uma criancinha, não pode ainda conhecer verdadeiramente e que por isso necessita ser conduzido pela Lei e pelo Interdito, que são para ele imediatamente traduzidos (devido à sua ignorância e à sua impotência) em termos morais de Bem e de Mal…

Se nos conhecêssemos realmente, não teríamos necessidade nem da Lei, nem de ler o mundo de acordo com os valores de Bem e de Mal! Saberíamos, em verdade, o que é bom e mau para nós e para a humanidade inteira… e isso seria inteiramente suficiente para "bem-viver". Seríamos, em certa medida, "sábios"… Ora, certamente não é esse o caso, e continuamos necessariamente, como Adão, situados em graus diversos de ignorância e de impotência que requerem necessariamente a lei, as interdições, a moral e a obediência… *É assim!* Aliás, o próprio Real (se este não é Deus!) é encarregado de colocar o interdito e/ou de dizer um "não" constitutivo de humanidade (pois Adão não nasce homem, ele se torna homem!), bem antes que os seres do gênero humano proponham-se a questão que hoje nos colocamos. Em primeiro lugar, um "não" é efetivamente imposto, na e pela Regra universal da proibição do incesto, regra que ninguém em especial decide nem jamais decidiu e que, segundo uma estratégia própria da vida comum que desde todas as partes nos excede, torna

---

[38] PASCAL, B. Les penseés. In: *Oeuvres*. Paris: Le Seuil, 1963, fragmento 353, colchetes do autor.

no entanto possíveis, estruturando-as, as relações humanas e sociais específicas, a partir de um "não" radical que, na e pela linguagem, incidirá sobre alguns dos nossos desejos designados como incestuosos. Em *As estruturas elementares do parentesco*, Claude Lévi-Strauss sublinha o quanto a interdição do incesto não diz "não" a certos desejos que podem tornar possível a dinâmica da tecelagem indefinida de uma vida humana estabilizada e estabilizadora para as entidades, os grupos e os indivíduos que a compõem.

A proibição do incesto é, assim, essa forma originária de *inter-venção* ou de *inter-dito*, por excelência, naquilo que, *entre* natureza e cultura, o interdito permite a própria constituição da humanidade do homem enquanto homem. É, por conseguinte, um "sim" a uma forma nova de vida – uma vida *humana* – que se diz e que não pode dizer-se, senão através de um "não" quem tem assim um poder estruturalmente constituinte e de invenção de formas novas de vidas.

Além do tema matricial do interdito (necessariamente ligado à condição indefinidamente renovada da infância do gênero humano), de que maneira podemos assumir e levar adiante, nos nossos atos cotidianos no seio das relações familiares e sociais, um "não" constitutivo de humanidade? E por que essa tarefa que parecia "natural" aos nossos pais, até meados do século XX, é no Ocidente de hoje objeto de inquietação e de desordem?

Retomo aqui a questão da autoridade.

3. Durante séculos, a autoridade foi atribuída essencialmente às funções instituídas com relação à existência efetiva de um Mundo comum de significações e de valores. Um Mundo e, por isso, um Bem comum que, porquanto fosse objeto de crenças compartidas, outorgava naturalmente autoridade e poder de palavra a certas funções simbólicas: pais, professores, padres ou magistrados da República laica... É esse mundo comum, o Bem comum correlativo a um ser-no-mundo ele mesmo comum, aquilo que hoje em dia está literalmente esvaziado das nossas vidas. Poder-se-iam enunciar as razões principais... Mas aqui eu quero simplesmente constatar, para nós, essa perda de um mundo e da crença-no-mundo que, finalmente, como na época da adolescência, deixa hoje os próprios adultos *sem mundo*, quer dizer, sem referente nas próprias ações concernentes às suas crianças. Daí a dificuldade e a angústia de uma tarefa educativa pela qual, num verdadeiro desamparo, a liberdade muito frágil de cada um encontra-se condenada a decidir sozinha quanto ao sentido e ao valor do que deve ser dito e transmitido, do que deve fazer-se objeto de um "sim" ou de um "não"... Compreendem-se a fuga diante dessa esmagadora responsabilidade e os dois grandes tipos de reações aos quais assistimos (com todas as posições intermédias possíveis):

I. Em primeiro lugar, a reação do abandono cético: por que dizer "não" quando nada mais se justifica nem obriga?... Outra versão de "se Deus não existe, tudo é permitido ...". E, desse ponto de vista, qualquer autoridade assim é tida por autoritária.

II. Em segundo lugar, e inversamente, vem a reação dogmática, precisamente reacionária, através dos múltiplos apelos ao regresso à ordem moral vista nos religiosos. É a reanimação, se posso dizer, de uma norma transcendente que determinava de modo absoluto a divisão entre o permitido e o proibido de acordo com um princípio *a priori* de exclusão e de repressão incidente sobre desejos designados *a priori* como "maus".

Essas são hoje as duas faces de uma mesma peça e as duas "respostas" catastróficas para o desejo humano (uma alimentando a outra) perante a real dificuldade da tarefa (educativa). Uma dificuldade que não pode ser abordada, a não ser que se assuma efetivamente a realidade do *vazio* presente, mas também a exigência de sentidos e de valor inerente à condição de uma vida humana comum. Donde a necessária re-definição de uma autoridade parental.

Esta supõe, para cada um, uma consciência e uma exigência *ética* visto que *política* (na acepção da organização da vida comum e do bem comum); pode-se mesmo dizer uma exigência *bioética* e *biopolítica*, se por tal se compreenda que o desafio do "sim" e do "não", na educação, está na própria construção de uma vida *humana* voltada a seres que são essencialmente seres de desejo e de relação.

A ética não é a moral. A moral é a antiga doutrina dos deveres e das virtudes baseada no modelo dogmático tradicional de obediência. A ética é um ensinamento do desejo, para o próprio sujeito do desejo e para a sua autonomia, com base em efetivos conhecimentos dos homens e do mundo. Por conseguinte, é um ensinamento prático de uma liberdade-por-fazer.

A partir dessa distinção entre a moral e a ética, proporei, opondo-as, duas concepções do limite presentes na maneira de dizer "não":

1º. um limite que é posto por uma Lei transcendente, de natureza jurídica ou moral, que funciona como uma *demarcação* no que diz respeito à suposta espontaneidade de desejos percebidos como anárquicos e selvagens. É o esquema clássico da delimitação de uma Ordem que demarca, que encerra, que domina a desordem pressuposta...

2º. um tipo totalmente diferente de limite: o de uma norma que não cai do céu mas que se constrói realmente, estrategicamente para e por um sujeito, na própria atividade da troca suscitada por essa palavra de autoridade que em si mesma não é a posição de uma norma, mas antes o princípio dinâmico que sustenta a criança e o adolescente na própria construção dinâmica imanente e relacional da sua própria norma (fora de sua família *também*, evidentemente). Uma palavra de autoridade, um *inter-dito*, por conseguinte, um "não" que é fonte de vida autônoma e comum.

O sentido mais profundo da autoridade é, assim, o que é dado por sua etimologia: *auctoritas* vem de *auctor*, "aquele que faz brotar", o que dá os meios do crescimento mas sem decidir os fins ou a norma de crescimento, que é a tarefa própria daquele que, com os outros, brota. O objetivo da autoridade não é, portanto, de forma alguma a submissão, tampouco a obediência! É a *potência do ser*, o aumento do ser daquele a quem a autoridade se aplica. A autoridade visa assim ao seu próprio desaparecimento no movimento mesmo em que permite ao outro adquirir a sua autonomia. É então mais para um modelo *vital* da autoridade, apoiado sobre uma norma de saber do desejo, e não mais pautado pelo modelo moral tradicional, que é necessário voltar-se para responder hoje à questão "como dizer não?"

Na perda de Mundo e de referente (alardeada à exaustão...) a autoridade não pode reencontrar o essencial de sua função – que é uma função vital – senão com base no efetivo conhecimento da realidade relacional dos desejos humanos. Um conhecimento que é certamente bastante parcial e que sempre nos deixará, em cada situação concreta em face da nossa criança, *na incompletude* e, por isso mesmo, implicará a necessidade de arriscar e de apostar no futuro em muitas de nossas decisões... Necessidade também, portanto, da *confiança* na liberdade singular, que é um dever para com as nossas crianças, para que tenham, elas mesmas, confiança em nossa palavra...

Além disso, há a necessidade do amor, do qual não se falou e que irriga, no entanto, todas as relações e também as irrita, levando-as, às vezes, às raias da crise e da ruptura. Não falei diretamente do amor porque é ao mesmo tempo o essencial, o mais vitalmente necessário, mas também o lugar de todos os delírios, se o amor dos pais não é guiado pelo conhecimento das exigências vitais das necessidades e dos desejos da própria criança. E é por isso que insisti essencialmente no conhecimento. Mas conhecimento e amor deveriam ser inseparáveis e, em realidade, o são verdadeiramente, mas frequentemente são muito mal relacionados.[39]

Gostaria, mesmo assim, de concluir com o amor, evocando a distinção que faziam os Gregos entre *Eros* e *Philia*.

O amor de *Eros*, pensavam eles, é o amor possessivo que se regozija de si mesmo. Amar desse modo as suas crianças é então essencialmente amar-se a si mesmo através delas, amar-se nas imagens delas (o que é por certo psiquicamente perigoso tanto para os pais como para as crianças... embora o caso em tela seja enfim um bocado abrangente).

---

[39] O termo "*relacionados*" é um acréscimo do tradutor para tornar a frase um pouco mais fluente ao leitor brasileiro. O texto original diz: "*Mais connaissance et amour devraient être inséparables et ils le sont en réalité véritablement mais souvent très mal.*" (N.T.).

Depois há a *Philia*, pura alegria do amor que se rejubila unicamente pela existência singular da vida do outro. E é certamente esse o tipo de amor que a autoridade parental deve adequadamente portar, uma autoridade que deve responder, com competência, aos imperativos essenciais de cuidado, de proteção e de educação exigidos pelo crescimento de uma vida humana. Isso quer dizer que o amor dos pais envolve certamente deveres, mas são deveres vitais e deveres de conhecimento no que diz respeito à criança e ao seu desenvolvimento.

Como pais, somos assim como que "requisitados" pela vida a exercer certas funções de natureza vital; em certa medida, todos são pais "adotivos", que deverão adotar não apenas as nossas crianças, mas também o papel que temos que ter para com eles.

E sem dúvida saberemos dizer um "não" tanto melhor ajustado às exigências vitais do desenvolvimento da criança, quanto mais tivermos sempre presente no espírito que através do "não" que lhe devemos é também a toda uma parte de nós mesmos que é preciso necessariamente saber dizer "não"... "não" aos nossos desejos de possessão e de orgulho; "não" às nossas angústias perante a vida que rebatemos sobre as nossas crianças; "não" aos nossos desejos frustrados que desejaríamos que elas realizassem para nós etc. etc. etc. Em suma, "não" à criança que somos ainda... e finalmente "não" também (progressiva e tendencialmente) ao nosso próprio *papel* de pai, que não deve tornar-se o grilhão de uma identidade nem de um tipo definitivo de relações...

E isso para a nossa saúde psíquica, para a saúde e a liberdade das crianças e, enfim, também dos homens e das mulheres que deverão advir tendo a possibilidade efetiva (a potência de vida) de inventar realmente a sua própria forma de existência autônoma e singular. No fundo, quando os pais, tendo cumprido os seus deveres vitais, *souberem* realmente "apreender sua independência" frente à de suas crianças, é que, *talvez*, terão alcançado a sua educação! A de suas crianças, eu penso... mas também a sua!

CAPÍTULO 4
Potência e prudência de *uma* vida como singularidade em Espinosa[40]

A Parte V da *Ética*, cujo objeto é a "Liberdade Humana" e a via que a ela conduz, inicia-se por um axioma que aponta o lugar vazio de uma causa: o das mudanças que ocorrem em um sujeito ("em um mesmo sujeito" (*in eodem subjecto*], precisa Espinosa), quando é confrontado com a ação de contrários nele.

Pretendemos mostrar que esse lugar vazio é o de uma vida como singularidade inseparável de uma prática que Espinosa designará pela noção de "prudência". O conceito de "prudência" só se encontra explicitamente posto no *Tratado Teológico-Político*, essencialmente em referência ao ensinamento ético de Salomão, e no *Tratado Político* (art. 5 do cap. IV), no qual a prudência de uma vida é identificada com a liberdade de uma natureza. Essa prudência, que não é senão a operação da causalidade própria do *conatus* da essência de uma coisa singular em sua afirmação imanente às relações de forças, é o objeto de nossa análise. Pois esta "prudência" está no princípio da política dos remédios da primeira parte do *De Libertate*. Essa política é, de fato, inicial e explicitamente, conduzida sob a determinação do "intelecto", determinação que o *Tratado Teológico-Político*, em referência a Salomão, já designara como "a lei do prudente", isto é, a verdadeira "fonte de vida"[41] . Mas essa política do intelecto, denominada "ética", que deve ela mesma conduzir o "homem", como que pela mão, à beatitude, deve ser entendida como o prolongamento "adequado" de uma prática imanente de equilíbrio: justamente a de uma vida em sua unicidade e

---

[40] Tradução de Éricka Mariê Itokazu. Revisão conjunta com André Menezes Rocha. Este ensaio foi inicialmente publicado em *Spinoza et les philosophies de la vie*, Kairos 28, 2006, p. 205-223. N.R

[41] *TTP*, cap. IV, p. 77.

singularidade. Toda coisa, de fato, enquanto afecção ativa da substância, é *uma maneira precisa e determinada de exprimir a potência divina* (*E* I, 36 dem.) ou uma vida que, em sua tendência a perseverar "em seu ser", é, em si mesma e por si mesma (*quantum in se est*) (*E* III, 6 e dem.), ao mesmo tempo, um processo individuante, na lógica de autonomização de uma coisa, e individualizante, na sua lógica de singularização.[42]

É pelas condições prévias e concretas das trilhas de *uma vida como liberdade e como prudência* que nos interessamos. Ora, no axioma 1 da *Ética* V, o lugar vazio de uma vida, da prudência ou da liberdade imanentes da coisa singular, está recoberto pela noção de "sujeito". Portanto, é também sobre essa noção que precisaremos nos interrogar, na tensão que ela mantém com os conceitos de "coisa", "natureza" e "indivíduo".

Certo et determinato modo

O primeiro axioma da *Ética* V afirma: "Se, em um mesmo sujeito [*in eodem subjecto*], são suscitadas duas ações contrárias, deverá, necessariamente, dar-se uma mudança [*mutatio*], em ambas, ou em apenas uma delas, até que deixem de ser contrárias.".

O dever ser necessário da *mutatio*, nas ações que são em um mesmo sujeito, é uma exigência que deve ser dita vital para o próprio sujeito, porque se suas ações contrárias "pudessem convir entre elas ou ser ao mesmo tempo no mesmo sujeito", ele seria, por isso mesmo, imediatamente destruído.

Pensemos na situação-limite do asno de Buridan que Espinosa examina no escólio da proposição 49 da *Ética* II. O homem não operando jamais pela liberdade de sua vontade (o que foi excluído, pela prop. 48 e dem.), Espinosa concorda completamente que um homem, posto numa tal contradição, morreria igualmente de fome e de sede: "Se me perguntam se um tal homem não pode ser considerado mais um asno do que um homem, respondo que não sei, assim como não sei de que maneira julgar aquele que se enforca, ou as crianças ou os idiotas, os loucos, etc.".

E sem dúvida um homem, posto numa tal situação, seria reduzido ao estado de "besta ou autômato".[43] Ou seja, este indivíduo se encontraria em regime radical de heteronomia ou no grau zero da razão, correlato ao grau zero de

---

[42] Os *Pensamentos Metafísicos* (Parte II, cap. 6) entendiam já por "vida *a força pela qual as coisas perseveram em seu ser*".

[43] Para um comentário desta expressão e uma interrogação sobre as noções de "vida humana" e de vida animal em Espinosa, permitimo-nos assinalar nossos estudos: "Spinoza, le 'droit naturel propre au genre humain', une puissance commune de revendiquer des droits", *Humanités*, organização de Julie Allard e Thomas Berns. Bruxelles: Ousia, 2005; "Émotions, manières d'être et nature 'humaine' chez Spinoza", *Les Émotions*, sous la direction de Sylvain Roux. Paris: Vrin (no prelo).

autonomização e singularização de uma natureza de *homem*. Para o asno, como para o homem, a salvação (como simples sobrevivência) só podendo então provir de modificações advindas das causalidades exteriores das quais eles dependem: mudanças tais que conduziriam à suspensão da contradição mortal no sujeito, que poderia assim ir beber *ou* comer segundo suas novas determinações.

Essa tese de Espinosa se inscreve em uma lógica causal, que fora posta na proposição 28 da *Ética* I:

> Nenhuma coisa singular, ou seja, nenhuma coisa que é finita e tem uma existência determinada, pode existir nem ser determinada a operar, a não ser que seja determinada a existir e a operar por outra causa que também é finita e tem uma existência determinada; por sua vez, essa última causa tampouco pode existir nem ser determinada a operar a não ser por outra, a qual também é finita e tem uma existência determinada, e assim por diante, ao infinito.

Assim, todas as coisas singulares "são determinadas a agir e a operar pelo nexo infinito de causas". Isso tende a nos significar que a causalidade posta pela proposição 28 não é uma simples causalidade linear: "o nexo infinito de causas" exprime, com efeito, a unidade causal de uma estrutura dinâmica complexa, a da infinitude afirmada da infinidade de coisas singulares, simultaneamente causadas e causantes.[44] Cada coisa, de fato, é ela mesma causa modificadora dos efeitos das outras coisas sobre si mesma; "*causa sive modus*", escreve Espinosa na demonstração da proposição 28. Que essa causalidade complexa não possa ser reduzida à linearidade de uma causalidade extrínseca termo a termo, é o que indica o escólio da proposição 45 da *Ética* II: "Pois, embora cada uma seja determinada, por outra coisa singular, a existir de maneira definida, a força pela qual cada uma persevera no existir segue da necessidade eterna da natureza de Deus.".

O que esse escólio sublinha é a realidade mesma da coisa singular, enquanto ela é inerente ao ser eterno e infinito como à sua causa produtora imanente e/ou à potência eterna e infinita dessa causa que a coisa exprime, na e pela força pela qual ela persevera em seu ser. Mas é em uma só e mesma causalidade imanente, isto é, segundo uma só e mesma potência infinita, que produz uma infinidade de coisas em uma infinidade de maneiras, ou seja, no que Deus faz em nós e por nós, segundo uma maneira precisa e determinada de exprimir a essência ou a potência infinita de Deus, que nós dispomos – como coisa singular causada e causante – de uma força de perseverança própria no existir. Isso significa que a perseverança no existir não é outra coisa que a prática imanente, ao mesmo tempo causada e causante, da coisa singular em seu duplo processo de individuação e de individualização. Como diz o corolário da proposição 25

---

[44] Ver sobre isso BALIBAR, Étienne. "Individualité et transindividualité chez Spinoza", *Architectures de la Raison: Mélanges offerts à Alexandre Matheron*, textos reunidos por Pierre-François Moreau. Fontenay-aux-Roses: ENS Éditions Fontenay/Saint-Cloud, 1996.

da *Ética* I: "As coisas particulares nada mais são que afecções dos atributos de Deus, ou seja, modos pelos quais os atributos de Deus exprimem-se de maneira certa e determinada [*certo et determinado modo*]"

É essa maneira de existir da coisa, característica de *uma vida*, que deve ser tida por sua causalidade singular. A causalidade da coisa é, portanto, *sua maneira própria* de operar sobre as outras coisas e/ou sobre os efeitos das outras coisas sobre ela. E é por essa maneira causal que lhe é própria que a coisa é "necessariamente alguma coisa de positivo" (segundo a demonstração da proposição 26 da *Ética* I). É o que Espinosa chama, a partir da proposição 6 da *Ética* III, o *conatus* da coisa ou, na proposição 7 que se segue, sua "essência atual", ou ainda, no escólio da proposição 9, "sua natureza, da qual segue necessariamente o que serve para a sua conservação".

É essa determinação singular e continuada, essa potência de agir própria ou essa positividade intrínseca da coisa como causa, *sua vida mesma*, que o axioma 1 da Parte V coloca entre parênteses.

Em sua formulação neutra: "deverá necessariamente dar-se uma mudança [*mutatio*]", com efeito, o axioma 1 deixa aberta a interpretação sobre a natureza da determinação causal da mudança que deverá necessariamente acontecer, porquanto desta mudança depende a continuação da existência mesma do "sujeito". É como se, ao início dessa parte V que irá tratar da "liberdade humana", o primeiro axioma deixasse um branco, um vazio ao mesmo tempo como lugar de interrogação e de espera, mas também como a indicação da lacuna de uma tarefa a preencher, de um problema a resolver: fazer de maneira que a *mutatio* não encontre causa próxima senão nas leis próprias da natureza de um homem como coisa singular por si mesmo capaz de *"uma vida humana"*,[45] isto é, para um homem, de uma vida "realmente *livre*". O que o capítulo III do *Tratado Teológico-Político* chamava de um "auxílio interno de Deus", isto é, "tudo o que a natureza humana pode dispor por sua só potência para conservar seu ser".[46] É a "virtude interior"[47] de uma prudência que a proposição 24 da *Ética* IV indica como figura da ação "por virtude absolutamente", isto é, uma ação ao mesmo tempo autônoma, singular e necessariamente relacional. Ora, uma tal prudência implica que a essência de seu efeito possa se perceber clara e distintamente pela natureza mesma de sua causa, segundo a definição da causa adequada dada desde o início da *Ética* III (def. 1). É essa indicação que vem naturalmente lembrar o axioma 2 da *Ética* V: "A potência de um efeito se define pela potência de sua causa, na medida em que sua essência se explicada ou se define pela essência de sua causa".

---

[45] A expressão (compreendida na formulação *vitam humanam intelligo*) encontra-se no artigo 5, cap. V do *Tratado Político*.

[46] *TTP*, cap. III [3] (p. 52).

[8] *TTP*, cap. IV [12] (p. 78).

Essência ou potência de uma vida que é assim causalidade adequada de seus efeitos que, como sublinhava o escólio da proposição 9 da *Ética* III, "servem para a sua conservação". Isso significa dizer que não há causa efetiva sem potência ou que uma causa é imediatamente também a potência de agir real de uma coisa na sua posição de existência precisa e determinada. Significa dizer também que uma potência determinada (uma vida) não é senão a atualidade de uma prudência que não se pode avaliar em seu grau de racionalidade, isto é, de adequação à exigência vital de uma essência singular, a não ser segundo a relação de produção e de força entre a atividade e a passividade que dividem, de fato, o "sujeito" mesmo desta vida.

Do "sujeito"

Para sublinhar a evidência do segundo axioma, Espinosa nos reenvia à proposição 7 da *Ética* III, isto é, à identidade entre o esforço e a essência atual da coisa. Seria preciso dizer que a essência atual da coisa é a causa, isto é, "*sujeito*"? Isso seria dar ao sujeito uma significação ativa, que, no uso direto que a *Ética* faz da noção, Espinosa não lhe atribui. Muito pelo contrário. Com efeito, é em direção ao estatuto de um sujeito abstrato, simples suporte passivo, espectador do que lhe acontece, que nos conduz a leitura das duas passagens. Contudo, o lugar "vazio" da causa da mudança não pode ser senão um lugar inteiramente teórico e em si mesmo abstrato. No real da existência determinada das coisas singulares, uma "coisa" que fosse apenas pura passividade e que, por isso mesmo, não estaria positivamente em comércio com nada, que não resistiria a nada e tampouco seria causa de nada do que ocorre nela, essa coisa, sem consistência nem resistência, simplesmente não existiria.

Se Espinosa escreve que um homem pode tornar-se "inteiramente livre",[48] é difícil, inversamente, conceber que um homem possa ser "inteiramente" passivo; pois esse estado de total servidão suporia que "nossa natureza" estivesse inteiramente em regime de heteronomia. Ora, essa disposição é logicamente (e ontologicamente) impossível porquanto suprime a unicidade e a singularidade mesma de um "indivíduo" enquanto ele exprime, nelas e por elas, a verdade eterna de uma vida, ou seja, a maneira intrínseca, precisa e determinada, pela qual se exprime nele – e, segundo seu *conatus*, em parte, *singularmente*, por ele – a essência ou a potência eterna e infinita da Natureza ou de Deus.

Aquém do sujeito, substrato passivo e abstrato, há, portanto, a unicidade e a singularidade do processo real de uma atividade causal – mesmo mínima – da afirmação de uma vida individual complexa, concreta, relacional e resistente.

---

[48] No *Tratado Político* Espinosa escreve: "eu digo que o homem é inteiramente livre enquanto é conduzido pela razão; porque então ele é determinado a agir em virtude de causas que se explicam de uma maneira adequada por sua só natureza, ainda que essas causas o determinem necessariamente". *TP*, cap. II, art. 11.

E essa atividade, pela qual as coisas são produtoras de algum efeito, "é necessariamente alguma coisa de positivo", enquanto parte efetiva (real, perfeita e potente) do processo infinito da produtividade divina.

Que essa positividade causal seja necessariamente "em ato" é o que se constata desde que se examine, a partir da proposição 5 da *Ética* III (onde aparece pela primeira vez a noção de 'sujeito'), os reenvios a montante e a jusante dessa proposição.

Não iremos examinar aqui o conjunto desses reenvios, mas somente o que decorre – como significação – de sua lógica. A noção de sujeito sofre, de fato, um deslocamento semântico: do abstrato do substrato ao concreto do "indivíduo" real (concebido como processo causal de uma vida), do lógico à física, do passivo ao ativo. A proposição 5 afirmara: "Coisas são de natureza contrária, isto é, não podem estar no mesmo sujeito, na medida em que uma pode destruir a outra". Desde a demonstração da proposição 5, passamos da ideia da necessária destruição de um ou outro de dois contrários, no mesmo sujeito, à ideia da destruição do sujeito, enquanto tal, devido ao fato da natureza contraditória das coisas que lhe são inerentes com a natureza própria do sujeito ele mesmo.[49] Ora, esse deslocamento do referente – a saber, o objeto da destruição – de uma ação no sujeito ao sujeito ele mesmo, Espinosa o justifica pela proposição precedente que diz que "Nenhuma coisa [*nulla res*] pode ser destruída senão por uma causa exterior" (*E* III, 4).

Por essa proposição o sujeito designa, pois, também "uma coisa" qualquer, necessariamente finita, confrontada ao que não é ela, nas e pelas afecções que de certa maneira interiorizam o que é exterior e que podem, assim, introduzir a contrariedade, tendencialmente, até a contradição mortal, no próprio sujeito que, por si mesmo, *enquanto o concebemos como uma coisa singular*, não a conhece. A demonstração da proposição 4 diz, com efeito, que "nós não podemos encontrar em uma coisa nada que a possa destruir".

Assim, passamos da ideia do sujeito como simples substrato passivo para a unicidade da coisa mesma que, logicamente, não pode conter nela "nada" que possa aniquilá-la. Mas do sujeito substrato para a coisa mesma, a reflexão é deslocada de um plano estritamente lógico para o dos processos físicos reais e de sua dinâmica interna. E é a proposição 6 que completa o deslocamento ao atribuir a atividade à coisa que "esforça-se, tanto quanto está em si [de potência, *quantum in se est*], por perseverar em seu ser".[50] E se sabe, pelos *Pensamentos*

---

[49] *Si enim inter se convenire, vel in eodem subjecto simul esse possent, posset ergo in eodem subjecto aliquid dari, quod ipsum posset destruere, quod (per Prop. Præced.) est absurdum. Ergo res &c.* ["Se elas [as coisas] estivessem de acordo entre si, ou seja, se pudessem estar simultaneamente no mesmo sujeito, então poderia haver no mesmo sujeito algo que poderia destruí-lo, o que (pela prop. preced.), é absurdo. Logo coisas etc.], diz com efeito Espinosa na demonstração da proposição 5 da *Ética* III.

[50] *Ética*, Parte III, prop. 6

metafísicos, que "entre uma coisa e a tendência que ela tem a se conservar, embora haja uma distinção de Razão, ou melhor, uma distinção verbal, não há nenhuma distinção real [...]".[51]

Na demonstração da proposição 6, a impossibilidade somente lógica da autodestruição da coisa vem se inscrever na dinâmica potente da autoconservação da coisa, ou seja, na prática de afirmação e de resistência do *conatus* como prática imanente aos complexos reais de relações de forças. E esse esforço "nada mais é do que a essência atual" da coisa, isto é, a potência de agir pela qual "quer sozinha, que em conjunto com outras coisas [enquanto coisa finita], ela age ou se esforça por agir" (E III, 7 e dem.).

A prudência e/é a liberdade

Da análise que precede, tiremos uma primeira conclusão. A noção de sujeito, quando nos reenvia (indiretamente) ao esforço, aponta para a atualidade da essência determinada de uma coisa em e por algumas de suas afecções que podem ser contrárias sem ser, contudo, radicalmente contraditórias. Donde, na situação-limite dos contrários contraditórios, a necessidade vital de uma mudança nas ações, evocada no axioma 1 da *Ética* V. É então a coisa mesma, na realidade processual do esforço causal de individuação e de individualização, seu *conatus* ou sua essência atual, que deve ser tida, ao menos parcial, relacional e relativamente à unicidade e singularidade de sua perseverança, como a causalidade real da mudança.

As demonstrações das proposições 6 e 7 da *Ética* III nos deram, de fato, as condições de possibilidade da existência efetiva da coisa finita: (1) sua aptidão a se opor a tudo o que pode suprimir sua existência: é um *princípio de resistência* que atuará não somente perante as coisas exteriores mas também no seio mesmo da coisa em sua maneira própria de operar sobre o que lhe acontece e de dispor suas próprias afecções; (2) sua aptidão a se unir com outras coisas num só e mesmo esforço: é um *princípio de aliança* que também vale tanto perante outros indivíduos quanto na ligação e no comércio dos corpos que compõem um só e mesmo indivíduo a partir de sua multiplicidade mesma, enquanto os corpos constituintes, como escreve Espinosa, "concorrem em uma mesma ação de tal maneira que todos sejam simultaneamente causa de um mesmo efeito" (*E* II, def. 7)[52].

Como esforço conjugado do múltiplo, e sendo, efetivamente, de maneira intrínseca e positiva, uma expressão singular da essência ou da potência divina, segundo uma certa maneira precisa e determinada de ser ela mesma uma potência causal, toda coisa particular possui, portanto, em sua essência a

---

[51] *Pensamentos metafísicos*, parte I, cap. 6.

[52] Para uma análise exaustiva dos princípios de resistência e de aliança na filosofia de Espinosa, reenviamos à nossa obra *La stratégie du conatus. Affirmation et résistance chez Spinoza*, Paris: Vrin, 1996, e ao conjunto de nossa *Introdução* ao *Traité Politique*, trad. de Émile Saisset, Librairie Générale Française, 2002.

razão ou a causa (mesmo muito parcial) de seu agir. Ou seja, a relação singular característica do indivíduo, ou o *conatus* da essência da coisa, tende ao seu limite individuante e singularizante nas e pelas complexidades cooperantes e resistentes, das quais seu esforço de perseverança *in suo esse* é capaz.

Em todas essas ações uma coisa qualquer (uma vida, uma liberdade, uma virtude, uma prudência) não poderia, pois, jamais ser totalmente espectadora e alheia ao que lhe acontece. Ela é sempre, embora minimamente e segundo certas relações, a causa ou a razão parcial do que lhe acontece, porquanto por esse *minimum* de razão ou de causa afirmadas, em e por uma determinação da potência divina, a coisa persevera em "seu" ser necessariamente singular, e sempre, mesmo minimamente, ela "se persevera"[53] em suas afecções mesmo as mais contrárias.

É essa causalidade própria, que é também a lei de produtividade ou a razão intrínseca da coisa, que o *Tratado Político* não hesitará – mesmo na passividade da natureza humana sob o regime das paixões – em chamar de sua "liberdade" ou sua "prudência". Detenhamo-nos nesses desenvolvimentos. Depois que Espinosa identificou o direito natural com a potência de Deus na sua plena presença [*ipsissima Dei sit potentia*],[54] aparece pela primeira vez, no *Tratado Político*, a noção de prudência. No artigo 6 do capítulo II, Espinosa mostra que, se Adão tivesse sido realmente esse ser perfeito de integridade que os teólogos imaginam, se ele tivesse podido exercer sua ciência e sua prudência (*sciens* e *prudens*), teria sido então impossível fazê-lo desviar, no que quer fosse, de sua livre necessidade. Espinosa põe, assim a identidade da potência, da existência e da liberdade (se não se confunde a liberdade com a contingência, mas, ao contrário, se entende por liberdade uma potência, uma virtude ou uma perfeição). Existir é, pois, não somente uma "potência" mas também necessariamente "prudência". É a argumentação utilizada por Espinosa no caso da hipotética perfeição de Adão.

No artigo 9 do capítulo II do *Tratado Político*, é o laço necessário entre a efetividade dessa liberdade e a capacidade de resistir que é sublinhado. Todo homem, de fato, "depende de seu próprio direito", isto é, é *sui juris*, "na medida em que pode repelir toda violência [*vim omnem repellere*]". Ou seja, na medida em que pode ativa e potentemente resistir a tudo o que é contrário ao seu esforço *singular* de perseverança *in suo esse* (o que teoricamente poderia e deveria fazer o primeiro homem).

A identificação da prudência e da liberdade resistente da natureza humana ocorre explicitamente no artigo 5 do capítulo IV do *Tratado Político*. Espinosa trata então da questão de saber se o poder soberano está submetido às leis, se pode pecar. Examinemos os três movimentos principais desta argumentação.

---

[53] Tomamos a expressão de Stanislas Breton em "Hegel ou Spinoza. Réflexions sur l'enjeu d'une alternative", *Cahiers Spinoza* 4, éd. Réplique 1983, p. 73.

[54] *TP*, cap. II, art. 3.

Espinosa situa, no primeiro momento, sua interrogação no campo, mais vasto, da legislação de "todas as coisas naturais". Desse ponto de vista, o corpo do Estado, como todos os corpos físicos, está ligado a regras e leis. Caso contrário, "não seria mais uma coisa natural, mas uma quimera". Daí segue que a cidade peca quando faz ou quando sofre atos que podem ser causa de sua ruína. Ou seja, ela peca quando age contra as leis da razão que são as regras ou as leis de sua própria conservação: "enquanto pois age contra a razão, precisa Espinosa, ela falta a si mesma, ela peca".[55]

No segundo momento do raciocínio, Espinosa escreve que se, ao contrário, entende-se por lei o direito civil e por pecado o que é defendido em virtude do direito civil, então não se poderia mais dizer que a cidade esteja submetida às leis, nem que possa pecar. Porque é a cidade mesma que decide suas leis, que decide fazê-las ou desfazê-las, ela não está submetida a tais leis (o que Espinosa afirmava já no capítulo XVI [8] do *Tratado Teológico-Político*). A cidade encontra-se portanto diante do direito civil na mesma situação que um indivíduo no estado de natureza que não tem que obedecer senão a si mesmo, em função de um só imperativo vital que é o de sua conservação.

No terceiro momento, Espinosa introduz um novo parâmetro. Existe, com efeito, na cidade, escreve Espinosa, "um conjunto de circunstâncias" que, sendo postas, delas não resultam para os homens dessa cidade sentimentos de respeito e de medo com relação ao corpo político, e isso contribui fortemente para a sua conservação. A cidade, assim, necessariamente, por necessidade vital, "tem que" manter em seu próprio interesse certas regras, certas leis, isto é, uma situação de conjunto ou de condições ontológicas de existência que lhe são próprias, pois essas são as razões ou as causas mesmas desse medo e desse respeito que mantêm a sociedade-conjunto e que garantem sua perseverança. Mas essa exigência ou essa necessidade vital é independente da lógica da obediência (exigida pelo direito civil), que não concerne senão aos sujeitos da cidade e não à cidade ela mesma enquanto corpo político. A necessidade que o corpo político da cidade tem que (*est tenue*) vitalmente cumprir é, certamente, uma condição da obediência, mas a cidade ela mesma não está sujeita a essa obediência. Ela tem que cumprir outra exigência, por necessidade vital ou ontológica. Espinosa escreve, então, que é pelo direito de natureza, cujo exercício é o de um "direito de guerra", que o corpo da cidade tem que manter, em seu próprio interesse, essas regras e essas leis que constituem sua disposição própria, isto é, sua condição mesma da perseverança "em seu ser".

> Com efeito, se a cidade tem que [*tenetur*] manter em seu próprio interesse certas regras, certas causas de medo e de respeito, não é em virtude dos direitos civis

---

[55] *TP*, cap. IV, §4.

mas em virtude do direito natural, pois que (conforme o art. precedente) nada disso pode ser reivindicado em nome do direito civil, mas somente pelo direito de guerra [*sed jure belli vindicari possunt*]; de modo que a cidade só está submetida a essas regras no mesmo sentido em que um homem no estado de natureza tem que [*tenetur*], para depender de seu próprio direito, não ser seu próprio inimigo, e não se matar. Essa prudência não é uma obediência, é ao contrário a liberdade da natureza humana [*sane cautio non obsequium sed humanæ naturæ libertas est*].[56]

Há portanto uma lógica da prudência que integra necessariamente um conjunto de circunstâncias e as disposições afetivas dos indivíduos vinculados a essas circunstâncias, conjunto que Espinosa demarca radicalmente da problemática da obediência. Pois esta prudência do real é, no plano da teoria, independente do campo jurídico-político da representação da Lei e do sujeito da obediência que a ela corresponde. A prudência indica, assim, um processo real que implica a realidade de uma duração – a "continuação indefinida do existir" (*E* II, def. 5) ou mais precisamente, a *duração potente* da perseverança mesma de uma vida, ao mesmo tempo múltipla, convergente e resistente em seus efeitos, aquela mesma do corpo físico da cidade.

Constatemos que, no *Tratado Político*, a noção de "prudência" que integra o conjunto matemático, físico e ontológico das significações do *conatus*, inscreve-o, além disso, em uma perspectiva claramente maquiaveliana. A prudência dos direitos de natureza desdobra-se explicitamente, de fato, em um contexto bélico de relações de força. É um "direito de guerra" que se trata sobretudo de não voltar contra si. Um direito de natureza, vitalmente exigente, pelo qual a cidade "tem que", fora de toda finalidade, não faltar-se a si mesma.

"Ter que", "não faltar-se a si mesma": as expressões de Espinosa nos reenviam diretamente ao texto de Maquiavel. *Tenetur*: quando Espinosa emprega a noção pela primeira vez, no *Tratado Político*, cap. I, art. 2, a significação de *tenetur* é a de um dever moral. Os teólogos sustentam que os poderes soberanos devem (*tenetur*) tratar dos negócios públicos segundo as mesmas regras morais que eles impõem aos particulares. Mas desde a segunda utilização (no *Tratado Político*, cap. II, art. 18), *tenetur* toma o sentido de uma exigência vital, aquela envolvida pela necessidade mesma do direito de natureza. Espinosa escreve: "no estado de natureza, não há pecado ou se alguém peca é contra si mesmo e não contra outro". De sorte que, se cada um tem que (no sentido da exigência vital) não pecar (isto é, não faltar-se a si mesmo), nada, inversamente, no estado de natureza, tem que (no sentido moral) obedecer a quem (ou ao que) quer que seja. No capítulo IV (tanto no artigo 4 quanto no artigo 5), é no sentido de exigência vital que é utilizada a noção: "O corpo político, para depender de

---

[56] *TP*, cap. IV, art. 5.

seu próprio direito, tem que (*tenetur*) conservar as causas de medo e respeito, de outro modo ela cessa de ser".[57]

Esse imperativo vital faz eco estritamente ao capítulo XV do *Príncipe*. Maquiavel escrevia:

> É tão distante da maneira como se vive daquela de como se deveria viver [*come si doverrebbe vivere*] que aquele que deixa o que se faz pelo que se deveria fazer apreende mais sua ruína que sua conservação [...]. Também é necessário a um príncipe [*è necessario*], se ele deseja se manter, de aprender a poder não ser bom, e de usá-lo ou não usá-lo segundo a necessidade [*secondo la necessità*].[58]

Secondo la necessità: ou seja, segundo uma necessidade que é a da realidade efetiva da guerra e das relações de força, necessidade que exige operar uma *outra* necessidade, a do direito de natureza ou, segundo Espinosa, de um "direito de guerra": o equivalente do "*è necessario*" poder não ser bom... do príncipe de Maquiavel. É a necessidade vital de uma prudência ou de uma estratégia que é a de um *tenetur* espinosista.[59]

Mas em Espinosa a prudência ou a liberdade do príncipe maquiaveliano tornou-se *ontológica*. É a prudência de uma vida em sua unicidade e sua singularidade. Isto tem por consequência que, inerente ou imanente ao próprio real, em cada determinação causal, a liberdade de uma vida, como parte operante da potência divina, é, em Espinosa, natural e racionalmente disposta para a adequação, já que envolve necessariamente, em sua essência, a razão ou a causa (ainda que muito parcial) de sua ação. Cada coisa singular não se esforça certamente para perseverar em seu ser senão nas relações de troca e de comunicação com o que não é ela, isto é, segundo as disposições "do exterior".[60] Contudo, a coisa não poderia se reduzir a essas

---

[57] *TP*, cap. IV, art. 4.

[58] Citamos *O Príncipe* na tradução de Jean-Louis Fournel e Jean-Claude Zancarini. Paris: PUF, 2000.

[59] A segunda expressão, "*eatenus sibi déficit*" (art. 4, cap. IV do *Traité Politique*), pela qual Espinosa diz que a cidade pode "faltar-se a si mesma" (*se manquer à elle-même*), encontra-se já também no capítulo XXIV [3] do *Príncipe* e num contexto idêntico. Em Maquiavel, como em Espinosa, essa expressão é com efeito utilizada no contexto das coisas que o príncipe (ou o corpo político) no exercício de seu poder soberano pode fazer ou não fazer, tendo como limites apenas a resistência da natureza das coisa e o dano que se pode fazer a si mesmo por ações inconsideradas, inadaptadas, inajustadas, em suma, estrategicamente desastrosas para a conservação do indivíduo.

[60] No escólio que segue ao corolário da proposição 29 da *Ética* II, Espinosa distingue uma disposição da alma "externamente determinada" e sua disposição quando ela é "internamente" determinada. Ele escreve: *Dico expresse, quod Mens nec sui ipsius, nec sui Corporis, nec corporum externorum adæquatam, sed confusam tantum, <&mutilatam> cognitionem habeat, quoties ex communi naturæ ordine res percipit, hoc est, quoties externe, ex rerum nempe fortuito occursu, determinatur ad hoc, vel illud contemplandum, & non quoties interne, ex eo scilicet, quod res plures simul contemplatur, determinatur ad earundem convenientias, differentias, & oppugnantias intelligendum ; quoties enim hoc, vel alio modo interne disponitur, tum res clare, & distincte contemplatur, ut infra ostendam*" ["Afirmo expressamente que a

disposições extrínsecas, porque ela é, em si mesma, um sistema de disposições que envolve em seu nível de determinação a razão ou a lei ontológica de seu funcionamento em sua relação de troca com a exterioridade. A disposição intrínseca como *conatus* ("*dispositio seu conatus*" escreve Espinosa, de fato e *en passant*, na explicação da definição 33 dos afetos)[61] ou a *dispositio* como sistema autônomo (em seu nível) de disposições, é inicialmente uma maneira precisa e determinada de operar da coisa em sua ativa perseverança no existir. Para o corpo, "uma certa relação precisa" (*certa quadam ratione*, segundo a fórmula da Definição que se segue à proposição 13 da *Ética* II), pelo qual os corpos que compõem um indivíduo singular "concorrem" comunicando uns aos outros seus movimentos, e pelo qual, igualmente, um mesmo indivíduo estabelece trocas com outros corpos, de uma maneira precisa e determinada.

Isso significa dizer que a atividade causal do indivíduo (a exigência vital de uma vida) persegue e reproduz indefinidamente (o quanto se pode fazê-lo) a ligação dinâmica individuante e individualizante de uma disposição essencial, segundo a qual a potência infinita de Deus se exprime, nesse e por esse indivíduo, *certo et determinato modo*.

É assim que todo indivíduo, na tensão mesma da perseverança que o constitui (sua duração) e enquanto parte efetivamente agente da potência divina, opera segundo sua própria lei de equilíbrio como causa dispondo "do interior" sobre todas suas afecções "do exterior". E essa exigência vital, que é a mesma de seu "soberano direito de natureza" (segundo a formulação do *Tratado Político*, cap. II, art. 8), funciona assim como a dinâmica de uma relação precisa ou de uma memória singular que é a de sua disposição ou de sua prudência intrínseca, em todo encontro, em toda relação, em toda ocasião: há aqui a possibilidade de ler, em Espinosa, uma ontologia dinâmica da duração (como determinação continuada da potência ou como duração singular e singularizante), ou uma ontologia do *kairos*.[62]

Essa lógica da prudência é a dinâmica vital de uma potência de conexão, na mente como no corpo, que opera ações recíprocas por ligação interna. É

---

mente não tem, de si própria, nem de seu corpo, nem dos corpos exteriores, um conhecimento adequado, mas apenas um conhecimento confuso, sempre que percebe as coisas segundo a ordem comum da natureza, isto é, sempre que está exteriormente determinada, pelo encontro fortuito com as coisas, a considerar isto ou aquilo. E não quando está interiormente determinada, por considerar muitas coisas ao mesmo tempo, a compreender suas concordâncias, diferenças e oposições. Sempre, com efeito, que está, de uma maneira ou outro, interiormente arranjada, a mente considera as coisas clara e distintamente, como demonstrarei mais adiante"]. Precisemos que esse "internamente" não tem nada de uma interioridade que estaria em ruptura com a ordem da exterioridade: o interno não é outra coisa que a formação consistente, insistente e resistente de uma convergência/conveniência de uma multiplicidade em ato pela qual se afirma a singularidade como determinação (ou em e por sua determinação).

[61] *E* III, *AD* 33 exp.

[62] Cf. nossa *Introduction* ao *Traité politique*, trad, de Émile Saisset, Librairie Générale Française, 2002, p. 69.

essa dinâmica ordenante, em si mesma sem objeto nem fim[63], que se encontra como programa na prática terapêutica proposta na primeira parte da *Ética* V: prática de uma prudência sempre-já-aí, mas tornada adequada à lei de produção de sua essência sob a determinação do intelecto como força hegemônica no seio do campo dos contrários.

Gostaria de concluir com este trabalho vivo do afeto, do qual Espinosa nos diz que é "sem excesso"... Se se pode dizer assim que a prudência é a virtude por excelência do intelecto, como poder de ordenar e encadear adequadamente os afetos, é preciso acrescentar que essa prudência é também, de alguma maneira, a virtude mesma da virtude (*E* IV, 22). Ou seja, do esforço para se conservar enquanto esse esforço, como potência causal, desenvolve "necessariamente alguma coisa de positivo", isto é, de parcialmente ordenado e ordenante. Mesmo se essa auto-organização é imprecisa e vaga e num baixíssimo grau de prudência ou de liberdade.

Em seu nível, todavia, o *conatus* funciona como um tipo de determinação em última instância mais ou menos eficaz (ou eficiente). E esse esforço só pode ser o de uma real apropriação de si quando, chegado a um certo grau e/ou a um certo limiar de atualidade da potência, é o intelecto que vem dinamicamente ocupar a posição dominante no sistema disposicional das relações de conexões e de forças que constitui então a natureza particular do indivíduo singular. Donde a prática explícita de liberação que, no seio do campo dos contrários e no seio mesmo de certas forças ativas deste campo, consiste em desprogramar disposições "de fora" em proveito de novas programações de conexões "de dentro" que concorrem à constituição de convergências sempre mais complexificantes do indivíduo múltiplo, e isso em proveito de seus processos de autonomização e de singularização: o que aprendemos das proposições 2 e 3 da *Ética* V. Porquanto se trata, inicialmente, de separar o afeto da ideia de uma causa exterior, depois juntar aos afetos experimentados pensamentos "claros e distintos", até que todos nossos afetos, como todas as afecções de nosso corpo, possam ser relacionadas à ideia de Deus (*E* V, 14).

A consequência prática é, no Amor para com Deus, a apropriação real e progressiva do esforço sem objeto por seu equilíbrio e sua constância, ou seja, o advento de desejos sem excesso porque seguidos da necessidade mesma de nossa natureza, em sua positividade racional,[64] e por isso mesmo, favorece o duplo processo de autonomização e de singularização da coisa em sua afirmação cada vez mais livre, isto é, cada vez mais resistente aos afetos que lhe são contrários

---

[63] Pode-se dizer de uma vida que ela é, antes de tudo e *essencialmente*, um esforço singular sem objeto nem fim, como mostramos em nossa apresentação da matriz teórica da "*Éthique* III", *Lectures de Spinoza*, ch. VIII, p. 109-131, organização de Pierre-François Moreau e Charles Ramond, Paris: Éllipses, 2006.

[64] Cf. *Ética*, Parte IV, prop. 41 e dem.; proposição 42 e dem.

e que só podem, então, de alguma maneira, aflorar antes de ser expulsos (como confirmarão o início da demonstração da proposição 39 e a proposição 42 da *Ética* V). Concluímos pelo exame da única proposição que, na *Ética* V, refere-se ao axioma 1: trata-se da proposição 7. Em sua demonstração, Espinosa explica, com efeito, que um afeto que nasce da razão

> [...] permanece sempre o mesmo e, consequentemente (pelo axioma 1 desta parte), os afetos que lhe são contrários, e que não alimentam suas causas exteriores, deverão se adaptar cada vez mais a ele, até que eles não lhe sejam mais contrários, e nisso o afeto que provém da razão é mais potente (*E* V, 7 dem.).

Tratar-se-ia, portanto, de ter ao menos um afeto sem excesso, quer dizer, equilibrado e que persevera em seu equilíbrio, para modificar ou modular as ações contrárias excitadas em nós (por causas externas), de tal maneira que essas ações não nos sejam mais contrárias. Há, portanto, uma consistência própria e uma atividade resistente própria do afeto equilibrado que determina, de alguma maneira e em certas condições, os outros afetos do indivíduo a se dobrar à sua razão ou à sua lei de prudência (a se "adaptar a ela cada vez mais"). É essa ativa consistência e resistência do afeto que encontra sua otimização no Amor para com Deus. A demonstração da proposição 7 já nos dá, assim, a dinâmica da passagem dos desdobramentos dos contrários, de início friamente prudentes porque cegos, a uma mutação racional que seja uma verdadeira transição que evita a *animi fluctuatio*.[65]

Mas é preciso dizer com insistência que é já no fato mesmo de existir como coisa determinada que temos sempre um afeto equilibrante e sem excesso: aquele que supõe necessariamente a perseverança *in suo esse* no e pelo deslocamento indefinido dos contrários: é o afeto regrado de si por si que, malgrado a amplitude de deformações sofridas, afirma contudo a unidade e a singularidade do equilíbrio dinâmico global de um sistema de disposições cuja lei ontológica define a maneira segundo a qual um indivíduo afirma sua vida, e, por isso mesmo, uma causalidade própria, na e pela expressão divina. Justamente o que o *Tratado Político* chama de sua "prudência".

---

[65] *Flutuação do ânimo*. Na Parte III da *Ética*, ver, p. ex., escólios das proposições 17 e 35, assim como a proposição 31, que trata especificamente desse afeto.

CAPÍTULO 5
Linguagem e poder em Espinosa:
a questão da interpretação[66]

Ainda que pouco desenvolvida, há, na obra de Espinosa, uma reflexão continuada sobre a relação Linguagem-Poder.[67] E essa reflexão articula o problema teórico da ligação entre linguagem e poder com a potência imanente das práticas: com a potência dos corpos (em sua diversidade) para produzir imagens, para ligá-las, portanto, para contrair os hábitos, para construir uma memória, para constituir e para estabelecer as significações no e por um uso... Em suma, coloca o problema da articulação da linguagem e do poder em uma problemática mais vasta do que a da efetividade da constituição imanente e comum de uma vida humana.

A linguagem em Espinosa, então, vai se inscrever em um processo global e coletivo de constituição de um mundo comum a partir das ligações dinâmicas

---

[66] Tradução de Danilo Bilate. Este texto foi publicado em *Spinoza Contemporàneo*, sob a direção de Montserrat Galceràn Huguet, Mario Espinoza Pino, Tierradenadie Ediciones, Madrid, 2009. (N.T.).

[67] A primeira obra consagrada à linguagem em Espinosa é uma publicação recente (Lorenzo Vinciguerra, *Spinoza et le signe. La gènese de l'imagination*, J. Vrin, Paris, 2005), mas os comentadores já tinham consagrado sua atenção a essa questão; cf. MISRAHI, R. *Le désir et la réflexion dans la philosophie de Spinoza*. Ed. Gordon e Breach, 1972, p. 186-206; CHIEREGHIN, F. "Introduzione a Spinoza. La critica del sapere matematico e le aporie del linguaggio", *Verifiche*, V/1 1976, p. 3-23; BRUNELLI, V. "Religione e dottrina del linguaggio", *Verifiche*, VI/4 1977, p. 755-787; DOMINGUEZ, A. "Linguaje y hermeneutica en Spinoza", *Miscellanea Comillas*, n. 69, 1978, p. 301-325. BIASUTTI, F. *La dottrina della scienza in Spinoza*, Patron, 1979, p. 140-145; BOVE, L. "La théorie du langage chez Spinoza", *L'Enseignement Philosophique*, 1991, n. 4 p. 16-33 et 2005, n. 1 p. 24-38; MOREAU, P.-F. *Spinoza: L'expérience et l'éternité*, PUF, 1994, p. 307-378, e o nosso próprio texto, "Langage et pouvoir chez Spinoza". In: *Langage et pouvoir à l'Âge classique*, Presses universitaires Franc-Comtoises, 2000, p. 57-67.

do hábito, da memória e da recognição.⁶⁸ Por recognição entendo, em Espinosa, a disposição em ligar um afeto (de alegria ou de tristeza) a uma causa qualquer. E essa alegria, acompanhada da ideia de uma causa exterior, é o que Espinosa, no escólio seguinte ao corolário da proposição 13 da parte III da *Ética*, chama de amor. E pode-se fazer o mesmo raciocínio com os afetos de tristeza e de ódio. Amor (ou ódio) do qual o objeto é então construído na e pela relação recognitiva, ela mesma, que identifica espontaneamente – e ilusoriamente – a causa do afeto de alegria (ou de tristeza) "e" o objeto-do-desejo ou do amor (e/ou da tristeza e do ódio).

Veremos que é na e por essa relação recognitiva e causal que uma potência imanente determinada enquanto esforço torna-se um interpretante em uma relação triádica com o signo e seu objeto, característica da relação semiótica. Pensa-se hoje nos *Escritos sobre o signo* de Charles Sanders Peirce de que Espinosa antecipa, *à sua maneira*, a perspectiva pragmática contemporânea.⁶⁹

Para esclarecer a articulação linguagem-poder, então, iremos tratar da interpretação, pegando essa questão pela raiz, a saber, em Espinosa, a questão da potência de agir, que é primeira, ou seja, o esforço essencial que cada ser faz para perseverar no seu ser (isto é, seu *conatus*).

Será esse esforço imediatamente um "interpretante", seja como desejo, seja como esforço de natureza hermenêutica? Não parece. No escólio da proposição 18 da *Ética* II, Espinosa escreve que a memória é "uma certa concatenação de ideias, que envolvem a natureza das coisas exteriores ao corpo humano e que se faz segundo a ordem e a concatenação das afecções desse corpo". E ele prossegue:

> Nós compreendemos claramente, assim, por que a mente, do pensamento de uma coisa, passa imediatamente para o pensamento de uma outra que não tem qualquer semelhança com a primeira, como, por exemplo, um romano, do pensamento da palavra *pomum* passará imediatamente ao pensamento de uma fruta, que não tem qualquer semelhança com esse som articulado, não havendo nada de comum entre essas coisas, senão que o Corpo desse romano foi muitas vezes afetado pelos dois, isto é, que o mesmo homem muitas vezes ouviu a palavra *pomum*, ao mesmo tempo que via a fruta; e, assim, cada qual passará de um pensamento a outro, dependendo de como o hábito tiver ordenado no corpo as imagens das coisas.

Além dessa simples repetição mecânica de uma conexão ordenante, adquirida pelo hábito, Espinosa dá, na *Ética* III, proposição 28, um critério de *orientação* da repetição: "Tudo aquilo que nós imaginamos levar à alegria,

---

⁶⁸ Para o estudo dessas etapas constitutivas, BOVE, L. *La Stratégie du conatus. Affirmation et résistance chez Spinoza*, Vrin, 1996, p. 40-75 (obra a aparecer em breve em tradução espanhola pela Tierradenadie, Madrid).

⁶⁹ A referência a Peirce (S. Peirce, *Collected Papers*, 8 v., Harvard University Press, 1931-1958) é assinalada por L. Vinciguerra e utilizada ao longo de toda a sua obra *Spinoza et le signe. La gènese de l'imagination*, J. Vrin, Paris, 2005.

nos esforçamos por fazer com que se realize; tudo aquilo que nós imaginamos como sendo contrário a isso ou que leve à tristeza, nós nos esforçamos por afastá-lo ou destruí-lo".

Se aparece, assim, um verdadeiro princípio de prazer, a determinação do *conatus* não deixa de ser exclusivamente a de uma causalidade eficiente, aquém dos signos e de toda atividade interpretativa. Nenhuma teleologia explica a orientação. Se ele está no princípio de nossas ações, o prazer, antes de tudo, não é menos a *consequência* de uma ligação das afecções operada pelo corpo segundo uma causalidade estritamente eficiente. Se se pode falar de uma estratégia hermenêutica do *conatus*, é somente no estado em que o agente age efetivamente em vista de um fim (mais ou menos obscuro à sua consciência), a saber, o útil que ele deseja, ou seja, segundo Espinosa, quando esse agente, como interpretante, é capaz de amor. É, de fato, e mais precisamente, *pelo efeito* da relação recognitiva que isso que é bom "pelo" desejo, torna-se objeto-do-desejo (e/ou de amor) e, *por consequência*, um "bem" para um interpretante (que é ele mesmo um efeito): significa que a causa indicada na atividade recognitiva é imediatamente coisificada, reificada, ao mesmo tempo que é (segundo o escólio da proposição 9 da *Ética* III), valorada, significada. A relação semiótica (e seus três elementos: o interpretante, o signo e seu objeto) é então um efeito e/ou um produto de uma relação causal/recognitiva em si mesma anterior e independente da relação objetal que ela, ao contrário, contribui para construir. Pois, falando absolutamente, segundo Espinosa, o real é sem significação, signo ou valor e o desejo de cada um, falando propriamente, não é senão desejo de coisa alguma (*désir de rien*). O *conatus* é, antes, força produtiva, afirmação matemática e poderosa da existência em e por seus efeitos. Logo, sua estratégia não é interpretativa, mas estritamente eficiente: é antes um esforço sem objeto e sem fim.[70] O afeto de alegria e seu inverso, a tristeza, vão certamente orientar, nos seres capazes de experimentar essas diferenças de estado, o processo do *conatus*. Mas é somente sob a influência e a violência da representação amorosa que o desejo vai ser submetido a um desejo-de-objeto e a uma procura (presentemente finalizada) pelo prazer, na e pela possessão desse objeto. A produtividade sem fim do desejo torna-se, assim, produção dessas coisas-imagens agradáveis, úteis ou prejudiciais, amáveis ou detestáveis, que organizam, para e pela tríade interpretante-signo-objeto, uma representação significante do mundo.

E é sobre e pelo conjunto desse processo complexo da perseverança que vai se estabelecer a formação efetiva da linguagem como uma costura dessas coisas-imagens tornadas objetos/signos por um desejo-interpretante. Ora,

---

[70] Explicitamos nossa leitura do *conatus* como *esforço sem objeto* na nossa apresentação *Ética III*, capítulo VIII, *Lectures de Spinoza* sob a orientação de MOREAU, P.-F. e RAMOND, Ch. Ellipses, 2006, p. 109-131.

a dinâmica da complexidade no hábito, na memória e na recognição, pela qual e sobre a qual se instaura a relação semiótica, esse processo complexo é imediatamente também, em Espinosa, o das práticas comuns *divididas* entre passividade e atividade, sujeição e resistência. Em Espinosa, o conceito político dessa complexidade e de suas práticas divididas é essa da *multitudinis potentia*, a "potência da multidão" (conceito que aparece a partir do capítulo II, artigo 17, do *Tratado Político*). A questão do poder, como a questão da linguagem, que se estabelece nela e sobre ela, são, então, as questões que se apoiam sobre a operação estratégica e pragmática da rede complexa imanente de relações *de linguagem "e" de poder*, que formam "multidão", e que fazem e desfazem indefinidamente a rede constituída, essencialmente afetiva, de uma vida comum.

Para esclarecer a singularidade e o interesse contemporâneo da posição espinosista, examinarei inicialmente como Espinosa explica a gênese mesma das palavras a partir dos estados e/ou das afecções dos corpos e dos afetos da mente que lhe são correlatos; em seguida, como o interpretante da estratégia hermenêutica torna-se, na figura teológica, desejo-de-dominação e de esfacelamento do corpo comum e como o interpretante da relação semiótica pode ser a chave de uma modificação emancipadora do regime da potência e, por isso mesmo, de uma reversibilidade da relação de poder. Tratarei somente de modo suficientemente breve dos dois últimos pontos, nos quais tirarei somente as consequências práticas/políticas da concepção espinosista da linguagem, concepção que desenvolverei mais longamente na minha primeira parte.

É a uma explicação da gênese das palavras que procede o escólio 1 da *Ética* II, 40, que insiste sobre a confusão e a simplificação-unificadora das imagens nas e pelas limitações do nosso corpo:

> Ser, Coisa, Algo. Esses termos nascem porque o corpo humano, sendo limitado, é capaz somente de formar distintamente, em si mesmo, um certo número de imagens a cada vez; se esse número é ultrapassado, tais imagens começam a se confundir; e se o número das imagens distintas, que o corpo é capaz de formar em si mesmo a cada vez, é largamente ultrapassado, todas elas se confundirão inteiramente entre si. [...] De causas semelhantes nasceram também essas noções que nomeamos *universais*, tais como: Homem, Cavalo, Cachorro, etc. [...] Mas deve-se notar que essas noções não são formadas por todos da mesma maneira; elas variam, em cada um, correlativamente à coisa pela qual o corpo foi mais vezes afetado e que a mente imagina ou lembra mais facilmente. Aqueles que, por exemplo, mais frequentemente consideram com admiração a estatura dos homens compreenderão, pelo nome de homem, um animal de estatura ereta; para os que estão acostumados a considerar outra coisa, formarão dos homens uma outra imagem comum, a saber: o homem é um animal dotado do riso; um animal de duas pernas sem penas; um animal racional; e, assim, para os outros objetos, cada um formará, de acordo com a disposição de seu corpo, imagens universais das coisas.

A natureza, assim como a origem da linguagem, deve então ser compreendida segundo o mesmo processo de confusão-simplificação prática que opera um corpo muito complexo mas sempre limitado, face à multiplicidade do real. De uma parte, contrariamente ao que afirma Descartes,[71] a linguagem se explica pelo corpo e não pelo entendimento; mas, por outro lado, é no interior da esfera imaginativa da recognição que a linguagem se inscreve em nossa memória. Por essência, a palavra é designativa, e seu valor é exclusivamente um valor de uso.[72] Conhecimento por signos (percepção adquirida pelo "modo de um signo convencional arbitrário"[73]), ela permite, paradoxalmente, identificar uma coisa particular sob o nome comum e assim sobredeterminar o processo de recognição/coisificação e a aparência de exterioridade das coisas. A linguagem designa, assim, os indivíduos de uma mesma "espécie" e/ou de um mesmo "gênero". Ela é classificatória.[74] O nome comum é, também, um nome usual porque encontra necessariamente sua origem em uma relação desejante/afetiva com os corpos exteriores úteis, prejudiciais ou indiferentes (logo, na esfera antropocêntrica da utilidade).

Do ponto de vista da perseverança, a palavra visa, assim, prolongar o processo da recognição necessária à sobrevivência, através de um signo fácil de reter[75] e que, na prática, se representa a cada vez que a coisa ou sua imagem se apresenta a nós (como no exemplo do romano já assinalado).

Meio de uso, a linguagem é, então, um produto do corpo (ao mesmo tempo de sua potência e de suas limitações), mas também, sublinha Espinosa, da disposição cognitiva do interpretante. Se a linguagem envolve, de fato, um valor prático, um saber de uso, ela não tem, nela mesma, nenhum valor de verdade: "É o vulgo [que] de início descobriu as palavras...".[76] Donde uma natureza ambivalente da linguagem que, enquanto efeito de uma prática comum (de um uso), possui nela mesma uma função e até uma significação essencialmente vital para o corpo da multidão da qual ela vem potencialmente tornar complexa e reforçar a consistência e a perseverança. Ambivalência, pois a linguagem, como produto do *vulgus* ou da ignorância, é, imediatamente, também uma matriz de ilusões.

Antes de voltarmos para a ligação, na linguagem, entre ilusão e dominação, vejamos as consequências metodológicas que Espinosa tira de sua teoria do uso.

---

[71] Descartes, *Principes de la philosophie* I, art. 59, e Resposta a Régius A.T. III p. 66. Parte 1, cap. 7, § 8.

[72] *CM*, I, 6.

[73] *TIE* §19; *E* II, 40, esc. 2.

[74] *CM*, I, 1.

[75] *CM*, I, 1.

[76] *CM*, I, 6.

Caberá, com efeito, ele escreve nos seus *Pensamentos metafísicos*, "àquele que procura a significação primeira de uma palavra de se perguntar o que esta, antes, significou para o vulgo"[77] ou para o interpretante ordinário. E essa significação, é claro, é para ser investigada na esfera de sua perseverança, nos e pelos usos comuns.

Espinosa dá, então, o exemplo das palavras "Verdadeiro" e "Falso", que foram inventadas fora do campo filosófico, para designar utilitariamente a diferença entre um relato dos acontecimentos reais e outro dos fatos inventados que não aconteceram em lugar algum. *Posteriormente*, os filósofos somente utilizaram esses termos para "designar o acordo ou o desacordo de uma ideia com o seu objeto", fazendo assim da palavra o representante de uma ideia. A *palavra* "verdadeiro" designando o acordo da ideia com o seu objeto, nomear-se-á ideia "verdadeira" aquela que mostra uma coisa "como ela é em si mesma". Então, a " ideia" verdadeira *mostra* a coisa tal como ela é, a palavra "verdadeiro" mostra a natureza da "ideia". Sua significação está dentro dessa representação. Tal é a concepção binária da linguagem que o exemplo de Espinosa vai *retificar* do início ao fim.

Em primeiro lugar, e sobretudo, retificação. Espinosa afirma que a significação das palavras encontra sua origem no corpo da multidão (como *vulgus*) e que, assim, em uma linguagem, é antes de tudo um povo que fala. A invenção das palavras é uma empresa coletiva e a maneira de ser afetado dos indivíduos é já o efeito de uma "vida comum". (É o que mostram na prática as análises linguísticas do início do *Tractatus theologico-politicus*, e o que aconselha, de um ponto de vista metodológico, o capítulo VII). A significação das palavras é, então, não mais diretamente posta em ligação com a ideia, mas com uma experiência poderosa ao mesmo tempo particular e compartilhada, uma prática coletiva, um "uso comum", um "contexto", uma maneira de viver, pelas quais o sentido de uma enunciação poderá ser percebido.[78] Espinosa nos leva, assim, a compreender uma significação em função de um interpretante, da potência de um desejo, de uma *intenção* que não poderia aliás ser reduzida apenas ao *fim* do sujeito abstrato da enunciação, mas que se compreende somente reconduzida ao *agenciamento afetivo, efetivo e coletivo* a partir do qual essa enunciação se tornou possível: "Eu entendo", diz Espinosa a propósito dos autores de diferentes livros da Escritura, "[que é preciso conhecer][79] a vida, os costumes de cada autor de cada livro, o fim que ele se propôs, quem era ele, em que ocasião, em que época, para quem e, finalmente, em que língua ele escreveu". [80]

---

[77] *CM*, I, 6.
[78] *TTP*, cap. VII (p. 117).
[79] Acréscimo nosso.
[80] *TTP*, cap. VII (p. 119-20).

Para além do nome de um autor abstrato, há, então, a realidade efetiva de uma "época", de uma língua original, de uma conjuntura histórica particular e, nela, de um corpo (ao mesmo tempo individual e comum), de uma prática poderosa e singular da vida, de uma existência relacional com seus desejos e seus projetos, logo de uma disposição ao mesmo tempo individual e coletiva que Espinosa identifica com a potência mesma de agir do indivíduo ou do interpretante como *ingenium* (compleição própria), um interpretante que faz realmente violência às coisas no e pelo seu esforço hermenêutico, de modo imanente às relações de força.

Isso mostra o quanto a significação só pode ser entendida como o produto de uma realidade singular partilhada, muito complexa, como um efeito de sentido do qual é preciso produzir as causas e o conceito, na unidade de uma definição científica.

Voltemos ao caso da constituição das palavras "verdadeiro" e "falso" e à retificação que Espinosa opera, ao final, sobre a concepção clássica. O exemplo prossegue pela explicação da gênese das novas significações por deslocamentos metafóricos do sentido original. A teorização, pelos "filósofos", das palavras "Verdadeiro" e "Falso", de fato, apenas levou a conceber as ideias como "pinturas sobre um quadro" (seguindo a expressão empregada mais tarde na *Ética* II, 43, escólio) ou ainda como narrativas ou histórias da natureza que o espírito só faz representar-se. E Espinosa prossegue, nos *Cogitata Metaphysica*: "E daí designou-se igualmente por metáfora as coisas inertes, como quando dizemos do ouro verdadeiro ou do ouro falso, como se o ouro que nos é apresentado dissesse alguma coisa sobre ele mesmo, o que está ou não está nele".[81] As palavras "Verdadeiro" e "Falso" assim "impropriamente" aplicadas às coisas mesmas, atribuem a essas coisas o poder misterioso de exprimir um sentido ou um valor oculto intrínseco... Mas esse uso ilegítimo na ordem do conhecimento, posto que envolve confusões e ilusões, pode se compreender segundo uma *outra* intenção: é "em vista de um efeito oratório", indica Espinosa, que essas denominações extrínsecas são atribuídas às coisas mesmas. Assim, apaga-se – do ponto de vista de uma aproximação pragmática da significação – a ilegitimidade do uso, porque é para um outro uso, não especulativo, mas prático, que as palavras "Verdadeiro" e "Falso" são aplicadas às coisas. É necessário um uso retórico no qual o fim é convencer, persuadir, e mesmo dominar. Nesse sentido, falar é agir, mas é também uma maneira de imaginar que é, em um mesmo gesto, potência efetiva de fazer imaginar e potência efetiva de fazer agir. Tomemos, por exemplo, a dupla formulação da Sagrada Escritura: " 'Deus é um fogo' e 'Deus é ciumento', são somente [em verdade] uma única e mesma enunciação",[82]

---

[81] *CM*, I, 6.
[82] *TTP*, cap. VII (p. 119).

diz Espinosa. No entanto, enquanto Moisés prefere substituir o ensinamento literal do ciúme de Deus pela afirmação "Deus é um fogo", sem dúvida, dá a sua enunciação uma dimensão metafórica e "oratória" que envolve os efeitos de fascinação e de temor que a primeira afirmação não contém.[83] Desse modo, ele quer, sem dúvida, obter uma prática de obediência sem falha em um povo do qual, por outro lado, ele sublinhou a natureza rebelde.

Uma obediência que se torna uma verdadeira servidão (na identidade tendenciosa do desejo-interpretante e da Lei divina), quando no discurso religioso a linguagem ordinária, que é o veículo do sentido, pretende ilusoriamente ser o representante ou o intérprete de um sentido ou de um valor oculto, intrínseco, independentemente dele e de seu interpretante. De um sentido e/ou de um valor considerados, assim, como originais que seriam o fundamento ou a garantia extraordinária de toda interpretação.

Nesse caso, e esse será meu segundo ponto, o discurso visível pretende exprimir um *outro* discurso, invisível, o de uma Verdade providencial inefável envolvida em um jogo misterioso de significações originais, a decifrar indefinidamente.[84] *É a pretensão do interpretante-teólogo e a matriz da dimensão tirânica do discurso.* A linguagem é, por natureza, uma violência feita ao mundo no processo sobredeterminado da constituição imaginária do real. Com o teólogo, essa violência sobre as coisas é, imediatamente, uma violência sobre os corpos e sobre os espíritos. No processo da perseverança, a violência do discurso contribuía para a constituição do corpo comum; com o interpretante-teólogo, essa violência retorna contra a dinâmica mesma dessa ligação constituinte.

Espinosa escreve:

> o templo degenerou em teatro em que não mais se veneravam Doutores, mas os Oradores da Igreja, dos quais nenhum tinha o desejo de instruir o povo, mas o de fazer-se admirar, de censurar publicamente os dissidentes, de somente ensinar as coisas novas, insólitas, próprias para deixar o vulgo maravilhado.[85]

Com o teólogo, a linguagem – representante de um Sentido tido por originário – tem, de fato, somente a função oratória de dominação: engendrar as práticas de submissão através de sua fala. No discurso do teólogo, a linguagem, em sua ambivalência natural, descobre o lugar privilegiado onde se exerce, no melhor dos casos, sua grande força de dominação. Uma coisa, com efeito, tem sentido, segundo Espinosa, somente em relação à força que a conquista e segundo os efeitos que essa força produz nela. Mas a coisa, em si mesma, não é

---

[83] *TTP*, cap. VII (p. 119).

[84] Cf. COMTE-SPONVILLE, A. "Spinoza contre les herméneutes". *Une éducation philosophique*. Paris : PUF, 1989, p. 245-264.

[85] *TTP, Pref.* (p. 9).

jamais neutra e se encontra, assim, mais ou menos em afinidade com a força que se apossa dela, se apropria, a explora ou se exprime nela. A significação é, assim, sempre o efeito de um encontro e de uma relação de forças, e a investigação do sentido não é nunca separável de um ponto de vista econômico ou energético efetivo. Se um ato é significante, é sobre a base de uma intenção em ato (que talvez não se reduz, dissemos, apenas ao fim do sujeito de enunciação mas ao agenciamento coletivo a partir do qual essa enunciação foi possível).[86] Essa intenção supõe que uma representação e que um objeto foram *investidos* por uma certa potência atual, que produz certos efeitos como tantos outros signos a interpretar: "Donde se segue", escreve Espinosa, "que nada é em si e absolutamente sagrado ou profano e impuro, mas somente em relação ao pensamento"[87]. Isso pode se estabelecer também da maneira mais evidente por um grande número de passagens da Escritura, prossegue ele. Assim, Jeremias (capítulo 6, versículo 4) diz que os Judeus de seu tempo falsamente chamaram o templo de Salomão de templo de Deus, "pois, acrescenta ele no mesmo capítulo, o nome de Deus só pode pertencer ao templo enquanto este for frequentado por homens honrando Deus e defendendo a justiça; porque se ele é frequentado por homicidas, ladrões, idólatras e outros criminosos, então ele é, de fato, um covil de malfeitores"[88]. Assim, as coisas, *como as palavras* (e Espinosa *traça explicitamente o paralelo*), têm significação certa somente em virtude do uso, ou seja, de uma violência das forças mesmas, das práticas efetivas que dela se apossam. Leiamos ainda sobre isso a quase integralidade do parágrafo 5 do capítulo XII do *Tratado Teológico-Político*:

> Chama-se sagrado e divino aquilo que é destinado à prática da piedade e da religião; ela será sagrada só enquanto os homens a usarem religiosamente: se esses homens deixarem de ser piedosos, ela deixará ao mesmo tempo de ser sagrada; se eles a consagrarem para ações ímpias, então essa mesma coisa, que antes era sagrada, tornar-se-á imunda e profana [...]: é apenas do uso que as palavras tiram uma significação determinada; se, conforme ao seu uso, elas são dispostas de modo que aqueles que a lêem sejam levados à devoção, então tais palavras serão sagradas, bem como o livro escrito segundo um tal arranjo de termos. Mas, se esse uso desaparece em seguida, de modo que essas palavras não tenham mais significação, ou se, seja pela malícia, seja por já não se precisar dele, o livro é totalmente esquecido, então, tanto as palavras como o livro não terão mais nem uso nem santidade; enfim, se essas palavras são dispostas de outra maneira ou se o uso lhes atribuir uma significação contrária, então as palavras e o livro, que antes eram sagrados, tornar-se-ão impuros e profanos.[89]

---

[86] *TTP*, cap. VIII (p. 118-119).
[87] *TTP*, cap. XII (p. 199).
[88] *TTP*, cap. XII (p. 199).
[89] *TTP*, cap. VII (p. 198-199).

Do mesmo modo, os teólogos investem violentamente contra o texto da Escritura e "substituem a palavra de Deus pelas suas próprias invenções, e se aplicam unicamente, a pretexto da religião, a obrigar os outros a pensar como eles" [90]. Donde a questão política e vital da interpretação da Sagrada Escritura. Esse será meu terceiro e último ponto.

Espinosa executa, no *TTP*, um método novo de interpretação da Escritura, que é a interpretação da Escritura por ela mesma: "o conhecimento da Escritura", diz ele, "deve extrair-se da Escritura unicamente"[91]. E esse método, ele explicita, "não difere em nada do método de interpretar a natureza [logo, segundo a nova ciência física], mas concorda", ele insiste, "até inteiramente com ele"[92].

Que significam essas duas afirmações?

Primeiro, que a questão da interpretação da Escritura é de fato, como a do conhecimento científico da natureza, a de produzir dela a verdade. E que essa verdade da Escritura, que é aquela que o cientista pode produzir, é o conhecimento das "verdadeiras causas" das coisas e/ou das palavras (e não a interpretação de um "sentido verdadeiro" que estaria escondido no fundo da Sagrada Escritura...). É preciso, então, muito cautelosamente, distinguir a natureza do verdadeiro que o cientista produz sobre a Escritura, bem como sobre a natureza (ele nos faz conhecer a sua verdade, segundo um processo de produção de conhecimentos de natureza causal, estritamente eficiente), "e" o "sentido verdadeiro" que a empresa hermenêutica dos teólogos pretende desvelar na natureza bem como na Escritura. Essa distinção, Espinosa a quer radical.

Todavia, poderia objetar o hermeneuta, se o conhecimento da natureza tem por objeto a verdade mesma das coisas, na e pela ordem causal, a verdade da Escritura, em sua especificidade (e *diferentemente* da natureza), se sustenta, de fato, sobre um sentido. E a objeção do hermeneuta seria justificada... Mas (e é por isso que Espinosa se afasta radicalmente do interpretante-teólogo) a verdade da Escritura se sustenta não sobre o "sentido verdadeiro" ou sobre a verdade verdadeira de seu discurso, a que nos submete esse interpretante, mas sobre seu "verdadeiro sentido": ou seja, aquilo que ensina, verdadeiramente ou realmente, a Escritura no que concerne à nossa salvação efetiva... e não (é o que pressupõe o hermeneuta teólogo) aquilo que ela nos diz *da* verdade!

Donde, na interpretação científica da Escritura, um exercício totalmente original da razão humana que não é preciso nem confundir com os preconceitos daquele que interpreta, nem também confundir com a filosofia própria

---

[90] *TTP*, cap. VII (p. 114).

[91] *TTP*, cap. XII (p. 124).

[92] *TTP*, cap. VII (p. 114).

do interpretante (o que seria *também* reintroduzir um preconceito, *mesmo se essa filosofia é a filosofia verdadeira!*). Pois não se trata de modo algum, para Espinosa, de encontrar na *Escritura* a verdade "filosófica" ou a "verdade verdadeira" (*rei veritate*),[93] que ele, por outro lado, produziu em sua *Ética*. Espinosa insiste: "Nós nos ocupamos aqui do sentido [*sensu*] dos textos e não de sua verdade [*veritate*]. É preciso mesmo evitar a todo custo, quando procuramos o sentido da Escritura, não ter o espírito preocupado com razões fundadas sobre os princípios do conhecimento natural (para não falar dos preconceitos) a fim de não confundir o sentido de um discurso [*verum sensum*] com a verdade das coisas [*rerum veritate*]; será preciso", ele continua, "procurar o sentido com base unicamente no uso da linguagem ou num raciocínio que tenha por único fundamento a Escritura".[94] Ora, essa empresa interpretativa não é ela mesma, nem em si mesma, neutra. É também, no século XVII, uma força emancipadora, a da razão, que se apossa do texto da Escritura e que pode também ser julgada, segundo seus efeitos! Ora, o que nós aprendemos pelo método de interpretação da Escritura pela Escritura, é que a Palavra de Deus é uma potência prática pragmática, efetiva, da verdadeira vida, quer dizer, de união, de concórdia e de paz entre os homens. Assim, a potência da razão interpretativa e seu método são as forças perfeitamente em afinidade com a literalidade da Escritura enquanto esta, segundo os efeitos oratórios de uma linguagem imaginativa, ensina e difunde praticamente, sustentada sobre a adesão a alguns dogmas piedosos, uma mensagem universal de concórdia e de paz. Sublinhamos a natureza violenta e ambivalente da linguagem, ao mesmo tempo potência superior de afirmação do corpo da multidão e matriz de ilusão eminentemente explorada pela violência própria do teólogo cujo trabalho de dominação parasita a constituição da potência comum, transformando a sociedade em rebanho. Pelo método de interpretação da Escritura pela Escritura, o projeto espinosista é de fato, em primeiro lugar, o de restituir a palavra própria da Escritura, mas também, na e por essa palavra salvadora, o de retomar a afirmação mesma, essencial e vital, de uma linguagem (que dir-se-ia hoje "ordinária") que é a potência auto-organizadora da multidão de fazer corpo, de produzir e de tornar complexo o comum. O ensinamento da Escritura, no e pelo imaginário da crença, então, para Espinosa, se relaciona poderosamente a esse esforço de perseverança comum.

Pensar sob a conjuntura (a do século XVII cristão) é, assim, para Espinosa, pensar que a Escritura *bem interpretada*, pode, no melhor dos casos, atualizar, contra o poder de dominação teológico-político, a potência imanente da vida, de resistência e de afirmação, que exprime já, em si mesma, a linguagem ordinária no processo de perseverança. O combate político da interpretação da

---

[93] *TTP*, VII (p. 123).
[94] *TTP*, VII (p. 118).

Sagrada Escritura é, então, conduzido pela razão, no campo do imaginário constituinte dos homens: o da linguagem como o da crença. Linguagem e crença inseparáveis de um interpretante. Um interpretante que se trata de arrancar da influência do teólogo. E, por consequência, em última análise e como última questão da interpretação da Escritura, um interpretante que se trata de dispor potentemente, e de tornar disponível, para a prática da democracia. E isso segundo um outro regime de potência da relação entre linguagem "e" poder.

CAPÍTULO 6
Viver contra o muro:
diagnóstico sobre o estado de nossa
natureza em regime de terror ordinário[95]

> Viver contra o muro, esta é a vida dos cães.
> Pois bem! Os homens de minha geração e daquela
> que entra hoje nas oficinas e nas faculdades
> viveram e vivem cada vez mais como cães.
>
> Albert Camus, "Ni victimes ni bourreaux",
> *Combat*, novembro de 1946.

Os políticos atuais adoram Camus. George Bush e depois Ségolène Royale não perderam a chance de mostrar que haviam recentemente lido (ou relido) *O estrangeiro*. Um político do sul da França, por sua vez, anunciou que Albert Camus estaria no cerne do dossiê da cidade de Marselha na corrida pelo título de Cidade Europeia da Cultura... O *Magazine Littéraire* em 2006, a *Philomag* em 2007, dedicaram um número a Camus. Certamente, há uma razão científica para isso: o advento de uma nova edição crítica das *Œuvres complètes* das edições La Pléiade pode explicar, em parte, todo esse entusiasmo (embora, no que concerne a Bush...). Mas há evidentemente outra coisa também. Quando um grande intelectual, em um dossiê sobre *pensar a revolta*, pode dizer, em uma entrevista sobre a *releitura* de Albert Camus, que cedo ou tarde Camus seria tratado como um conservador, prolongando uma observação sobre M. Germain (o mestre admirado mas severo que não desdenha os pequenos castigos corporais) com um "Hoje, ele seria destituído da Educação nacional"... compreendemos que Camus serve, a contragosto, de pensador (quase) oficial da revolução conservadora.

---

[95] Tradução de Moara Passoni e Mauricio Ayer. Publicado em *Multitudes* 33, *Philosophie politique: les deux corps du monstre*, sob a direção de DEL LUCCHESE, F.; BOVE, L. Paris: Amsterdam, 2008, p. 111-122.

A contragosto e, mesmo, com *resistência*, pois há algo bem diferente, para nós, a ler na obra de Camus, coisas que são explícita e radicalmente voltadas contra o pensamento consensual da triste medida que a instrumentaliza e contra as palavras de ordem midiáticas que hoje nos são, através dela (e dos "pensamentos e máximas" do autor de *O homem revoltado*), tão cultamente destiladas.

Camus, pensador da crise, é também, de fato, um pensador da radicalidade. Da recusa da dominação, portanto também um pensador da resistência. É esse aspecto crítico da obra que gostaríamos de esclarecer a partir dos textos que sucedem imediatamente à guerra e à Liberação. Pois a crise (*krisis*) – e o *pensamento* da crise – é também o momento de uma decisão.

Ao findar da guerra, a reflexão de Camus se dirige menos ao estado do mundo que ao estado da natureza do homem e à possibilidade de agir sobre seu devir. Uma natureza profundamente "mutilada", fixada em um eterno presente, prisioneira de um afeto que a domina e a ocupa (quase) inteiramente, o terror:

> [...] a geração de que falo sabe bem que esta crise não é nem isto nem aquilo: é somente a ascensão do terror consecutiva a uma perversão dos valores tal que um homem ou uma força histórica não mais foram julgados em função de sua dignidade, mas em função de seu êxito. A crise moderna encontra-se inteira no fato de que nenhum ocidental está seguro de seu futuro imediato e que todos vivem com a angústia mais ou menos precisa de serem esmagados de uma forma ou de outra pela História.[96]

A reivindicação "humanista" da conferência *La crise de l'homme*[97] seria apenas um grito angelical se esse texto não tocasse numa questão decisiva que Camus irá atravessar com acuidade e coragem: a da *antropogênese*. Uma questão que concerne às condições efetivas da constituição do ser humano enquanto ser humano e, inversamente, aquelas – que Camus, em 1946, podia temer já serem *atuais* – de sua *animalização*.

A palavra "animalização" (eco de Alexandre Kojève, que, no mesmo ano, se interrogava sobre "o fim da história" e sobre o estatuto a ser atribuído aos seres humanos[98]) não está em Camus, mas a ideia está bastante presente. Em

---

[96] Conferência sobre *La crise de l'homme*, proferida pela primeira vez nos Estados Unidos, no dia 28 de março de 1948. O texto desta conferência se encontra na nova edição. CAMUS, Albert.*Œuvres complètes*, La Pléiade, tomo II, Gallimard, 2006, aqui citada como *OC* t.I ou II. Trata-se aqui de *OC* t. II, p. 740.

[97] Trata-se da conferência dada por Albert Camus, em 28 março de 1946, no Teatro McMillin da Universidade de Columbia (New York). N. R.

[98] KOJÈVE, Alexandre. *Introduction à la lecture de Hegel. Leçons sur la* Phénoménologie de L'Esprit, *proferidas de 1933 a 1939, na École des Hautes Études, reunidas e publicadas por Raymond Queneau*. Paris, Gallimard, 1947 (reeditado na Bibliothèque des Idées em 1968, atualmente na TEL Gallimard). Após ter afirmado em 1946, face ao otimismo da dialética hegeliana, que o processo histórico poderia parar e que, "neste caso, o Homem cessaria efetivamente de ser humano" (p. 492, nota 1), em 1948 Kojève reconhece que essa

parte também despida (como no comentador da *Fenomenologia do Espírito*) de sua acepção moralizante, uma vez que se trata, em primeiro lugar, de interrogar-se sobre o apagamento da especificidade mesma do ser humano, em outras palavras, do que faz a diferença antropológica. Ora, quando o ser humano se apaga, a questão do estatuto de seu *resto* e a de uma enigmática *potência*, fonte de renascimento se impõe. Ou ainda a questão da *monstruosidade* correlativa de uma concepção de tempo.

De Mersault à Calígula, o monstro frequenta, de maneira ambivalente, a primeira fase da obra de Camus. Após a guerra, através da reflexão sobre o niilismo, a figura do monstro se politiza. Camus lança, nesse domínio, ideias tão paradoxais quanto escandalosas. E isso tanto para seu tempo quanto para o nosso. ideias precisamente voltadas contra os "humanismos" da modernidade, sejam eles conservadores, sejam marxistas (mas ele reconhece a pertinência e a utilidade da crítica de Marx, ao mesmo tempo que rejeita sua filosofia da história). Em síntese, e ele praticamente se desculpava perante os leitores de *Combat* (de 31 de agosto de 1944) a propósito da munição que ele dispara contra a "nova imprensa", Camus desempenha o papel de "estraga-festas", ao falar "em meio ao entusiasmo geral", daquilo que faz mal e do que necessariamente *divide* e o *isola* (o que explica também que ele não poderia ser compreendido).

Início de 1946. Alguns meses após a vitória contra o nazismo e no centro da glorificação institucional da Resistência, Camus abre de fato um *dissensus* fundamental. A vitória não apenas nada resolveu do problema essencial (aqui tratado sob o tema nietzschiano do "niilismo") que o homem europeu deve afrontar quanto ao seu devir, mas, ao contrário, ilusoriamente distanciou esse problema de seus olhos, até mesmo o apagou. O ocupante nazi foi derrotado, mas não o terror que "ocupa" os espíritos. Um terror do qual o nazismo, apesar do horror extremo de sua tirania, não é a causa primeira, mas sim o são as relações constantes de violência e dominação (Camus diz também "de vontade de potência"), assim como suas justificativas ideológicas, que, *antes* do nazismo e *depois* dele, continuam a fazer a manutenção desse terror estrutural, oficial, normativo, ao qual hoje nenhum espírito (ou quase) é ainda capaz de resistir, mesmo em democracia... "O oficial alemão que tortura e aquele que executa, os SS transformados em coveiros, estes são os homens sensatos (*raisonnables*) deste novo mundo. Olhem ao redor e vejam se ainda hoje isto não é verdade"... Estamos em 28 de março de 1946. É o primeiro paradoxo: a constatação de um *fracasso ético* da resistência e da liberação.

Um paradoxo imediatamente seguido de uma ideia escandalosa, quando Camus sugere uma continuidade de natureza, quanto à dominação que

---

eventualidade não é mais hipotética: "o retorno do Homem à sua animalidade aparece não mais como uma possibilidade ainda por vir, mas como uma certeza já presente" (p.437, nota da segunda edição).

ocupa o homem, entre os períodos de guerra e de paz, do nazismo odiado e da democracia tão amada e felizmente reencontrada... Pois na realidade não se sai do estado da guerra (ou de uma verdadeira lógica do assassinato consentida por "quase todos").[99] A crise do homem é a inaptidão, aqui-agora, à "liberdade de espírito"[100], ou seja, à resistência singular a uma dominação tornada secreta, estrutural e finalmente constitutiva do novo ser do homem. O regime de terror do fascismo, que – muito rapidamente, para sua tranquilidade – "o mundo começou a esquecer",[101] não seria ele, na verdade, o regime secreto do *espírito moderno*?...

Camus não faz essa análise a partir do ponto de vista de uma doutrina teleológica – então ideologicamente dominante – que projeta sobre o futuro uma outra Liberação que seria definitiva, no estabelecimento da "Sociedade universal" e do "Paraíso terrestre",[102] cujo advento seria inelutável. Esse imaginário (da filosofia hegeliano-marxista da história) é ele mesmo considerado, no fatalismo que ele impõe, como uma das causas do terror presente dos espíritos. Que se ceda, com efeito, ao ceticismo do "nada é verdadeiro" e do "tudo é igual" do sentimento do absurdo, ou à dogmática crença política em um destino histórico inelutável, a consequência prática é a mesma: o abandono a um pensamento que só reconhece o valor das ações em seu "êxito". E isso, a *eficácia* dos meios de ação que têm valor somente em função dos fins que permitem atingir, é justamente a característica maior do regime de terror. É desse regime que será preciso ser capaz de se liberar... De início compreendendo sua gênese e sua lógica em sua articulação com uma teoria do agir e uma concepção do tempo, cujas premissas Camus havia enunciado, dez anos antes, em *L'Envers et L'Endroit* e, depois, em *Noces*.

Em "Le vent à Djémila", a posição camusiana de uma filosofia do presente e da presença conduzia a uma exigência ética: o dever de "Estar inteiro nesta paixão passiva". Com efeito, Camus colocava uma concepção do ser-no-presente (e/ou do ser-tempo como presente), inseparável de um "gosto da morte" imanente a toda afirmação. "Sim, eu estou presente", escreveu Camus, e nesta presença se prova com lucidez "a certeza consciente de uma morte sem esperança". A "vida", independentemente do seu êxito ou eficácia, se diz então como o jogo eterno do "tempo do desejo sem objeto",[103] ou seja, um presente em proximidade

---

[99] *Sommes-nous des pessimistes* (mai 1946), *OC* t. II, p. 751.

[100] *La crise de l'homme*, *OC* t. II, p. 740

[101] *La crise de l'homme*, *OC* t. II, p. 740.

[102] *La crise de l'homme*, *OC* t. II, p. 741

[103] "Eu tinha vontade de amar como quem tem vontade de chorar. Parecia-me que cada hora de meu sono seria daí em diante roubada da vida... ou seja, do *tempo do desejo sem objeto*" (grifos nossos), "Amour de vivre". In: *L'Envers et l'Endroit*, *OC* t. I, p. 68. "Só é eterna a força que não tem fim, o 'Jogo' de Heráclito", *L'homme revolté*, p. 482, em CAMUS, Albert. *Essais*. La Pléiade, Gallimard, 1965.

absoluta com a morte, sem finalidade nem falta. A glória do atual, experimentada na presença como dom, se funda assim sobre uma *passividade essencial* pela qual se pode "cumprir uma verdade que é a do sol e que será também a da [minha] morte"[104]. É a verdade de *um homem nu que é o mundo*,[105] em comunicação fraterna com todas as coisas (como com sua própria morte). A possibilidade mesma de uma vida humana na história vai então exercer-se na maneira (nuance) pela qual se poderá "regrar" a tensão, isto é, a contradição assassina (trata-se de encontrar uma "regra de conduta"[106] para uma "comunidade pela qual todos os homens se comuniquem")[107] entre o tempo próprio do desejo sem objeto, nem origem nem fim, e o tempo de uma história que dá necessariamente, no imaginário como no real (ações que este imaginário institui), Objetos ao desejo, em outras palavras, uma história que impõe uma necessidade teleológica ao tempo. Esta resolução (favorável) do tempo, ao mesmo tempo histórico e antropológico, é a condição mesma, em Camus, de uma antropogênese.

A lição ético-política de Camus é que, ao contrário, quando o Objeto imposto ao Desejo é massivamente o do "êxito" ou da "eficácia", o "tempo" da história é então o "dos assassinos"...[108] Assassinos da humanidade (possível) da natureza dos homens, pois esse tempo histórico se tornou contraditório ao desejo mesmo de humanidade (de comunidade e comunicação). Uma natureza "humana" que é então indefinidamente "feita" e "desfeita" pelo tempo histórico, no jogo indefinido de sua tensão com o desejo sem objeto. É desse ponto de vista que Camus pode trazer um diagnóstico sobre o estado miserável de uma natureza fixada por seu objeto histórico próprio em um eterno presente, segundo uma resolução singular do tempo: o diagnóstico de uma vida de *cães*. Não porque o homem tenha se tornado *realmente* um "animal" (isso ele já é *regularmente* enquanto espécie animal e disso Camus, como materialista, não duvida), mas antes porque seu novo estatuto, como ser-histórico-político moderno, é *incerto*, e sua vida é *semelhante* à das bestas ("como cães"). De fato, não há palavra em nenhuma língua para dizer essa redução animalizante. É então de *monstruosidade* que se deve falar na medida em que os homens adequadamente tornaram-se funcionários de um mundo cuja racionalidade (belicosa e instrumental) destroi a ideia mesma de "mundo" (de mundo-comum) e, por isso mesmo, de uma natureza (e/ou de uma vida) verdadeiramente humana, inseparável de um tempo antropogênico. Haveria aí uma análise e uma reivindicação prosaicamente "humanistas" em nome de uma natureza humana (e moral) que se trataria de salvar?... Não creio. O pensamento de Camus é mais complexo.

---

[104] "Noces à Tipasa". In: Noces, *OC* t. I p. 108.
[105] "L'envers et l'endroit". In *L'envers et l'endroit*, *OC* t. I, p. 71.
[106] *La crise de L'homme*, *OC* t. II. 743.
[107] *La crise de L'homme*, *OC* t. II. 743.
[108] *Nous autres meurtriers* (novembre-décembre 1946), *OC* t. II, p. 743.

Do ponto de vista dos "bárbaros" e de uma barbárie sempre a preservar e a defender, Camus conduz, na verdade, seu combate filosófico. Como ele escrevia desde 1938, trata-se no fundo de "encontrar uma desmedida na medida".[109] A medida, "a verdadeira", é aquela "que não tem nada a ver com uma certa 'medida' confortável"![110] Ela irradia, de fato, potente e paradoxalmente da luz bárbara de um "deus negro"[111]. Há para Camus uma dimensão de *monstruosidade* imanente a pensar, a preservar e a defender, a fim de que a vida dos homens não se torne, pela história, monstruosa. Essa monstruosidade ontológica é a do "tempo do desejo sem objeto", tempo-fonte de uma vida histórica humana *possível*, na e pela constituição indefinida do "comum". O tempo do desejo sem objeto é (anterior à história) o tempo de "uma vida em estado puro",[112] tempo de simpatia de todas as coisas e da "glória",[113] que é potência de ser ou o "direito de amar sem medida",[114] um amor que é o do mundo, de sua "ternura e [de] [sua] glória".[115] Pois, na verdade, "só há um único amor neste mundo"[116], um amor que só tem o valor, para nós, de ser "inocente e sem objeto".[117]

Mas como falar de desmedida e barbárie portadoras de futuro (como fazia Camus dez anos antes em *Noces*) a mulheres e homens recém-libertos do delírio nazi e sempre sob a ameaça de um próximo apocalipse! Nessa situação, de costas contra o "muro", é preciso não apenas esforçar-se em se fazer escutar mas também ser "modesto". Trata-se apenas de falar e lutar para preservar "a chance de outras gerações", salvando "o que ainda pode ser salvo, para tornar o futuro possível".[118]

Entretanto, não compreenderíamos Camus se esquecêssemos a potente promessa que ele percebe nos "jovens da praia Padovani em Argel que passam todo o ano ao sol"[119] ou aqueles que, na piroga, formam "um feroz carregamento de deuses":[120] "O contrário de um povo civilizado", escreve

---

[109] Carnets, *OC* t. II, p. 849.

[110] "Reencontre avec Albert Camus", em *Les Nouvelles Littéraires* de 10 de maio 1951, *Essais*. La Pléiade, Gallimard, 1965, p. 1341.

[111] La mort heureuse, *OC t.* I p. 1153.

[112] La mort heureuse, *OC t.* I p.1178.

[113] "Noces à Tipasa". In: Noces, *OC* t. I, p. 107.

[114] "Noces à Tipasa". In: Noces, *OC* t. I, p. 107.

[115] "Noces à Tipasa". In: Noces, *OC* t. I, p. 108.

[116] "Noces à Tipasa". In: Noces, *OC* t. I, p. 107.

[117] *Carnets*, septembre 1937, OC, t. II, p. 831. Como o "tempo do desejo sem objeto", o tempo deste amor "inocente e sem objeto", é este, heraclitiano, da criança que joga.

[118] *Ni victimes ni bourreaux*, *OC* t. II, p. 454,

[119] "Le désert". In: Noces, *OC* t. I,p. 133.

[120] "L'éte à Alger". In: Noces, *OC* t. I, p.120.

ele então em *L'été à Alger*, "é um povo criador. Estes bárbaros que pavoneiam pelas praias, tenho a insensata esperança de que sem se darem conta eles estão modelando o rosto de uma cultura em que a grandeza do homem encontrará enfim seu verdadeiro rosto".[121] Reminiscência nietzschiana (claro) da potência criadora dos bárbaros que não podem servir de exemplos de vida humana... Esses bárbaros pacíficos e sem objetivo, que festejam indefinidamente, em um eterno presente, seu gozo fraternal com a terra, a água e a luz, dizem, simplesmente, à sua maneira, o tipo potente de desejo e de amor ("inocente", "sem medida" e "sem objeto") que, no coração da "vida" dos homens, porta a potente promessa de uma "criação".

Paradoxo do presente e da presença, portanto, ao mesmo tempo cadinho da antropogênese e sua voragem. Pois aí se encontra o presente histórico-político da presentificação, que cola "contra o muro", e a experiência quase espinosista, *sub specie aeternitatis*,[122] da tensão mesma do desejo sem objeto, do tempo da presença e da ausência a partir do qual se pode construir o tempo antropogênico que abre a um porvir.

Em 1946, Camus escreve: "o homem é uma longa criação e tudo o que vale a pena viver, amor, inteligência, beleza, demanda tempo e maturidade"[123]; "não há vida válida sem projeção sobre o futuro, sem promessa de amadurecimento e progresso. Viver contra o muro é a vida dos cães".[124]

Uma vida, portanto, do desejo soldado ao objeto, que fixa o indivíduo na inércia da perseverança em seu estado, que é o da identidade consigo mesmo do animal. Desse modo, o indivíduo é reduzido, em sua ação, à naturalização de uma lógica da necessidade e de sua satisfação. O que, por essa operação, é tendencialmente suprimido, não é a potência mesma do Desejo, mas sua versatilidade ontológica, ou seja, a potente virtualidade de uma multiplicidade pela qual podem se abrir as vias da hominização. A animalização é, portanto, a dinâmica de instrumentalização integral dos desejos, dos afetos e da razão modernos à estrutura teleológica quase instintual de uma atividade regida pelas leis da guerra. É esse modelo que apaga de uma vez o tempo do projeto e que torna o espírito moderno surdo ao diálogo humano. É ele que torna o dominante insensível à demonstração ética e questionadora do dominado quanto à dignidade (ou não) de sua ação.[125] Pois aquele que é capturado e construído por esse modelo (que podemos chamar de "soberania" – de "dialética soberana"

---

[121] "L'éte à Alger". In: Noces, *OC* t. I, p. 124.

[122] "E quando então sou mais verdadeiro senão quando sou o mundo? Sou preenchido antes de haver desejado. A eternidade está aí e eu a esperava", "L'envers et l'endroit". In: *L'envers et l'endroit*, *OC* t. II I. p. 71.

[123] *Nous autres meurtriers*, *OC* t. II, p. 686.

[124] *Ni victimes ni bourreaux*, "Le siècle de la peur", *OC* t. II, p. 436.

[125] *La Crise de l'homme*, *OC* t. II p. 739; *Le témoin de la liberté, 1948*, OC t.II p. 491

ou de "lógica soberana"–[126] dentro da preclusão jurídico-política dos afetos de comunicação à qual e pela qual ele procede) é inapto à percepção da dor do outro, que ele não reconhece mais como um semelhante. É o modelo do homem aparelhado (*homme d'appareil*), seja ele membro de um partido ou de uma igreja,[127] ou, mais ordinariamente, é o modelo do tipo de juridicidade da vida daqueles que, pela efetiva impotência de viver e pensar a singularidade de uma vida, se identificam com a "verdade definitiva" e absurda da lei e suas funções, murando-se, assim, na "solidão sem futuro" do "terror".[128] Camus fala, então, de uma ruptura (que podemos chamar de ontológica) da confiança do homem, que é ruptura no seio mesmo de sua natureza e da aliança eterna de compreensão e de amizade que ela torna possível:

> Alguma coisa foi destruída pelo espetáculo dos anos que acabamos de passar. E esta alguma coisa é essa eterna confiança do homem, que lhe fez sempre crer que poderia obter reações humanas de um outro homem ao lhe falar a linguagem da humanidade. [...] *O longo diálogo dos homens acaba de cessar.*[129]

O "terror" não é, portanto, um simples sentimento de medo ou até mesmo de pânico extremo, mas o poder assassino silencioso e secreto que desvia o corpo e o espírito da identificação espontânea à dor do semelhante.[130] Essa "aptidão para viver a vida de outrem" (e, na vida em comum, a viver *da* vida de outrem) é uma potência *artista* ("puissance *artiste*"), diz Camus, a da comunicação da "carne".[131] Anterior a toda história, "a carne, seja ela sofredora, seja ela feliz",[132] é assim o cadinho mesmo da *hominização*. Quando, ao contrário, se apaga sua particular aptidão que lhe "permite reconhecer a constante justificação dos homens que é a dor",[133] o espírito do homem se dispõe a um novo tipo de

---

[126] *La Crise de L'homme*, *OC* t. II, p.741

[127] Cf. *L'incroyant et les chrétiens, 1948*, *OC*, t. II p. 472, onde se retoma a denominação *cão*, mas desta vez se referindo aos assassinos: "Quando um bispo espanhol abençoa as execuções políticas, ele não é mais um bispo nem um cristão e nem mesmo um homem, ele é um cão, exatamente como aquele que do alto de uma ideologia comanda esta execução sem fazer ele mesmo o trabalho. Nós esperamos e eu espero que se reúnam aqueles que não querem ser cães e estão decididos a pagar o preço que é preciso pagar para que o homem seja algo mais que um cão", disse Camus diante de uma assembleia de cristãos, no convento dos dominicanos de Latour-Maubourg.

[128] *La crise de l'homme*, *OC* t. II, p. 743.

[129] *La crise de l'homme*, *OC* t. II, p. 743. *Combat*, novembre 1948, *OC* t. II, p. 437 (sublinhado pelo autor).

[130] Por identificação é preciso compreender o processo do corpo a corpo da simpatia, corpo-acordo sem harmonia nem fantasia. Aquém do "eu", da identidade, independente de todo julgamento, de todo cálculo, de toda comparação, a simpatia procede por irradiação, afinidades, articulações, conjunções ou disjunções dos corpos. Sobre a simpatia, cf. nosso estudo de *L' étranger em Albert Camus. D'absurde à l'amour* (obra em colaboração com COMTE-SPONVILLE, A. e RENU, P. La Renaissance du Livre, 2001).

[131] *Le témoin de la liberté*, OC t. II, p. 488-495.

[132] *Le témoin de la liberté*, OC t. II, p. 495.

[133] *Le témoin de la liberté*, OC t. II, p. 495.

julgamento, *animalizado*. Animalidade não (apenas) da "besta" nazi, que oprime segundo a Lei, mas do homem ordinário que, "com o coração em paz porque sem dúvida já tomou seu café da manhã",[134] pode, sem "vergonha", viver na indiferença pela opressão e a "dor humana",[135] cumprindo suas funções (às quais ele se identifica) com cuidado e senso de dever. Pois a dor do outro não é para ele mais que uma causa de chateação e incômodo *do mesmo tipo* que a perda de tempo causada pela espera em um supermercado... Compreendemos que, se o niilismo está na destruição do "comum a todos os homens"[136] que, verdadeiramente, constitui a matriz da democracia, somente uma nova figura libertária da resistência, liberada da vontade assassina de dominação racional e cujo projeto seja o de "afirmar o homem em sua carne e em seu esforço de liberdade",[137] poderá tecer estes vínculos sociais de solidariedade constitutivos de uma vida comum autenticamente humana. Esta convicção, tão modesta quanto radical, permite "recusar, ao dinheiro como à polícia, que se chame de democracia o que não é", escreveu Camus em junho de 1948.[138]

Uma convicção segundo a qual não podemos mais separar o ato de resistência da aliança de carne, de *empatia*, de compreensão e de amor, constitutiva de uma humanidade sempre por fazer.

Em todas as nossas ações, em todos os nossos pensamentos, é preciso portanto defender, ainda e sempre, a sociedade... defender a carne, "salvar os corpos",[139] "descongestionar o mundo do terror que nele reina e que o impede de pensar".[140] O chamado solene e incansavelmente repetido pela supressão universal da pena de morte se inscreve fortemente nessa perspectiva. E a crítica radical da política moderna que quer reger todos os atos de nossas vidas e evoca, para nós na Europa do século XXI, a ascensão obscura, assassina e xenófoba do Estado autoritário hobbesiano, sob a aparência de democracia...

Isso posto, se é preciso reter hoje a forte potência crítica e a paixão ética e libertária de Camus, há no entanto algumas razões teóricas e políticas para não se satisfazer com sua análise da dominação e correlativamente com sua concepção de resistência. Tal tema demanda um estudo aprofundado (em curso), do qual apresentaremos apenas algumas premissas. Insistimos, com efeito, sobre a matriz camusiana de uma teoria do tempo como presente vivo indissociável de uma proximidade do nada. Camus segue Pascal (na experiência do tempo como

---

[134] *La Crise de l'homme*, OC t II, p. 738.
[135] *La Crise de l'homme*, OC t II, p. 739.
[136] *La Crise de l'homme*, OC t II, p. 734.
[137] *La Crise de l'homme*, OC t II, p. 746.
[138] *La gauche, réflexions sur une démocratie sans catéchisme*.
[139] *Ni victimes ni bourreaux*, OC t. II, p. 438.
[140] *La crise de l'homme*, OC, t. II, p. 744.

fuga abissal),¹⁴¹ afirmando ao mesmo tempo a atualidade materialista de uma presença no centro mesmo do ser atual como "paixão passiva": uma passividade essencial, de fato, do ser-no-presente-que-dura, em e por uma sucessão pura do tempo posto anterior a toda duração histórica. Uma verdadeira linha de demarcação teórica aparece, então, entre um pensamento da experiência do tempo como paixão pura, vivida na "nudez" (e/ou no desnudamento) como graça,¹⁴² e a posição de uma atividade imanente do atual concebida como produtividade potente e indefinida do ser-tempo (seguindo as perspectivas abertas por Espinosa). Na concepção camusiana, o ser-tempo se encontra, com efeito, realmente (ontologicamente) *separado* do processo de sua ação no mundo histórico, e a resistência não pode mais ser concebida de outro modo que defensivamente. É por isso que ela só entra na história por vontade heroica, obrigação moral, por arrancamento e arrombamento: uma história que portanto se desdobra, assim, efetivamente, fora da realidade mesma da resistência (o que explica que, em certas condições – as da modernidade – a dinâmica do assassinato possa ir "até o fim" na exterminação efetiva da humanidade do homem na ausência de um sobressalto *moral* que poderia frear essa louca mecânica da guerra total...). Compreende-se que o conceito de resistência adquire, assim, sua significação (metafísica, ética e política) apenas a partir do sentido do atual que ele exprime. Há, portanto, efetivamente duas vias: a da presença como dom e a da produtividade indefinida do real... Notemos simplesmente, para concluir quanto a essa divisão, que é pela segunda que a resistência é uma potência constitutiva e que a história assume uma consistência ontológica. A noção central de *revolta* responde então, indiretamente em Camus, a essa separação teórica como signo da impossibilidade filosófica e política de pensar, para além da negação dialética, uma *resistência afirmativa* realmente *ativa*, constituinte da história e radicalmente livre de uma assassina lógica da dominação. O que, no entanto, Camus queria, razão pela qual ele nos será sempre próximo e útil.

---

¹⁴¹ Sobre o tempo em Pascal e sua confrontação com Espinosa, cf. nosso estudo: "Le désir, la vie et la mort chez Pascal et Spinoza". In: *Pascal et Spinoza. De la géometrie du hasard à la nécessité de la liberté*. BOVE, L.; BRAS, G.; MÉCHOULAN, É. (dir.). Éd. Amsterdam 2007.

¹⁴² "Na vida desses franciscanos, encerrados entre colunas e flores, e aqueles jovens da praia de Padovani em Argel que passam o ano todo ao sol, eu sentia uma ressonância comum. Se eles se despojam, é por uma vida maior (e não por uma outra vida). É pelo menos o único emprego válido da palavra "desnudamento". Estar nu guarda sempre um senso de liberdade física e este acordo da mão e das flores – *este entendimento amoroso da terra e do homem libertos do humano* – ah! Eu bem que me converteria a ele se não fosse já minha religião", "Le désert" .In: Noces, *OC* I, p.133 (sublinhado pelo autor).

Parte II

A diferença antropológica na política espinosana[143]

INTRODUÇÃO
Espinosa e a questão da diferença antropológica[144]

No artigo 15 do capítulo II do *Tratado Político*, sua última obra, Espinosa escreve:

> [...] cada indivíduo no estado de natureza depende de seu próprio direito enquanto pode pôr-se ao abrigo da opressão do outro; ora, como um único homem é incapaz de se proteger de todos, segue-se que o direito natural do homem, enquanto é determinado pela potência de cada indivíduo e só deriva dele, é nulo; é um direito de opinião mais que um direito real, pois que nada assegura que se gozará do direito com segurança.

E ele conclui "que o direito natural que é próprio ao gênero humano quase não se pode conceber senão lá onde os homens têm direitos comuns".[145]

---

[144] Os ensaios aqui publicados constituem um conjunto de seminários de filosofia política e de psicologia social (mestrado/doutorado) apresentado na universidade de Amiens (em 2006 e 2007). Algumas análises deste seminário já foram publicadas: "Spinoza. Le droit naturel propre au genre humain. Une puissance commune de revendiquer des droits", *Humanités*, dir. ALLARD, J.; BERNS, Th., Ousia, Bruxelles ; "Politique: j'entends par là une vie humaine. Démocratie et orthodoxie chez Spinoza", *Multitudes* n° 22, Paris (retomada em Politique des multitudes, Paris: éd.Amsterdam); "Droit de guerre et droit commun dans la politique spinoziste", *Revue Tunisienne des Études Philosophiques* n° 36-37 ; "Objet de l'amour et amour sans objet dans la politique spinoziste", *Spinoza, philosophie de l'amour*, dir. JAQUET, Ch.; SÉVERAC, P.; SUHAMY, A. Publ. Université de Saint-Étienne; "Il desiderio di non essere comandati. Moltitudine e Antropogenesi", *Spinoza: Individuo e Moltitudine*, a cura di R. Caporali, V. Morfino, S. Visentin, Società Editrice Il Ponte Vecchio, Milano ; "Bêtes ou automates, TTP XX [6]", Spinoza aujourd'hui, dir MOREAU, P.-F.; COHEN-BOULAKIA, Cl. éd. Edeka, Paris.

[145] TP, cap. II, art. 15. Citamos o *Tratado Político* em nossa edição Livro de bolso, tradução de Émile Saisset, revisado por nós. Cf. Spinoza. *Traité politique*. Paris: LGF, 2002, p. 127.

Desejaríamos falar dessa dimensão "comum", ao mesmo tempo ontológica e política, da questão da humanidade do homem em Espinosa, articulada no *Tratado Político* ao tema da afirmação da "potência da multidão" (*puissance de la multitude*).[146] Questão que, no entanto, é à primeira vista tratada nos textos anteriores ao *TP*, na linguagem jurídica do contrato e da transferência do direito natural individual. Donde a dificuldade que existe em deslindar, do *Tratado Teológico-Político* (1670) ao *Tratado Político* (1677), a originalidade da significação espinosana de *humanidade*. Pois se o direito natural, que é próprio ao gênero humano, só pode, de fato, conceber-se "lá onde os homens têm direitos comuns", não são, entretanto, somente os direitos instituídos pela ordem civil que podem garantir a efetividade de uma afirmação de um direito propriamente humano... É porque insiste sempre e necessariamente, aquém da ordem civil, o exercício de um "direito de guerra" (ou de resistência da multidão à dominação), direito que Espinosa considera inalienável, que uma "vida humana", como direito natural propriamente humano, deve poder indefinidamente se dizer.

Vamos percorrer o caminho que vai, em Espinosa, da consideração da humanidade do homem como direito àquele da multidão como potência de auto-organização de "uma vida humana", seguindo um fio que os estudos espinosanos até aqui, que eu saiba, ainda não seguiram: o de uma interrogação sobre a diferença antropológica na política espinosana.

Na alínea 6 do capítulo XX do *Tratado Teológico-Político*, Espinosa tira de sua análise dos fundamentos da república uma consequência que ele considera absolutamente evidente: a saber, que o "fim último" da república

> [...] não consiste em transformar os homens de seres racionais em bestas ou em autômatos (*bestias vel automata*). Ela consiste ao contrário em que seu espírito e seu corpo realizem em segurança suas funções e que eles mesmos utilizem a livre Razão sem rivalizarem-se por ódio, cólera e esperteza, e sem se afrontar com maldade. O fim da república é então de fato a liberdade.[147]

É, portanto, sobre uma afirmação forte da diferença antropológica que Espinosa decidiu concluir sua reflexão política.

A mesma operação é repetida no *Tratado Político*. No final da primeira parte da obra (primeira parte que é, eu o lembro, constituída pelos cinco primeiros capítulos nos quais o objeto da política está inscrito sobre o terreno mesmo da ontologia), Espinosa conclui sobre a ideia "do melhor regime possível de cada Estado"[148]

---

[146] *Multitudinis potentia* (*TP*, cap. VII, art. 31). Alguns comentadores de Espinosa traduzem *multitudo* por *massa* ou *povo*. Optamos por *multidão*, seguindo o vocábulo usado no texto original, *multitude*, uma vez que tanto *massa* quanto *povo* existem em francês - *masse, peuple* - e poderiam ter sido usados pelo autor. (N.R.).

[147] *TTP*, cap. XX [6] (p. 302).

[148] *TP*, cap. V, art. 1.

que, diz ele, "se determina facilmente por sua relação com o fim geral da ordem civil que é a paz e a segurança da vida".[149] E no artigo 5 deste mesmo capítulo, ele precisa:

> Quando então eu digo que o melhor Estado é aquele onde os homens passam sua vida na concórdia, entendo por isso uma vida humana, uma vida que não se define pela circulação do sangue e outras funções comuns a todos os animais, mas antes de tudo pela verdadeira vida do espírito; pela razão e pela virtude.

No cerne da conclusão da argumentação das duas maiores obras políticas, encontramos, portanto, uma referência explícita à diferença antropológica como critério de diferenciação ético-política dos Estados e de sua potencialidade "antropológica". A simplicidade aparente do propósito, na verdade, vai de par com a dificuldade real que põe, em Espinosa, a determinação no homem do que se deve designar por função animal "ou" própria a autômatos (*bestias* vel *automata*), e finalmente com a dificuldade em determinar o sentido dos usos e os recursos políticos reais ligados à diferença antropológica. Propomos, então, aqui examinar o contexto histórico e a posição da questão no domínio político.

Para isso é, contudo, necessário estabelecer três séries de condições prévias:

– a primeira, na qual procederemos a uma rápida distinção entre o espinosismo e a teoria cartesiana dos animais-máquinas;

– a segunda, que fará uma primeira apreciação sobre o que Espinosa entende pela animalidade do homem e a do animal;

– a terceira, que desenvolverá uma observação crítica de Alexandre Matheron sobre a ideia mesma de uma "antropologia espinosana".

Primeira nota prévia. Se, em primeira análise, o "ou" da formulação "bestas ou autômatos" pode-se ler no sentido de uma disjunção inclusiva que permite identificar os dois termos, isso não implica que Espinosa se inscreve na concepção cartesiana dos animais-máquinas. A necessidade imanente da Natureza espinosana que produz uma infinidade de coisas em uma infinidade de maneiras (*E* I, 16) só conhece, com efeito, coisas ou "indivíduos", ao mesmo tempo *todos* "autômatos" (mas interiormente divididos entre a passividade da automação e a atividade de uma autonomia verdadeira) e "todos" também *animata* (isto é, tendo uma alma) e, em um sentido estritamente espinosano, "animados em graus diversos" (*E* II, 13 esc.). Portanto, contrariamente ao que pensam os cartesianos e do ponto de vista que nos interessa, os animais em Espinosa têm uma alma, isto é, uma ideia cujo objeto é o corpo existente em ato. O que conduz Espinosa a distinguir os indivíduos do ponto de vista do objeto da ideia constituindo a alma de cada um, isto é, de distingui-los

---
[149] *TP*, cap. V, art. 2.

segundo a diferença de seus corpos. E essa diferença reside essencialmente em seus graus de complexidade. Quanto ao que faz a especificidade do corpo humano, Espinosa insiste essencialmente, de fato, sobre o enorme grau de complexidade desse corpo que, ele diz, "é composto de um grande número de indivíduos (de natureza diversa) dos quais cada um é em si mesmo muito composto" (*E* II, 13 post.1). Espinosa escreve isso depois que ele colocou em correlação a enorme aptidão de um corpo "a agir e padecer, de várias maneiras ao mesmo tempo", com a perfeição mesma da alma humana que dele é ideia.[150] No *Tratado da emenda do intelecto*, Espinosa nomeava "autômato espiritual" (*automa spirituale*),[151] a perfeição ou a potência causal autônoma do intelecto, capaz de produzir ou de deduzir ideias verdadeiras segundo sua própria necessidade. Autonomia que a *Ética* mostrará ser correlativa da potência de agir, tendencialmente "autônoma", do corpo singular do qual essa alma é ideia. No plano da imanência radical da ontologia espinosana e do "paralelismo" alma-corpo (ou melhor, de sua ação não recíproca, mas simultânea – é "uma única e mesma coisa", dirá o escólio da proposição 2 da *Ética* III), a dignidade antropológica do corpo é reconhecida simultaneamente, e em igualdade, com a da alma que dele é ideia. É assim que Espinosa destaca os dois critérios que fazem a perfeição (isto é, a potência de agir ou de existir) do corpo humano: a enorme amplitude do poder desse corpo de afetar e ser afetado (enorme amplitude que, sozinhas, em sua riqueza relacional, a cultura, a política e a história podem efetivamente atualizar), e sua aptidão à autonomia, como também sua singularização, no e pelo aumento tendencial de sua complexidade:

> Digo, em geral, escreve Espinosa, que mais um corpo é apto comparativamente aos outros a agir e a padecer de várias maneiras ao mesmo tempo, mais a alma deste corpo é apta, comparativamente aos outros, a perceber várias coisas ao mesmo tempo; e mais as ações de um corpo dependente dele somente [...] mais a alma deste corpo é apta a conhecer distintamente (*E* II, 13 esc.).

Que as ações de um corpo dependem dele somente significa que, a partir de um certo nível de complexidade ou um certo limiar, um corpo se torna capaz, segundo sua própria potência, "de ordenar e de encadear [suas] afecções segundo uma ordem válida para o intelecto", como diz a proposição 10 da *Ética* V. Mas isso não significa que o corpo "humano", que só poderia ser considerado verdadeiramente "humano" por essa possibilidade, atualiza efetivamente sua aptidão. Espinosa já escrevia, no mesmo espírito, no escólio da proposição 45 da *Ética* IV, insistindo com isso sobre o caráter "aberto" e sinérgico da autonomia

---

[150] Cf. *E* II, 13; II, 14 e dem.; IV, 45 esc. 2
[151] *TIE*, §85.

possível do corpo humano que, para "que o Corpo inteiro seja igualmente apto a tudo o que pode seguir de sua natureza e que a alma seja igualmente apta a compreender ao mesmo tempo várias coisas", esse Corpo terá necessária e "continuamente necessidade" de múltiplas contribuições, novas e variadas. E Espinosa cita não somente os alimentos e as necessidades mas também os perfumes, o atrativo das plantas verdes, a decoração, a música, os jogos que exercitam o corpo, os espetáculos etc. Donde o problema, ao mesmo tempo econômico e político, de uma comunidade de corpos humanos que possa efetivamente atualizar suas aptidões, e a natureza essencialmente corporal, relacional, dispositiva e quantitativa do projeto ético que Espinosa inscreve no mesmo movimento que o do crescimento natural da criança ao adulto, como aumento da complexidade do corpo humano:

> Quem, como uma criança ou um jovem menino, tem um corpo possuindo um pequeno número de aptidões e dependendo ao máximo das causas exteriores, tem uma alma que, considerada nela somente, não tem quase nenhuma consciência de si mesma nem de Deus nem das coisas; e, ao contrário, quem tem um corpo com numerosas aptidões, tem uma alma que, considerada nela somente, tem grandemente consciência de si mesma e de Deus e das coisas. Nesta vida portanto fazemos esforço antes de tudo para que o corpo da infância se transforme, tanto quanto sua natureza o permite e que lhe convém, em um outro tendo um grande número de aptidões e se relacionando a uma alma consciente ao máximo dela mesma e de Deus e das coisas... (*E* V, 39 esc.).

Segunda nota prévia. A animalidade que está em questão na alínea 6 do capítulo XX do *TTP* (*bestias* investida de uma significação pejorativa) ou no artigo 5 do capítulo V do *Tratado Político* (citados acima), essa animalidade não é evidentemente a das bestas elas mesmas, cuja inteligência dos comportamentos (ou a "prudência" própria), ao contrário, sublinha Espinosa, muitas vezes surpreende no que ela ultrapassa frequentemente, e de longe, a sagacidade humana:

> Ninguém, é verdade, determinou, até o presente, o que pode o Corpo, isto é, a experiência não ensinou a ninguém até o momento o que, apenas pelas leis da Natureza consideradas somente enquanto corporais, o Corpo pode fazer e o que não pode fazer a não ser determinado pela alma. Ninguém, com afeto, conhece tão exatamente a estrutura do Corpo que possa explicar todas as suas funções, para não dizer nada aqui do que se observa muitas vezes nas Bestas (*Brutis*) que ultrapassa muito a sagacidade humana (*E* III, escólio 2).[152]

---

[152] Na carta 19 a G. de Blyenbergh, Espinosa escreve que "todo mundo vê com admiração, nos animais, as maneiras de ser e de agir que reprova nos homens: tais as guerras às quais se entregam as abelhas, a inveja dos pombos etc.; desprezíveis na humanidade, isto são coisas que nos parecem acrescentar à perfeição dos animais" (p.183).

A animalização do homem é, portanto, primeiramente, para Espinosa, a de um homem "infirmado" (*infirmê*) em suas aptidões "humanas" e correlativamente simplificado, reduzido na complexidade de seu corpo ou nas suas aptidões de afetar e ser afetado. Mas nesse tornar-se-animal o homem infirmado não se beneficia em troca da prudência própria, da virtude ou da potência do animal enquanto tal. Prudência animal da qual Apuleio,[153] Plutarco, Maquiavel ou Montaigne, já antes de Espinosa, tinham feito o elogio (numa problemática que é a dos moralistas e cujo objetivo era essencialmente rebater a soberba humana). Essa inscrição, na filiação do elogio da prudência animal e no reconhecimento de que o homem é, de todos os animais, o mais perigoso para o homem e por isso mesmo seu "maior inimigo",[154] não impede entretanto Espinosa de:

1) fazer a crítica daqueles que, nesse contexto, ridicularizam as coisas humanas e prefeririam as bestas aos homens:

> Que os Satíricos então ridicularizem as coisas humanas, que os Teólogos as detestem, que os Melancólicos louvem, tanto quanto podem, uma vida inculta e agreste, que eles desprezem os homens e admirem as bestas (*bruta*); os homens não experimentarão menos, com isso, que eles podem muito mais facilmente se proporcionar por um mútuo socorro aquilo de que necessitam, e que eles só podem evitar os perigos que os ameaçam em toda parte por suas forças juntas; e passo aqui em silêncio o fato de que vale muito mais considerar as ações dos homens que aquelas das bestas, e que o que é humano é mais digno de nosso conhecimento (*E* IV, 35 esc. do cor. 2).

O que significa que se Espinosa, no plano ontológico, atribui uma dignidade igual ao animal e ao homem, não se dá o mesmo no plano da prática ética, onde o que é humano é mais digno de nosso conhecimento, de nossa amizade e mais amplamente de nossa sociedade.

2) rejeitar como vã superstição e inútil piedade tudo o que tenderia a proibir aos seres humanos de fazer uso dos animais segundo seus interesses e sua conveniência:

> A regra da busca do útil nos ensina bem a necessidade de nos unirmos aos homens, mas não às bestas [*brutis*] ou às coisas cuja natureza é diferente da humana; temos em seu lugar o mesmo direito que elas têm sobre nós. Ou melhor, o direito de cada um sendo definido por sua virtude ou sua potência, os homens têm direito sobre as bestas muito mais que as bestas sobre os homens. Não nego entretanto que as bestas sentem; mas nego que seja proibido por esta razão pensar em nosso

---

[153] Ou *Lucius Apuleius*, escritor latino nascido em 125 na Madaura, atual Argélia, e morto em Cartago, no ano 180; autor de *Metamorphoseon Libri XI* (Onze livros das Metamorfoses), obra mais conhecida como *O asno de ouro*, onde narra as aventuras do jovem Lúcio, que, transformado por magia em burro, recupera a forma humana graças à intervenção da deusa Ísis. (N.R.)

[154] *TP*, cap. II, art. 14.

interesse, usá-las e tratá-las segundo o que nos convém melhor, visto que elas não concordam conosco em natureza e que seus afetos diferem dos afetos humanos (*ver o escólio da proposição 57 p.III*) (E IV, 37, escólio 1).

No *TTP* XX, ser animal "ou" autômato é, portanto, em primeira análise, ser tornado um infirmado (*infirmé*) da razão. Besta remetendo, no homem, a essa falta, enquanto "autômato" exprime o regime de heteronomia no qual entrou o indivíduo humano. Essa "ausência" (ou esta "falta de uma certa coisa") que caracteriza uma infirmação (*infirmation*), não é propriamente falando "nada por si mesma" mas somente "uma maneira de pensar que nós formamos quando comparamos as coisas entre si", como o explica Espinosa em sua Carta 21 a G. de Blyenbergh. Depois de ter dado o exemplo do cego, que, em relação ao decreto de Deus e à natureza deste decreto, não pode mais que uma pedra (que *por natureza* não vê) ser ele mesmo dito "privado da vista", Espinosa acrescenta:

> *Do mesmo modo, quando nós consideramos a natureza de um homem que é dominado por um apetite baixamente sensual e que comparamos este apetite nele presente àquele que se encontra nos homens de bem, ou àquele que, em um outro momento, se encontrou nele mesmo, afirmamos que este homem é privado de um apetite melhor porque acreditamos que melhor valeria para ele o apetite da virtude. Não podemos julgar assim quando consideramos com particular atenção a natureza do decreto e do intelecto divinos; pois, relativamente a ela, este apetite melhor não pertence mais, no instante considerado, à natureza deste homem que aquela do diabo ou da pedra. E neste sentido, por consequência, há, não privação de um desejo melhor, mas somente negação.*[155]

Que essa negação da virtude (e/ou da razão), que coloca o indivíduo humano em regime de automação heterônoma, seja também determinada por uma lógica de dominação do homem pelo homem, indica que o modelo espinosano da animalidade do homem tem um duplo aspecto: é primeiramente aquele, político, da escravidão[156] ou da redução do ser humano ao estatuto de animal doméstico ou de gado (*pecus*);[157] é também o das funções fisiológicas ou

---

[155] Carta XXI a Blyenbergh, p. 206. "E é certo que uma privação não é nada de positivo e que o nome pelo qual nós a nomeamos só tem sentido no que diz respeito a nosso intelecto, não no que diz respeito ao intelecto divino. Essa nomeação tem por origem o hábito de unir todos os indivíduos do mesmo gênero, por exemplo, todos aqueles que têm a forma exterior do homem, de dar desse gênero uma definição que nós acreditamos convir a todos e de julgar em seguida que todos são igualmente aptos à perfeição mais alta que possamos deduzir dessa definição. Quando encontramos num deles obras que estão em desacordo com essa perfeição, dizemos que ele está privado dela e que ele se afasta de sua natureza; não o faríamos se não tivéssemos começado por compreendê-lo nessa definição e se não lhe atribuíssemos arbitrariamente uma natureza de acordo com ela. Mas Deus não conhece as coisas abstratamente, não forma delas definições gerais e não exige delas mais realidade que o intelecto divino e a potência divina lhes atribui realmente; donde essa consequência manifesta que a privação [...] só existe para o nosso intelecto e não no que diz respeito a Deus". Carta 19 a G. Blyenberg, p.184.

[156] *TP*, cap. VI, art. 4.

[157] *TP*, cap. V, art. 4 e cap. VII, art. 25.

do animal vivendo através do corpo humano e ao qual, sob certas condições, o homem poderia ser reduzido (e reencontra-se por aí o primeiro aspecto)[158]. Pela "circulação do sangue" e "outras funções comuns a todos os animais" (respiração, assimilação, excreção, reprodução...), Espinosa indica as funções da vida orgânica ou vegetativa e a ideia ou a alma que lhe é necessariamente correlativa. Visto que os animais "sentem", ele entende então também funções perceptivas e afetivas. Assim, um homem reduzido às condições psicofisiológicas do asno de Buridan, somente subjugado pelo sentimento da necessidade e pela percepção dos objetos que poderiam satisfazê-lo, mas pelos quais ele é frustrado, não pode sem dúvida ser estimado *outro* e de *outra forma* que um animal sujeitado às mesmas coações. Espinosa escreve a propósito: "[...] admito perfeitamente que um homem colocado em tal equilíbrio (isto é não percebendo nada mais que a fome e a sede, tal alimento e tal bebida igualmente distantes dele) perecerá de fome e de sede."

E acrescenta: "Se me perguntam se tal homem não deve ser estimado um asno mais que um homem, eu digo que disso não sei nada" (*E* II, 49 esc.).[159] E a frase que segue abre, além disso, a interrogação sobre a natureza problemática de seres "que têm a forma exterior do homem" mas cujo regime de esforço para viver (o *conatus*), ou para morrer... está globalmente em regime de automação heterônoma: "não mais que eu não sei, prossegue Espinosa, em qual estima deve-se ter um homem que se enforca, as crianças, os estúpidos, os dementes" (*E* II, 49 esc.).

O *Tratado da reforma do entendimento* já considerava a possibilidade de homens "cujo espírito é completamente cego, seja de nascença, seja por preconceitos, isto é, algum acidente exterior que o tenha tornado assim".[160] Esses homens são a considerar, escreve Espinosa, como "autômatos totalmente privados de espírito".[161] E encontramos, nesse mesmo sentido, um exemplo de automação animalizante na alínea 6 do capítulo XIII do *TTP*. Espinosa aí opõe o conhecimento adequado do verdadeiro Deus, que implica necessariamente o conhecimento por demonstrações (ou seja, o conhecimento dos atributos de Deus que constituem sua essência), e um discurso sobre Deus que, por simples crença ou por ouvir dizer, referiria a propósito de Deus alguma coisa que foi entendida concernente a sua essência. E Espinosa escreve, sobre aqueles que repetem esse discurso, que "isto não toca mais o pensamento e não lhe mostra

---

[158] *TP*, cap. 5.

[159] Em *Pensamentos metafísicos*, parte II, cap. 12, Espinosa explicita: "Se com efeito supõe-se um homem em vez de um asno nesta posição de equilíbrio, este homem deverá ser tomado não por uma coisa pensante, mas pelo asno o mais estúpido, se ele perece de fome e de sede". Cf. *Spinoza, Œuvres I*, Paris: GF Flammarion, 1964, p. 388.

[160] *TIE*, §47.

[161] *TIE*, §48.

nada mais que as palavras de um papagaio ou de um autômato, que são palavras desprovidas de pensamento e de significação".[162]

Nessa ação particular, esses homens, como papagaios ou autômatos, agem de fato enquanto indivíduos reais, isto é, capazes de efeitos (aqui, emitir sons articulados), mas efeitos que não exprimem nada – enquanto são homens – de sua própria natureza ou de funções propriamente humanas, a não ser uma aptidão à imaginação, à imitação, à memória e à palavra que, nesses exemplos precisos, são dadas por Espinosa como funções privadas de espírito e comuns não aos homens enquanto tais, mas antes a toda a família dos papagaios.

Encontra-se ainda um outro exemplo de imitação animalizante, na interpretação que Espinosa apresenta da narrativa de Moisés concernente à história do primeiro homem: "tendo encontrado a mulher, que concordava plenamente com sua natureza, escreve Espinosa, o homem soube não haver nada na Natureza que pudesse lhe ser mais útil; mas tendo acreditado que as bestas (*bruta*) eram semelhantes a ele, começou imediatamente a imitar seus afetos (ver prop. 27 da Parte III) e perder sua liberdade" (*E* IV, 68 esc.). Interpretação duplamente interessante no que ela assinala não haver nada de mais útil ao homem que o homem na constituição de sua humanidade (ver *E* IV, 35 corolários e esc. já citado), mas que nossa relação ao semelhante ("semelhante" real ou imaginário...) é o mais problemático, visto que, no estado de servidão, de impotência, de ignorância e de ilusão que determinam o homem a se identificar imaginariamente em funções que não são propriamente humanas, a relação ao outro pode abrir ao processo de infirmação indefinida (de sua humanidade e de sua liberdade), a saber, a animalização.

III – Esse último exemplo, que nos lembra a importância da similitude na ética espinosana, leva-nos a apresentar uma última observação prévia. Assinalemos primeiro que Espinosa põe explicitamente, com efeito, um critério de reconhecimento da humanidade dos corpos, a saber, a imaginação do semelhante e a imitação de seus afetos. Porque imaginamos uma coisa ser semelhante a nós, experimentamos o que imaginamos que ela experimenta em um processo de identificação que conduz espontaneamente a desejar "livrar de sua miséria o objeto que nos inspira comiseração" (*E* III, 27 cor. 3 dem.). E é por isso que Espinosa pode afirmar, no escólio da proposição 50 da *Ética* IV, que "aquele que não é movido nem pela Razão nem pela Comiseração a ser prestativo aos outros, nomeia-se justamente inumano, pois (prop. 27 da Parte III) não parece assemelhar-se a um homem" (voltaremos a essa afirmação). Poder-se-ia, entretanto, também aceitar que as bestas sejam "semelhantes", porém de forma alguma por ignorância e para imitá-las em sua animalidade, e sim como

---
[162] *TTP*, cap. 13 [6] (p. 211).

a consequência indireta mas necessária de uma vontade ética que determina o homem livre a não excluir absolutamente nenhum pretendente possível a sua similitude: sejam seres racionais mas cuja aparência não seria humana (eventuais extraterrestres dotados de razão), sejam seres de aparência humana mas que, de nascença ou por acidente, seriam privados de razão (os estúpidos – débeis profundos – ou os dementes)... É isso que explica Alexandre Matheron no artigo intitulado *A antropologia espinosana?* (publicado em 1978 na *Revue de Synthèse*).[163] Matheron mostra que Espinosa não definiu a essência específica do homem e "que em todo rigor" não há antropologia espinosana. Os seis postulados que se seguem à proposição 13 da *Ética* II e o postulado 1 da *Ética* III, que deveriam, diz ele, definir a natureza particular do corpo "humano" do qual a alma "humana" é a ideia, situam-se em um nível de generalidade tal que eles não definem uma essência específica – a do homem – mas antes uma "essência *supraespecífica*" que engloba também os animais superiores. Matheron indica então uma razão por falta e uma razão positiva desta ausência de definição do homem e correlativamente da presença de uma definição "ampla" infraespecífica, que engloba tanto o corpo humano quanto o corpo dos animais superiores. A razão por falta é que Espinosa *não pode definir o limiar* a partir do qual um corpo é realmente capaz de encadear suas afecções em uma ordem válida para o intelecto que, simultaneamente, se afirmaria assim segundo sua potência dedutiva autônoma. Ora, esse limiar desconhecido de nós define precisamente o ponto de mutação na "relação de movimento e repouso"[164] de um corpo especificamente "animal" em um corpo especificamente "humano", cuja alma é então capaz de razão. E esse conhecimento que permitiria determinar quem é meu "semelhante" e quem não o é, entretanto, é mais importante para a prática ética, pois que Espinosa nos diz, por outro lado, que podemos tratar ao nosso gosto (matá-los, se nos parece bom) os seres que não têm, conosco, nada em comum. Matheron enuncia, então, que a ausência de uma definição da essência específica do homem poderia ser paradoxalmente mais proveitoso que nefasto, do ponto de vista da prática ética. Seria completa e voluntariamente, e de acordo com uma decisão teórica, que Espinosa teria ficado na generalidade de uma essência supraespecífica a fim de permitir a integração no campo do "semelhante" de *todos* os seres com os quais poderíamos, no entanto, não experimentar espontaneamente semelhança, seja pelo fato de uma aparência muito diferente da nossa, malgrado sua razão, seja pelo fato, malgrado a semelhança física, da ausência neles do exercício da razão. Mas sendo tomado esse

---

[163] Cf. *Revue de Synthèse*. Paris: Centre International de Synthèse, janvier-septembre 1978, tome 99, p. 174-185. Esse número publicou os *Actes du Colloquio International Spinoza*, realizado em Paris ente os dias 3 e 5 de maio de 1977, por ocasião do 3°. Centenário da morte de Espinosa. Uma versão digitalizada da revista encontra-se na Gallica do site da Bibliothèque National de France (BnF), gallica.bnf.fr. N.R.

[164] *TTP*, cap. XVI [8-11] (p. 239-242).

partido, é preciso aceitar também nossa extrema proximidade teórica com os animais superiores... Animais que "de nascimento" se encontram, como nós, na condição de seres capazes de ter ideias, pois que seu corpo complexo é apto a ser afetado e a afetar de múltiplas maneiras, mas ideias a partir das quais não podem entrar em uma dedução racional, porque isso suporia que seu corpo fosse também "capaz de encadear suas afecções em uma ordem inteligível análoga àquela das ideias do intelecto – isto é, em uma ordem que se concebe por sua natureza somente". E isso é uma propriedade que se atribui geralmente ao homem e ao corpo humano, mas sem poder provar nem definir a essência específica que permitiria pensar e deduzir essa diferença...

Desta análise já podemos, de nosso ponto de vista, tirar uma primeira consequência: a proximidade teórica obrigatória do homem e do animal, determinada pela perspectiva ética, abre correlativamente uma perigosa proximidade prática. Que os homens sejam impedidos, efetivamente, "de nascença" ou "por acidente", em seu corpo como em sua mente, de proceder a uma dedução racional, e ei-los praticamente reduzidos ao seu "semelhante" animal...

Veremos toda a importância teórica que toma essa consequência prática na política espinosana, onde as linhas de demarcação entre o que é animal e o que é humano são efetiva e indefinidamente deslocadas.

Depois deste longo preâmbulo, vou, então, estudar mais precisamente o uso assim como os recursos da diferença antropológica – posta como problema – no cerne mesmo da questão política.

Que homens possam efetivamente perder ou abandonar seu "direito natural propriamente humano" para tomar uma outra natureza, é, no domínio político, o que contesta primeiramente Espinosa, quando trata da questão do contrato e do que pode exigir de seus súditos o poder soberano. Entretanto, quando se lê o prefácio, o capítulo XVII ou o capítulo XX do *TTP*, tem-se na realidade dois tipos de discursos, simultaneamente: a saber, que Espinosa diz ao mesmo tempo que essa mutação de natureza é logicamente impossível segundo a problemática do contrato e da transferência suposta dos direitos naturais ao soberano, e que entretanto, *de fato*, de certa maneira e sob certas condições na história real dos homens, a animalização do homem está já em marcha (talvez mesmo irreversivelmente) e mesmo já realizada, como no modelo da tirania oriental nos Turcos...

Examinemos esses dois tipos de discursos simultâneos que se desenvolvem, contudo, em dois campos teóricos diferentes: o do discurso da teoria da soberania e o das tecnologias da dominação.

CAPÍTULO 7
A animalização impossível:
a resistência lógica à transferência integral do direito natural

Primeiramente, do ponto de vista do contrato e da transferência do direito natural ao soberano, Espinosa destaca efetivamente a irredutibilidade da natureza do homem a uma transferência integral de seu direito. Após ter explicado no capítulo XVI do *TTP* que a constituição da cidade supunha uma transferência sem reserva do direito de cada um ao soberano (veja-se a este propósito as alíneas 8 a 11),[165] Espinosa inicia o capítulo XVII indicando, ao contrário, que "em muitos casos", essa transferência integral é "puramente teórica".[166] Espinosa não diz que é "puramente teórica" em todos os casos, mas "em muitos casos". E a frase que segue esclarece inteiramente o caso de uma transferência impossível:

> com efeito, ninguém jamais poderá transferir a um outro sua potência, e por consequência seu direito, ao ponto de cessar de ser um homem; não haverá jamais um poder soberano tal que possa realizar tudo o que ele quer. Em vão ordenaria a um sujeito odiar aquele que lhe vincula um bem feito, amar quem lhe causou dano, não ser ofendido por afrontas, não desejar ser liberado do temor e muitas outras coisas que seguem necessariamente das leis da natureza humana[167].

E Espinosa nos remete ao ensinamento da "experiência".[168]

A afirmação dessa irredutibilidade de um direito que envolve um princípio de não contradição – ninguém podendo "se privar do direito de se defender

---

[165] *TTP*, cap. XVI [8-11] (p. 239-242).
[166] *TTP*, cap. XVII [1] (p. 250).
[167] *TTP*, cap. XVII [1], (p. 250-251), grifos nossos.
[168] *TTP*, cap. XVII [1], (p. 250-251).

ao ponto de cessar de ser homem"[169] – é então inseparável de uma potência lógica de resistir às forças que tenderiam a negar esse direito. O *Tratado Político* ressaltará explicitamente que o indivíduo só depende efetivamente do seu próprio direito (isto é, só é *sui juris*) na medida "em que ele pode rejeitar toda a violência",[170] de maneira "que os homens dotados de razão não renunciam jamais ao seu direito ao ponto de perder o caráter de homem e de serem tratados como rebanhos".[171] E o *TTP* põe já, em princípio ou como princípio, a irredutibilidade de uma natureza ou de um direito que resiste a toda transferência. Porque "cada um conserva muitas coisas que dependem de seu próprio direito",[172] lá onde haverá tentativa de opressão a essas "coisas", haverá então necessariamente uma resposta resistente. Donde a tese retomada de Sêneca, de que um poder violento, portanto ilógico, dura pouco,[173] e o estabelecimento implícito de uma lei de proporcionalidade dinâmica entre força de opressão e força de resistência, que vêm, no plano físico, confirmar a impossibilidade lógica da transformação de seres racionais em bestas ou em autômatos.

Notemos que se Espinosa não emprega jamais *resistere*, mas *repellere*, como no *Tratado Político*, cap. II, art. 9 (*vim omnem repellere*), *expellere* (*melancholiam expellere*, no escólio da prop. 45 da *Ética* V) ou *amovere* (para "afastar a tristeza", na demonstração da proposição 37 da *Ética* III), ou ainda a formulação *contumacius contra nituntur*, no *TTP*, cap. XX, alínea 11[174] – sobre a qual nós voltaremos –, é certo que ele julga a significação de *resistere* (que ele, aliás, empregara em sua explicação da parte II dos *Princípios da filosofia*) como algo demasiado estático (a força de resistir era, no contexto do comentário de Descartes, "uma quantidade de repouso"), e é certo que ele prefere usar, ao contrário, noções fortemente dinâmicas que indicam uma resposta de luta. No *repellere* ou *expellere*, *pello* exprime, de fato, esse princípio de atividade resistente, impelir, repelir, expulsar, que é a dinâmica mesma de um direito de natureza identificado a uma potência de agir que se afirma e se opõe dinamicamente a tudo que lhe faz obstáculo.

Essa lógica da resistência dinâmica proporcional, nós a encontramos na *Ética* com relação à resistência da natureza do homem à tristeza. Após ter destacado que, quando uma coisa é afetada de tristeza por causas exteriores que contrariam e diminuem sua potência de agir (*E* III, 11 e esc.), ela "é em

---

[169] *TTP*, pref. [13] (p. 13).
[170] *TP*, cap. II, art. 9.
[171] *TP*, cap. VII, art. 25.
[172] *TTP*, cap. XVII [1] (p. 251).
[173] *TTP*, cap. XVI [9] (p. 240).
[174] *TTP*, cap. XX [11] (p. 306); *contumacius contra nituntur*: "esforçar-se obstinadamente contra" (literalmente; no contexto: *resistem obstinadamente*). Já *vim omnem repellere* pode ser traduzido como *repelir toda força* (ou *violência*), e *melancholiam expellere*, como *expulsar a melancolia*. (N.R.)

certa medida destruída e isto tanto mais (*et eo magis*) quanto mais ela é afetada de uma Tristeza maior" (*E* III, 21 dem.), Espinosa escreve: "todo o esforço do homem afetado de Tristeza tende a afastar a Tristeza... *Tristitiam amovere*" (*E* III, 37 dem.). E acrescenta imediatamente: segundo a dinâmica resistente do *conatu*, "(pela definição da Tristeza), quanto maior é a Tristeza, tanto maior é a parte da potência de agir do homem à qual ela se opõe necessariamente, e portanto, quanto maior é a Tristeza, maior é a potência de agir pela qual o homem se esforça, por sua vez, por afastar a Tristeza; isto é, (pelo esc. da prop. 9 da Parte III), maior é o Desejo ou o apetite pelo qual ele se esforçará para afastar a Tristeza". E essa demonstração vale também para a Alegria, que aumenta ou favorece a potência de agir e que engendra naquele que a experimenta um desejo resistente de conservá-la e defendê-la, desejo "tanto maior quanto maior a Alegria".

Opondo-se à tristeza (por ocasião da tristeza, *mas* segundo uma potência de afirmação que resiste a ela) ou esforçando-se para conservar sua alegria (por insistência nessa alegria e/ou por resistência ao que a exclui), o indivíduo humano resiste então ativamente e "na proporção" (*pro ratione*) de seu afeto (de tristeza, na potência que a ela resiste, ou de alegria, na potência pela qual essa alegria insiste e resiste...), e isso segundo a positividade de uma dinâmica que é aquela mesma de sua essência (*E* I, 26 dem.); essência do homem, "da natureza do qual segue necessariamente o que serve à sua conservação; e o homem é assim determinado a fazê-lo" (segundo o escólio da proposição 9 da *Ética* III o qual nos remete, de fato, à demonstração da proposição 37).

Acrescentemos que, para Espinosa, o princípio da busca do prazer e a resistência à tristeza que ele suscita explicam também a constituição do afeto de "benevolência", pelo qual nos esforçamos em livrar nosso semelhante da miséria (*E* III, *AD* 35). Esse desejo nasce certamente da piedade, mas é do ponto de vista da resistência à tristeza que Espinosa o explica no corolário 3 da proposição 27 da *Ética* III. Com efeito, "o que afeta de Tristeza o objeto que nos inspira comiseração, nos afeta de uma Tristeza semelhante; em consequência, nos esforçamos por lembrar tudo o que tira a existência desta coisa ou a destrói (pela prop. 13 da Parte III), ou seja, (pelo esc. da prop. 9 da Parte III) teremos o apetite de destruí-la ou seremos determinados à sua destruição; e assim nós nos esforçaremos para livrar de sua miséria o objeto que nos inspira comiseração". E esse esforço poderá tomar, logicamente, uma dimensão política.

A dinâmica afirmativa da resposta resistente e proporcional à opressão no terreno político, nós a encontramos, de fato, na conclusão do *TTP*. No capítulo XX [11] Espinosa afirma fortemente que por se tratar "destas coisas" irredutíveis e intransferíveis, não será "jamais" possível manter os homens em uma dependência tal que eles não ousem proferir uma palavra a não ser pela prescrição do soberano ou que eles tenham em si mesmos pensamentos decididos apenas pelo soberano. E ele conclui, pondo como um axioma a lei de proporcionalidade de uma resistência dinâmica: "bem ao contrário, quanto mais se tome cuidado de lhes tirar a liberdade de falar, mais eles resistirão obstinadamente" (*sed contra quo magis libertas loquendi hominibus adimi curatur, eo contumatius contra nituntur*). Na ausência dessa réplica proporcional, da qual o *Tratado Político* explicará a extensão subversiva através dos efeitos miméticos da indignação geral[175] – perseguindo, por isso mesmo, para o corpo comum a dinâmica, já examinada na *Ética*, do movimento coletivo de benevolência –, na ausência desta réplica, portanto, é então necessariamente à destruição da coisa que assistimos. Desse ponto de vista somos assim ativamente resistentes.... ou mortos.

Mas os homens não poderiam estar mortos sem o saber? Leiamos o que diz Espinosa no escólio da proposição 39 da *Ética* IV:

> [...] a morte do Corpo, tal como compreendo, se produz quando suas partes são dispostas de tal maneira que uma outra relação de movimento e de repouso se estabelece entre elas. Não ouso negar, com efeito, que o Corpo humano, embora seu sangue continue a circular e ele traga outras marcas de vida, possa no entanto transformar sua natureza em uma outra inteiramente diferente. Nenhuma razão me obriga a admitir que um Corpo só morre se ele se transformou em cadáver.

Esse esclarecimento se faz certamente em um contexto de interrogação sobre a passagem possível de uma identidade a uma outra, em um homem que teria guardado, entretanto, a mesma aparência corporal. Mas a referência à circulação do sangue e a outras funções vitais que persistiriam, enquanto o Corpo humano transformou "sua natureza em uma outra inteiramente diferente", pode, assim, nos convidar a ler essa passagem como o reconhecimento por Espinosa, sob certas condições, de uma possibilidade de mutação (ou pelo menos de redução tendencial) da natureza humana em natureza animal.

Ora, nós já o indicamos, no *TTP*, Espinosa, do ponto de vista do contrato, ressalta tanto mais fortemente a irredutibilidade lógica e dinâmica do ser humano à servidão radical – ou a sua inteira apropriação por um outro – quanto ele mostra simultaneamente, e nos mesmos textos mas segundo outra perspectiva, as vias da transformação e/ou da destruição efetiva da natureza humana. Examinemos este segundo discurso que tem por objeto as tecnologias da dominação.

---

[175] *TP*, cap. III, art. 9.

CAPÍTULO 8
A animalização realizada:
da lógica de guerra do *arcanum imperii*

O poder soberano possui, com efeito, escreve Espinosa, "múltiplos meios" para fazer com "que a maior parte dos homens creia, ame, odeie etc. o que ele quiser [...]: eis porque podemos conceber sem contradição homens que não creiam, não amem, não odeiem, não desprezem e só experimentem algum afeto em virtude apenas do direito do Estado".[176] Ou seja: seres que pudessem, como escravos ou animais domésticos, não ser em nada senhores de si... até mesmo totalmente "inúteis a si mesmos", e cuja existência estaria assim inteiramente submetida ao uso e ao bel prazer de um outro (o poder soberano).

À afirmação prospectiva do escólio da proposição 2 da *Ética* III, segundo o qual *não se sabe o que pode um corpo*, isto é, considerando-o de um ponto de vista político, o que poderia ser a produtividade feliz e humanista das *dispositiones corporis* nas e pelas diferentes relações constituintes de uma sociabilidade e de uma história ao mesmo tempo singular e coletiva, *responde* de certa maneira o capítulo 6 do Apêndice da Parte IV, onde é lembrado que, sendo o homem uma pequena parte da Natureza, a natureza humana é necessária e continuamente "forçada a se adaptar de uma infinidade de maneiras".[177] E essa adaptabilidade quase infinita (devida positivamente também às múltiplas aptidões de um corpo humano para afetar e ser afetado, das quais os outros animais de menor complexidade não são capazes), abre, de fato, um campo quase infinito a sua

---

[176] *TTP*, cap. XVII [2], p. 252.
[177] Ver também *E* IV, 4 cor.

opressão. Pelo *TTP*, esse campo é o das múltiplas maneiras segundo as quais "o julgamento de um homem pode ser subjugado", e isso, insiste Espinosa no *TTP*, "a um ponto quase inacreditável"[178]— o ponto desse limite indefinível onde, pela via dos prejulgamentos que os dominam, os homens podem ser transformados "de seres racionais em bestas brutas", segundo a formulação do prefácio do *TTP*. [179]

Transformação logicamente tão inacreditável quanto aquela de um homem que, como diz a Carta 23 a Blyenberg, pensaria poder — segundo uma disposição particular imposta à sua imaginação ou a seu cérebro — "viver mais convenientemente suspenso por uma forca do que sentado a sua mesa"... ou ainda poder "gozar de uma vida melhor cometendo crimes"... *e que conseguiria efetivamente*. No artigo 8 do *TP*, cap. III, Espinosa escreve que, se se considera que o corpo político "tem o direito ou o poder de comandar tais atos [os quais a natureza humana *geralmente* repugna], isso só poderia ser no sentido em que se diz que o homem tem o direito de ficar demente e de delirar". Ora, é de fato o que se passa, na passividade extrema deste direito, com as massas delirantes e fanáticas que estão nas "disposições" realmente, ao mesmo tempo, suicidas e criminais, mesmo se seu ódio não é sempre acompanhado crimes... (pois, como o explica Espinosa, os afetos dos homens não concernem tanto aos atos que eles cometem quanto ao desejo e ao amor desses atos).[180]

Esse processo paradoxal inacreditável, criminal e suicida, Espinosa o aponta no cerne mesmo da cultura ocidental — isto é, da disposição imaginativa — constitutiva do cristianismo, que pode ser lido como um terrível "acidente exterior" (segundo a expressão do *TIE*)[181] destinado a uma grande parte da humanidade. Aqui, o diagnóstico da animalização, que é correlativo daquele da demência, não está mais diretamente ligado, como à sua causa primeira, ao delírio de um poder soberano (esse delírio retornará historicamente mais tarde, conquanto esteja nas origens e no princípio da tirania oriental sob a figura histórica do império otomano). Muito pelo contrário, é porque, desde seus inícios, a religião cristã se desenvolveu independentemente das estruturas do Estado que o processo de animalização de massa foi possível.[182] Com efeito, podemos tomar essa independência como o determinante em última instância de um processo real de aniquilamento e de inversão da mensagem de salvação inicial (sua potência de antropogênese), visto que não somente "nada" (*nihil*) permanece da religião ensinada pelo Cristo (o que diz Espinosa na alínea 9 do prefácio do *TTP*), como também ela é substituída por "credulidade e preconceitos" que transformam os seres racionais em

---

[178] *TTP*, cap. XX [2], p. 300.

[179] *TTP*, pref. [9], p. 10.

[180] *E* III, *AD* 48, expl.

[181] *TIE*, § 47.

[182] *TTP*, cap. XIX [20], p. 297.

"bestas brutas". *Brutus* enfatizando a ausência de razão, a cegueira, a estupidez, mas também a violência e a irracionalidade de indivíduos que, nessas disposições imaginativas delirantes, podem ser como bestas de rebanho por aqueles que essa constituição imaginária do mundo legitima na função de comando.[183]

É que a independência circunstancial da religião frente ao Estado favoreceu o advento de um personagem, o Teólogo, cuja ambição de dominação vai ocupar, nesse processo, o estatuto de instância dominante e característica da nova cultura. Personagem-chave do cristianismo ou personagem-sintoma, sobredeterminado pelo cruzamento do *ingenium* judeu (marcado pelo miraculoso) e do *ingenium* grego (marcado pela especulação e a controvérsia), o teólogo cristão é, para Espinosa, o radicalmente Outro da religião verdadeira e o operador efetivo de um processo teológico-político de animalização de massa. Donde o desafio antropogenético maior de interpretação da Escritura na obra de Espinosa. Quando a quase totalidade dos homens não pode realmente esperar tomar a via ética da filosofia (filosofia espinosana, claro), o ensino "justo" da Escritura, nos países cristãos, se impõe como uma necessidade histórica imperativa: uma necessidade de natureza ético-política.

A originalidade da análise de Espinosa, no que concerne ao advento do teólogo, está em mostrar que a ambição de dominação dos eclesiásticos, sua "malícia" na interpretação enganosa das Escrituras, a "negligência" daqueles "que não se preocuparam em desenvolver uma história da Escritura conquanto o podiam",[184] não são devidas a uma natureza humana teológica particularmente perversa, mas essencialmente às condições estruturais, naturais e históricas. Condições que engendraram uma necessidade inelutável segundo a qual "a religião se reduziu para o povo a tomar os ministérios da Igreja por dignidades, a considerar os encargos eclesiásticos como benefícios, e a professar o maior respeito pelos pastores".[185] Compreende-se então que tenham sido efetivamente os "mais maldosos", isto é, os mais animados pela "ambição" e pela "avareza sórdida", que desejaram acessar às funções sacerdotais. Funções cuja dinâmica estrutural de dominação vai ainda exacerbar os afetos passivos daqueles que as

---

[183] Depois que Albert Burgh – recém-convertido ao catolicismo – escrevera a Espinosa que, por sua filosofia, ele se tornava "mais miserável que as bestas", *miseriorem facias ipsis bestiis*, suprimindo, nele mesmo, a liberdade da vontade, Espinosa replica retornando o argumento, mas desta vez para sublinhar em Burgh a privação atual da razão: "Deixe então esta superstição funesta, e reconhece a razão que Deus te deu; cultive-a se não quer se armazenar entre as bestas brutas" (*nisi inter bruta haberi velis*); cf. Carta 67 de Burgh a Espinosa, p.327, e Carta 76 a Burgh, p. 344. Se considerarmos que a formulação do *TTP*, pref., alínea 9 [p. 10], deve ser traduzida por "bestas brutas", e que Espinosa não está privado de dizer a seu correspondente que ele o considerava como "o escravo" da Igreja romana (*te hujus Ecclesiae mancipium factum*, na edição de Gebhardt, Tomo IV, p. 323), é sem dúvida com uma certa timidez que Appuhn tanto quanto Roland Caillois traduzem *bruta* somente (se podemos dizê-lo) por "brutos", na Carta resposta que Espinosa dirige a Burgh.

[184] *TTP*, cap. VII [19], p. 132.

[185] *TTP*, pref. [9], p. 9.

exercem segundo uma lógica de hegemonia total do poder eclesiástico sobre o poder soberano. E é essa dinâmica da dominação sem limites que caracteriza, em última análise, a natureza mesma do cristianismo e sua potência própria de animalização. É assim que o *vulgus* "parece adular Deus mais que o adorar".[186] E a *adulatio* designa efetivamente um afeto animal ou, pelo menos, animalizante, ao qual o capítulo XX do *TTP* (alíneas 11 e 13)[187] oporá diametralmente a resistência dos melhores, aos quais nem os preconceitos, nem a "sopa" ("*soupe*"), nem o dinheiro conseguiram corromper, por causa de sua educação e de sua virtude. Adular ou resistir. É a alternativa e o desafio antropológico sobre os quais termina o *Tratado Teológico-Político* (com a advertência, para uma livre república, de não ceder aos "aduladores e aos falsos").[188] Resta, inversamente, para os tiranos encontrar os meios de impedir a resistência e a dinâmica mimética que, como um dever moral, ela chama.[189]

Os elementos que Espinosa fornece para uma história crítica do cristianismo e para um conhecimento de sua própria natureza vão, assim, deslocar radicalmente as condições lógicas e abstratas do debate sobre a irredutibilidade da natureza humana, debate instaurado no horizonte teórico do contrato e da transferência do direito natural. É que a religião se impôs estruturalmente na história como o meio político de massa, o mais eficaz, para dominar a multidão. Há, portanto, no texto de Espinosa, o discurso do "contrato" e o exame das lógicas de guerra do direito de natureza dos poderes: do poder teológico que, capturando a potência das massas, tende a se apoderar do poder soberano; do próprio poder soberano que, pela religião, quer submeter a potência da multidão. *E Espinosa, no TTP, trata as duas perspectivas (do contrato e da lógica de guerra) simultaneamente e sem contradição, uma podendo se traduzir na linguagem da outra.*

Como mostrava Ovídio, o poeta – que Espinosa cita frequentemente e o qual ele considerava, aliás curiosa e talvez sintomaticamente, como um autor que trata de questões políticas (da *res publicas*)[190] –, as "metamorfoses dos corpos em novos corpos", do estado de ser humano ao estado animal, jamais são realmente voluntárias. Elas são sempre o resultado da violência de um poder que, do exterior, vem subjugar um sujeito, desnaturando-o. Além disso, a mudança de estado que essa violência provoca não é jamais uma mutação radical: é uma hibridação. É assim também em Espinosa, que escreve no escólio da proposição 20 da *Ética* IV: "Que o homem se esforça pela necessidade de sua

---

[186] *TTP*, pref. [9], p. 9.

[187] *TTP*, cap. XX [11-13] (p. 306-307).

[188] *TTP*, cap. XX [16] (p. 310).

[189] *TTP*, cap. XX [11-13] (p. 306-307).

[190] O que desvia bastante os comentadores até o ponto de se perguntarem se não estaria errado o texto do *TTP*, cap. VII [15] (p. 129).

natureza a não existir *ou a mudar de forma* é tão impossível quanto é impossível que uma coisa seja feita de nada, como um pouco de reflexão permite a cada um vê-lo". É então "pelas causas exteriores ignoradas, dispondo a imaginação e afetando o Corpo de tal maneira que à sua natureza substitui-se uma natureza nova contrária"[191] que se opera a mudança. E Espinosa mostra, no *TTP*, a via de exercício de uma violência subjugante e desnaturante que explica, em parte, a natureza híbrida do homem.

Clapmar, em seu *De arcanis rerum publicarum* de 1605 – que se encontrava na biblioteca de Espinosa –, distinguia o *jus imperii*, em sua expressão manifesta, e o *arcanum*, a jóia secreta, de onde procede a ação indireta e oculta desse mesmo direito soberano. Na alínea 2 do capítulo XVII do *TTP*, assim como na alínea 2 do capítulo XX, Espinosa opera também essa distinção, politicamente decisiva, entre o "comando expresso" explícito ou direto do soberano e o comando indireto, implícito ou oculto que exerce sob o nome especial de religião. Ora, o que caracteriza a via indireta do exercício do poder é que ela ultrapassa, no plano da física dos afetos, os obstáculos que são, para o soberano, a lei de resistência proporcional e a resistência à tristeza.

O *arcanum imperii* (o segredo do Estado como segredo da dominação) conduz os homens segundo uma violência e uma crença que não somente não engendram réplica, mas que, ao contrário, convertem a potencialidade dessa resistência – o próprio direito de natureza – em potência de contentamento e adesão. E isso, em um processo real de abandono de si ao desejo do outro, vivido ilusoriamente como escolha voluntária e contínua. É, aliás, o que permite ainda a Espinosa, teoricamente, inscrever esse abandono em uma lógica contratual de uma transferência de direito. Mas a tensão teórica é real, e ela irá até ao rompimento do quadro contratual.

O *arcanum imperii* introduziu uma problemática da captura da potência de uma eficiência inacreditável. Pois se a superstição funciona tão bem, se ela tem de si profundas raízes nas almas, é justamente, como o mostrava o apêndice da *Ética* I, porque a ordem representativa que a supõe não procede, não se engendra da representação supersticiosa ela mesma, mas da exigência vital (o *conatus*) que a necessita e a produz. O segredo mais profundo da força da superstição e do poder que ela utiliza é a força mesma ou a potência da multidão, cuja captura pelos *arcana imperii* se faz na e pela dinâmica mesma do esforço que cada ser faz para perseverar-se em seu ser. Captura no duplo sentido de recolher uma energia para utilizá-la, e obter, por estratagema, confiança e adesão da vontade. E, aquém do explícito do contrato, é então essa operação de guerra que é dada como o processo afetivo da constituição mesma da soberania como Direito.

---

[191] *E* IV, prop. 20, esc.

Um direito que detém realmente o soberano pela obediência de seus súditos, mas que só pode se definir, no entanto, geneticamente, "por [uma] potência e [uma] vontade de todos juntos". Potência e vontade que o soberano pode certamente confiscar/mistificar, mas da qual não pode realmente se apropriar. É no indireto e aquém da consciência dos atores, que emprestam sua potência, que vai então se exercer essencialmente a dominação. A via da animalização é primeiramente uma via "secreta", como, aliás, o veremos, a das forças que vão resistir a ela. É antes de tudo no implícito que se afrontam dominação e resistência sobre linhas de guerra múltiplas que constroem o homem como ser híbrido nas fronteiras internas moventes entre hominização e animalização.

Desde o *Tratado Teológico-Político*, a exploração dessa via indireta, implícita e secreta, pela qual se constituem o poder soberano e os sujeitos da obediência que ele requer, contesta, de fato, a problemática teórica explícita e voluntarista do contrato, assim como a realidade de uma transferência de direito. Mas é segundo um curioso paradoxo, a saber, que é no reconhecimento mesmo da realidade da infirmação quase ínfima da natureza humana, que se descobre só existir poder soberano pela potência de todos e que essa potência é, absolutamente falando, inalienável, salvo se, por esperteza, fizer-se a multidão acreditá-lo, dispondo para esse efeito a imaginação coletiva.

A problemática do caso de impossibilidade de uma transferência integral do direito, do início do capítulo XVII, que retificava, do ponto de vista da prática, a teoria geral do contrato e da transferência de direito, do capítulo XVI, deve então ser ela mesma refletida de maneira crítica como uma abstração ainda toda teórica, quando se coloca do ponto de vista de uma realidade mais efetiva ainda da política e da história, que é a da potência da multidão e dos múltiplos meios "secretos" empregado para sua dominação. Quando o poder soberano soube colocar, com efeito, "o maior cuidado em ornar a religião [...] com um culto e uma pompa que lhe dão um peso superior a qualquer outro e a fazem sempre respeitada por todos com as maiores considerações", "isto é conseguido perfeitamente", escreve Espinosa desde o prefácio do *TTP*,[192] e dá o exemplo dos Turcos que, dirá o *Tratado Político*, instaurou um tipo de Estado que não tem igual na história, quanto à duração de sua perseverança "sem nenhuma mudança notável". Duração que é aquela de uma paz de "escravo", da "barbárie" e da "solidão".[193]

Ou seja, no *Tratado Político*, Espinosa parece conceber que a dinâmica da similitude ou da identificação que conduz – por "benevolência" e "indignação" – a socorrer seu semelhante na miséria e a desejar se vingar daquele que é causa de seu mal, seria, nos Turcos, perfeitamente bloqueada, cada um estando transido

---

[192] *TTP*, pref. [6], p. 7-8.
[193] *TP*, cap. VI, art. 4

de terror na solidão, só podendo pensar em sua própria miséria e, como um animal, em sua própria sobrevivência... Mas, na ausência da piedade ou da razão, os homens não se assemelham mais aos homens... Como diz o escólio da proposição 50 da *Ética* IV: "aquele que não move nem razão nem piedade para ser útil aos outros, é justificadamente que se nomeie inumano [*inhumanus appellatur*]. Pois, (pela prop. 27 da Parte III), ele não parece assemelhar ao homem [*Nam homini dissimilis esse videtur*]". Bem como é "inumano, quase uma besta [*inhumanum tamen esse et paene brutum*] e desprovido de todo dom de Deus", aquele que – escreve Espinosa no capítulo V do *TTP*[194] – não conhece nada, nem pelo ensino da Escritura, nem pela luz natural.[195] A paz turca combina, portanto, otimamente com as duas lógicas, "explícita" e "implícita", da combinação animalizante: *implícita*, no *arcanum imperii* que determina os sujeitos a obedecer cegamente a qualquer comando, que deve ser imediatamente considerado como uma vontade divina; *explícita*, visto que nesse Estado o medo, levado até o terror que faz reinar as milícias armadas, paralisa toda dinâmica da resistência, reduz os homens à inércia e transforma a sociedade em rebanho.[196] O *imperium* turco ataca, então, o *conatus* mesmo do corpo comum. Ele tende a reduzir a vida comum à de rebanho (*grégarité*). No cume da dominação, os tiranos turcos não desejam mais a glória, isto é, o reconhecimento de seus próprios súditos, que são negados, enquanto tais, e tratados em quantidade como o gado. E essa saída da lógica mimética, por parte do próprio soberano, é um passo a mais na animalização, que os Estados cristãos não deram. Não há nada,

---

[194] *TTP*, cap. V [16], p. 91.

[195] Para responder a G. de Blyenberg que acusa sua necessidade de nos tornar "semelhantes às bestas" (carta 20) Espinosa indica que o que faz com que os homens, tais como ele os concebe, não sejam semelhantes às bestas, é que "os bons honram Deus e se tornam mais perfeitos ao honrá-lo, eles amam Deus" (carta 21, p. 205). Para o mesmo correspondente, ele repete em sua carta 23 (p. 221) que "o que primeiramente nos faz homens", é o conhecimento de Deus e de nós mesmos... de qual seria desprovido um "ladrão" que não tem – como os "justos" – o desejo constante "que cada um tenha o seu"; desejo que só encontra sua origem no conhecimento claro que "os homens piedosos" tem deles mesmos e de Deus. O ladrão não permanece menos, para Espinosa, uma *vítima* enquanto efeito de um Estado mal organizado (*TP*, cap. V, art. 2). Nesse sentido, o ladrão é "desculpável" de ser ladrão e não um sujeito honesto, mas é da mesma maneira que um cavalo é desculpável de ser cavalo e não um homem! É o que é dito na carta 78 a H. Oldenburg: "Um cavalo é desocupável de ser cavalo e não homem. Quem se torna raivoso pela mordida de um cachorro deve ser desculpado à verdade e, contudo tem-se o direito de estrangulá-lo. E que, enfim, não pode governar seus desejos, nem contê-los pelo temor das leis, apesar dele ser desculpável em razão de sua fraqueza, não pode, contudo gozar da paz da alma, do conhecimento e do amor de Deus, mas perece necessariamente" (p. 347). E ele perece necessariamente no duplo sentido onde 1) ele é destruído enquanto homem ou "animalizado" por um Estado imperfeito; 2) ele vai ser reprimido, até mesmo levado à morte, por esse mesmo Estado do qual é a vítima e que o trata, efetivamente, como uma besta furiosa... Os homens maldosos não estando "menos a temer nem menos perniciosos quando são maus necessariamente" (carta 58 a G.H. Schuller, p. 306), o Estado os trata como se trata habitualmente "serpentes venenosas"... (*CM*, II, cap. VIII, p. 374). Espinosa não diz o que é bom. Ele atualiza essa violenta necessidade do real que obriga a pensar não mais moralmente, mas politicamente.

[196] *TP*, cap. V, art. 4-5 e cap. VI, art. 4

escreve Espinosa, de mais lamentável que essa paz pela qual os homens, inúteis a si mesmos, solitários e mudos, sem compaixão, nem projeto, nem memória, fixados no presente de uma sobrevivência animal, sobrevivem efetivamente, na apatia, ao processo contínuo de sua própria morte.

Mas aqui ainda nos interrogamos, pois o texto de Espinosa resiste também à realidade de uma servidão integral, porém segundo um outro ponto de vista que o da irredutibilidade de um direito individual tal como já consideramos em nosso primeiro ponto, sobre a linguagem do contrato e da transferência de direito.

CAPÍTULO 9
A automação integral das funções humanas:
o paradigma hebreu contra o paradigma turco

Mesmo no mais profundo da opressão e da ignorância, os homens, escreve Espinosa, não permanecem menos homens (*Nam quamvis ignari sin, sunt tamen homines*) ou, mais precisamente, além do pressuposto de uma natureza humana que seria irredutível enquanto humana, os homens, mesmo os mais ignorantes, os mais bárbaros, são seres capazes de humanidade *se eles são capazes de solidariedade em relação a seus semelhantes*. É o que Espinosa lembra quando se trata, no escólio da proposição 70 da *Ética* IV, de ajustar as relações do homem livre com os ignorantes. É, de fato, pela aptidão que ele possui de fornecer "em caso de necessidade", "um socorro de homem" (*humanum auxilium*) que o ignorante é distinto do animal (mesmo se o animal só é aqui evocado implicitamente). Fornecer um socorro de homem, isto é, ser capaz de reconhecer a aflição e a necessidade de um semelhante e estar apto a vir em sua ajuda eficazmente, adequadamente. No capítulo V do *TTP*, Espinosa escreve que mesmo "aqueles que vivem em barbáries, sem organização política, [que] levam uma vida miserável, quase animal (*vitam miseram et paene brutalem agere*), só obtêm o pouco de recursos miseráveis e grosseiros de que eles dispõem pela ajuda mútua, qualquer que ela seja".[197] No *TP*, capítulo II, art. 15, Espinosa escreve também "que o direito natural que é próprio ao gênero humano só pode se conceber lá onde os homens têm direitos comuns", isto é, quando eles constituem juntos uma potência comum que permite a cada um exercer uma potência "humana". Espinosa escreve ainda "que o temor da solidão é inerente a todos os homens"

---

[197] *TTP*, cap. V [7], p. 85.

e que, assim, é necessariamente que eles são conduzidos à ajuda mútua.[198] Isso posto – e lembrado –, ou os turcos estão aquém mesmo dessa condição (isto é, a de seres "humanos" porque aptos à solidariedade), ou eles devem ser regidos por leis... e, então, também devem comunicar-se por uma linguagem (que é a de um povo), compartilhar costumes, viver em um universo comum de significações e de valores; enfim, ajudar uns aos outros para sobreviverem... Viver como "ignorantes" ou viver como "bárbaros" não constitui em si, com efeito – no sentido particular das consequências efetivas da dominação tirânica – uma vida de "escravo". E é verdade que menos a ignorância e a barbárie caracterizam os turcos "animalizados" de Espinosa do que um estado de escravidão radical que, abstratamente falando, deve ser concebido como um deserto de sociabilidade. Ao passo que, ainda que ignorante e bárbara, uma multidão pode, *mesmo assim*, viver livre ou como bem lhe parece (ou seja, segundo seu bel-prazer ou livre de todo constrangimento). Os turcos, em Espinosa, são, portanto, o paradigma de uma dominação integral que transformou a sociedade em deserto e a vida humana em gado...

Pode-se contudo duvidar do realismo desta tese. De maneira mais profundamente política, no capítulo V do *TTP*, Espinosa escreve que "nada é mais insuportável aos homens do que ser submetidos aos seus iguais e ser dirigidos por eles",[199] e que mesmo a servidão aparentemente a mais bem-sucedida (como no caso dos Turcos) não poderá jamais impedir que os homens guardem em parte sua liberdade "por uma secreta e efetiva reivindicação" (segundo uma expressão do *Tratado Político*, à qual voltaremos). Mesmo se toda resistência explícita fosse erradicada, os homens, sob a coação, como demonstra ainda a alínea 8 do capítulo V do *TTP*, "não podem se impedir de se alegrar do mal ou do prejuízo que sobrevém àquele que lhe comanda"... Mesmo, então, nos seres mais submetidos, nos afetos os mais secretos de vingança (que se dizem na alegria irresistível de ver o comandante sofrer) deve-se ler uma resistência que nada parece poder erradicar.

Pode-se, então, tomar como verdadeiros os axiomas: (1) que os homens não desejam ser comandados e que, mesmo ao contrário, "cada um prefere comandar a ser comandado";[200] (2) que os homens constrangidos em obedecer, ainda assim, sempre reivindicam direitos na posse de sua consciência ou no segredo o mais profundo de seus afetos. *Vindicare*: a reivindicação secreta envolve ao mesmo tempo a dinâmica da vingança e a defesa dos direitos envolvidos na própria prática da vida social em seu cotidiano. Direitos próprios mas de forma alguma individuais e

---

[198] *TP*, cap. VI, art. 1; ver também *E* IV, 35, cor. 2 esc., já citado, que aponta a constituição da humanidade do homem na e por sua sociabilidade.

[199] *TTP*, cap. V [8], p. 86.

[200] *TP*, cap. VII, art. 5.

abstratos, definidos uma vez por todas e que um contrato não poderia logicamente suprimir; porém *próprios*, pois gerados por uma vida sempre-já (*toujours-déjà*), mesmo minimamente, *em comum*, uma cooperação consistente e resistente do "animal social" que não deseja ser dirigido e que, de fato, sobrevive e faz sobreviver uma humanidade (uma forma de vida humana) aquém de toda ordem civil e de toda coação, ou seja, da vida imposta pelo tirano; uma vida humana que o poder não poderia em verdade suprimir sem que ele mesmo também desaparecesse, pois essa cooperação, resistente e consistente, é absolutamente indissociável da potência da multidão da qual o poder se nutre. De modo que a produção indefinida do comum, na ajuda mútua, qualquer que ela seja, é ao mesmo tempo necessária à dominação (que, entretanto, tende logicamente a negá-la), sendo de fato o cadinho (*creuset*), em permanente renovação, de sua contestação.

Espinosa, é verdade, tanto no *TTP* quanto no *TP*, não diz nada disso quando fala dos turcos – que são considerados como se estivessem além dos princípios de cooperação e de resistência (constitutivos da vida humana) e, por isso mesmo, são tomados como o paradigma tanto absoluto quanto abstrato da tirania integral e do triunfo da morte. E é preciso dizer triunfo *integral* da morte, visto que o paradigma turco é em si mesmo contraditório! É um deserto de sociabilidade, mas também por isso mesmo um deserto político. Se a dominação total pudesse realmente prosperar, o poder soberano seria, então, ele mesmo dissolvido, *pois ele vive da cooperação*. Se, então, a cooperação subsiste necessariamente, mesmo sob a maior servidão, *é que a resistência ao poder tirânico insiste também necessariamente-sempre na e por esta cooperação constituinte*. É preciso nos determos sobre esse paradoxo. O poder soberano, mesmo de dominação, que, tendencialmente (se é de dominação absoluta) elimina toda vida social e política, eliminando a vida humana, tal poder soberano só extrai sua potência de operar na e pela potência mesma da multidão. Seu direito, escreve Espinosa no *Tratado Político*, que se tem o costume de chamar soberania,

> [...] define-se pela potência da multidão [...]. E aquele que o detém absolutamente, por consentimento comum, tem o cargo da república, ou seja, estabelece as leis, as interpreta e as abole, fortifica as cidades, decide sobre a guerra e a paz, etc. Se tudo isso se faz por uma assembleia que se compõe da multidão inteira, este poder soberano é o de uma *democracia*; se a assembleia se compõe de alguns homens escolhidos, trata-se de uma *aristocracia*; se o cargo da república, e por consequência o poder soberano, é detido por um só, trata-se de uma *monarquia*.[201]

Ora, essa potência da multidão é também em sua constituição mesma uma potência de resistência à dominação e por isso, e somente por isso, ela gera um Corpo comum no qual e pelo qual uma vida humana é possível.

---

[201] *TP*, cap. II, art. 17.

Estamos no princípio mesmo da antropogênese, que não é um princípio pressuposto nem um princípio individual, mas um processo coletivo complexo de resistência e de cooperação na e por aquilo que Espinosa chamou "multidão". Desde a *História romana* de Tito Lívio, até o *De Cive* de Hobbes (com exceção sem dúvida de Maquiavel), a noção de *multitudo* foi sempre empregada de maneira extremamente pejorativa. A multidão "que não guarda nenhuma ordem [e] que é como uma Hidra de cem cabeças", escreve Hobbes em *O cidadão* (VI, 1), deve ser negada em benefício da unidade de uma "pessoa pública [ou] civil", o "povo". Quem ignora essa distinção entre povo e multidão, prossegue Hobbes, "dispõe os espíritos à sedição" (XII, 8).

Escrevendo, ao contrário, que a potência da multidão é a própria soberania (soberania natural que a multidão possui de modo inalienável e que um povo na democracia, a classe dos regentes na aristocracia, ou a pessoa do rei na monarquia, só podem deter segundo certas disposições institucionais), Espinosa fez da noção de multidão o conceito político da potência imanente constituinte e auto-organizadora da complexidade.

"Multidão" nos remete, assim, ao movimento de geração da complexidade e à cooperação dos singulares na formação do Corpo comum, de uma maneira radicalmente diferente e oposta às explicações da gênese ideal das sociedades segundo a transferência do direito natural e do contrato que se encontra nas teorias clássicas da soberania.

Para Espinosa, no começo da história, uma multidão livre, por mais ignorante e bárbara que ela fosse, só pôde primeira e necessariamente constituir-se "politicamente" na democracia.

E isso não se explica de forma alguma pela juridicidade de um contrato (vindo justificar a nova soberania estabelecida), mas pelas leis necessárias dos afetos. Maquiavel diria que estamos aqui diante da oposição entre a verdade efetiva da coisa e as imaginações que se faz dela!

O que Espinosa mostra, de fato, é que a ampla diversidade e complexidade da multidão (que leva habitualmente a desesperar dela, dado que ela se governa não pela razão, mas pelos afetos) envolve de fato uma potência completamente positiva na constituição do viver-junto, na igualdade e no respeito da diferença de cada um. A multidão se caracteriza, com efeito, por um desejo, de forma alguma racional, mas que atravessa todos os singulares e que, paradoxalmente, produz a racionalidade e a positividade do laço comum: *é o desejo de cada um de não querer ser dirigido por seu "semelhante" tido por um "igual"*.

A resistência à dominação do homem pelo homem é, então, segundo Espinosa, afetiva, lógica e necessariamente primeira. Ela envolve um forte sentimento de igualdade (procedente das leis da similitude) e de defesa de sua singularidade (vivida como "glória", "vã glória" diz Espinosa... vã, mas ainda assim tão real quanto à afirmação resistente que ela exprime). É dessa natureza necessária da multidão, natureza bárbara, insubmissa, ingovernável (!) que necessariamente, segundo Espinosa, deve ter derivado, no início da história dos homens, o consenso sobre a forma de um viver-junto, a saber, a democracia, que Espinosa define no capítulo V do *TTP* como uma "sociedade inteira" que exerce "colegiadamente o poder a fim de que dessa maneira, todos sejam obrigados a obedecer a si mesmos, sem que ninguém – precisa ele – tenha que obedecer a seu igual". Espinosa vai chegar ao ponto de escrever "que não há propriamente obediência na sociedade onde o poder está nas mãos de todos e onde as leis são sancionadas por um consentimento comum".[202]

O ponto de vista da complexidade é, assim, o ponto de vista de uma radicalidade democrática que, aquém da instituição da democracia política (como forma de poder soberano), concerne ao movimento real, no princípio (e/ou como princípio) da antropogênese e da constituição de um corpo comum livre de toda dominação. A dominação vem quebrar o corpo comum e tendencialmente transformar a sociedade em rebanho...

Espinosa coloca, assim, a questão da constituição de uma vida humana no centro de sua ontologia política da potência.

Estamos muito longe da teoria individualista da soberania, do contrato e da transferência de direito. De modo que, qualquer que seja a forma de governo (do mais democrático ao mais tirânico), a soberania real, efetiva, permanece sempre e necessariamente a potência de afirmação e de resistência da multidão inteira...

Se nos colocamos do ponto de vista limite do paradigma turco, é preciso dizer que a dominação, nesse caso, pôde erradicar o princípio mesmo da antropogênese, a saber, os desejos rebeldes, até mesmo bárbaros, inerentes à multidão, de não ser dirigida por um semelhante-igual, e, por isso mesmo, pôde erradicar sua capacidade coletiva de produzir indefinidamente, mesmo nas piores situações de dominação, uma sociabilidade resistente, isto é, (mesmo minimamente) uma vida humana...

Mas um outro exemplo (também oriental), bem mais aprofundado do que o dos turcos, no *TTP*, vem de qualquer forma indiretamente retificar, do ponto de vista historiográfico, a ideia, na verdade, impensável de uma conquista total e verdadeiramente perfeita da servidão "política" nos turcos. É o exemplo hebreu. Exemplo também de uma servidão integral, mas que escapa à contradição interna da tirania turca.

A análise do Estado hebreu vai explicitamente mostrar, de fato, que a produtividade da cooperação concerne tanto à constituição de uma vida

---

[202] *TTP*, cap. V [9], p. 86.

econômica quanto às maneiras comuns de crer e agir, isto é, aos hábitos e aos costumes pelos quais os homens, sejam "bárbaros ou civilizados, se unem [...] e formam uma certa sociedade civil", como Espinosa dirá no *Tratado Político*,[203] e que os comandos do soberano, tantos explícitos como implícitos, as técnicas de dominação utilizadas, inscrevem-se necessariamente como efeitos (que podem ser contraditórios) desse processo real de constituição da realidade de um Corpo político. E de uma realidade que, no cerne mesmo do exemplo hebreu, é em primeiro lugar a da potência de imaginação dos homens. Ora, o que mostra Espinosa é que a perfeição do *arcanum imperii* só será realmente alcançada se as crenças impostas provarem sua utilidade efetiva na prática. Por isso, é preciso basear a dominação radical sobre uma auto-organização eminentemente democrática do corpo coletivo, a qual implica necessariamente que o direito de natureza de cada um, longe de ter sido realmente transferido ou abandonado a quem quer que seja, possa ao contrário se afirmar como o princípio dinâmico e contínuo da vida mesma do corpo comum (e isso cada vez mais, como será o caso depois da morte de Moisés durante a fase realmente teocrática do Estado hebreu).

O exemplo hebreu prova, assim, alguma coisa ao mesmo tempo totalmente paradoxal e completamente lógica com relação à ideia espinosana de que a soberania é a potência da multidão, a saber, que o poder soberano pode efetivamente fazer de seus súditos quase tudo o que ele quiser, e de maneira bastante inacreditável, mas, ao mesmo tempo, que isso só é efetivamente possível reconhecendo a impossibilidade da eliminação da cooperação humana, da resistência dos homens à tristeza, e do ódio sempre experimentado em relação àqueles que são causa dessa tristeza. Ou, em última análise, o reconhecimento da impossibilidade antropogenética da eliminação das paixões e da resistência dos homens à dominação por seus semelhantes... e de que por isso é preciso fundar a heteronomia radical das mentes – totalmente subjugadas pelos prejulgamentos – sobre uma auto-organização democrática efetiva e resistente a todo tipo de dominação. De modo que a reivindicação implícita inerente a toda cooperação, e que de fato resiste secretamente (e com vingança) a toda dominação (mas a vingança e o ódio são aqui apenas o negativo de uma resistência da positividade intrínseca, no e pelo laço comum mais secreto ainda...), torna-se nos hebreus a resistência explícita, política e ideologicamente instituída dos contrapoderes, às forças tanto externas quanto internas que contrariam o exercício do poder soberano ou tendem a substituí-lo.

Nesse exemplo, a relação de poder e de obediência absoluta que ela requer não é mais, no sentido estrito, "animalizante". Na igualdade, fraternidade e solidariedade fortemente mimética que este Estado engendra, na liberdade comum que ele atualiza, a *humanitas* dos hebreus não deixa nenhuma dúvida, mesmo se

---

[203] *TP*, cap. I, art. 7.

esta humanidade é a de um povo devotado a uma barbárie e a um estado de infância perpétuos. Se a relação de poder não é (no sentido turco) "animalizante", ela é aqui contudo inteiramente "automatizante". Primeiro porque ela fixa, de uma vez por todas, uma forma de vida nas maneiras singulares de afetar e de ser afetado, cujo particularismo é fortemente destacado por Espinosa. Depois, porque ela determina, pela eternidade, os laços cooperativos em regime de heteronomia radical cuja dinâmica é, então, a de uma perfeita reprodução uniforme, na *pietas* de cada um e na *constantia* de todos, de uma clausura identitária, territorial, política, corporal e mental. Entre bestas "ou" autômatos, a disjunção se torna, então, exclusiva visto que "autômatos", no sentido hebreu, se desprende de "bestas" no sentido turco. Os hebreus vivem no contentamento da fixidez, da particularidade e da uniformidade de suas disposições, encontrando satisfação e repouso em um tipo de oblação integral de sua existência comum a um Deus tomado como seu Rei. Na ausência "de causas podendo fazer que [sua] imaginação seja flutuante",[204] a dúvida é neles disposicionalmente (corporal e mentalmente) tornada impossível. E certamente de maneira bem mais eficaz do que nos turcos. Em total insegurança material e mental, os turcos não duvidam por desesperança (*E* III, *AD* 15). Os hebreus não duvidam por uma confiança estrutural e estruturante que atravessa dinamicamente e de maneira equilibrada (como *hilaritas*) o conjunto do corpo comum (*hilaritas* é esse afeto de alegria do qual o escólio da proposição 11 da *Ética* III nos diz que é preciso relacionar ao mesmo tempo à Alma e ao Corpo quando todas as partes do homem, em seu corpo como em sua mente, são igualmente afetadas; e esse afeto é completamente adequado para designar o estado do corpo comum na teocracia hebraica; voltaremos a esse ponto). E é por isso que nos hebreus uma tal forma de "obediência não devia mais parecer servidão, mas liberdade", o que tinha ainda como consequência "que ninguém desejaria o que fosse interdito mas [somente] o que fosse comandado". No Estado hebreu perfeito haveria, então, um controle absoluto da socialização, isto é, pelo funcionamento sistemático das instituições teocráticas, uma comunicação do movimento entre as partes do corpo coletivo que se faz sempre, necessária e indefinidamente, segundo os mesmos afetos recíprocos. Inversamente ao aleatório no primeiro exemplo da servidão nos turcos, o Estado hebreu perfeito é um projeto político de reabsorção integral do acaso que faz passar toda a potência da complexidade do corpo comum pelo molde de uma autoplanificação. Contudo, essa solução de controle total do futuro liquida integralmente a liberdade e a criatividade da potência da multidão (que foi uma vez por todas atualizada na e pela imaginação de Moisés, o legislador deste Estado). Nesse ponto onde o comando do soberano é identificado à necessidade da vida ou do desejo do súdito, sem possibilidade de variação nem de crítica, a automação dos indivíduos é então perfeita. E essa perfeição se diz em um "contentamento" (uma *acquiescentia*) e uma *philautia*, um amor de si ou da pátria que, no caso dos hebreus,

---

[204] *E* II, 42 esc.; cf. também *E* III, *AD* 4, exp.

é o gozo mesmo de sua plenitude no universo das significações e dos valores que constitui sua identidade nacional como clausura (*clôture*).

Ou seja, além do que nos diz o *Tratado da emenda do intelecto* (§ 31/47) ou o exemplo da alínea 6 do capítulo XIII do *TTP*, aos quais nos referimos em nossa segunda condição prévia, a ideia de automação ultrapassa largamente a ideia de animalização, de seres que seriam "sem espírito" ou cujas palavras seriam sem significações como aquelas de um papagaio. O regime de heteronomia na automação concerne essencialmente, como mostrou o Estado hebreu, *às funções humanas*: ao dispositivo dos afetos certamente, mas também à razão, que não está ausente nos hebreus, e que, antes, está *em cada um* o aparelho teocrático tornado homem. Manifesta-se, então, a ideia de que, na e pela automação, poderíamos assistir à instrumentalização de todas as funções humanas quando todas essas funções estão submetidas a um regime global de heteronomia. Aparece assim, indiretamente, nessa figura particularizada da humanidade que se dá como o modelo único da vida verdadeira, um novo exemplo de animalização, que nos permite reencontrar entre bestas "ou" autômatos uma disjunção inclusiva. Mas, então, se no primeiro caso é "besta" (no sentido "cristão" das "bestas brutas" ou no sentido "turco" de *pecora*) que dá sua significação a "autômato", aqui, é "autômato" (no sentido "hebreu" ampliado à instrumentalização de todas as funções humanas) que dá uma nova significação à "besta": a de um homem tão perfeitamente animalizado que não lhe faltaria nem inteligência nem sentimentos ajustados a seu próprio esforço por viver, mas que seria, contudo, na e por esta nova "prudência" do animal sócio-histórico, privado de toda possibilidade de interrogação radical sobre sua própria vida e mais geralmente privado de um pensamento livre de todo poder. Enquanto são instrumentalizadas e encerram, assim, de maneira quase imanente todos os processos de pensamento e de vida de um grupo humano determinado, que existe com o sentimento de sua liberdade, as funções humanas, em sua potência própria e em regime de heteronomia, tornar-se-iam, então, as forças produtivas da animalização do homem moderno. A nova animalidade, assim, não seria mais a de seres reduzidos ao nível de "bestas brutas" ou dos "*pecora*" das tiranias religiosas, mas a de homens nos quais a prudência "humana", ou a liberdade, como no Estado hebreu, é reabsorvida, sem mais, no sujeito-da-obediência racional. Poderíamos dizer, então, segundo uma formulação de Espinosa na Carta 19 a Blyenbergh, que o homem, pela ignorância de si e de sua impossibilidade de conhecer Deus, tornou-se "um instrumento que serve a seu conhecimento e se destrói [*enquanto homem*][205] servindo".

Não é, sem dúvida, um acaso se, tanto no *TTP* XX, alínea 6, quanto no *TP* V, art. 5 – do qual partimos –, Espinosa precise que, em uma república cujo

---

[205] Acréscimo nosso.

fim é a liberdade, deve-se falar da razão *enquanto* "livre razão" (*libera ratione*), ou da vida do espírito *enquanto* "verdadeira" vida do espírito. E, sem dúvida, em seu tempo, ele pensa em Hobbes e no tipo de Estado "moderno" que, reduzindo efetivamente o espírito e a razão humana ao cálculo verbal, os determina racionalmente, assim, a não ser mais, de fato, do que instrumentos de uma animalização política ou de uma "humanidade" animalizada...

Espinosa põe seus leitores de sobreaviso. A formação de um cidadão por excelência, como deseja Hobbes, ensinando-lhe, nas Academias do Estado, a ciência política (ou seja a racionalidade do *Leviatã*),[206] contribui para construir, ao contrário, como nos hebreus, perfeitos "autômatos"... e uma nova "barbárie". Pois a utopia política racionalista moderna reencontra curiosamente a perfeição da clausura identitário da barbárie teocrática.

Donde a necessidade em uma livre república, com o conjunto dos contrapoderes, de uma educação totalmente independente do aparelho de Estado,[207] que deve permitir a cada um poder romper a clausura da identidade na qual o encerra a ideologia do Estado racional e/ou aquela, intimamente misturada, do Estado nacional. Notemos sobre as identidades nacionais, que aos olhos de Espinosa elas têm um estatuto político bastante ambivalente. Os Estados civilizados devem, diz ele, mantê-las para se preservar da escravidão em face do estrangeiro:[208] a pertença nacional é, então, nesse sentido, tomada por uma força de resistência que tem sua própria eficácia simbólica, política e histórica, inseparável da afirmação da liberdade singular de um povo. Espinosa pensa no horizonte político dos Estados-nações concebidos como máquinas antropológicas que, determinando para cada grupo humano a diferença do homem e do animal, determinam também para cada povo (em e por seus "costumes ancestrais", os *patrios mores*,[209] que definem uma *consuetudo patriae* singular nas "formas" específicas de uma vida comum) um destino histórico próprio (com sua singularidade e sua consistência, das quais o Estado hebreu primitivo fixou o modelo). Mas essa pertença, cuja natureza é antes de tudo afetiva, é ambivalente, e Espinosa o sabe bem. Conforme a clausura e as disposições corporais e mentais que determina, ela pode contribuir tanto ao processo da antropogênese quanto, no amor delirante da nação e no ódio a tudo o que não é ela, à transformação dos homens em bestas brutas ou em autômatos....

Daí a necessidade de uma reflexão sobre a função política do amor no processo de antropogênese. Ora, do amor, o qual é uma grande questão na

---

[206] Cf. Hobbes, *De Cive*, cap. XIII, art. 9.

[207] *TP*, cap. VIII, art. 49.

[208] *TP*, cap. X, art. 4 a 7.

[209] *TP*, cap. X, art. 4.

Ética e particularmente na Parte V com relação à liberdade humana, só se encontra, propriamente falando, relativamente poucos traços explícitos no campo da reflexão política espinosana. Com exceção, claro, do estudo da teocracia hebraica, Estado que, por excelência, funciona, se é possível dizer, no amor, como amor a Deus, porém, nesse caso totalmente confundido com a obediência ao poder soberano... donde a automação animalizante.

E é ao Estado hebreu que vou portanto retornar, mas para mostrar que na realidade a questão do amor, longe de só concernir à teocracia, é ao mesmo tempo essencial para a compreensão de toda filosofia política espinosana e também, no que nos concerne, para a questão da antropogênese que lhe é intimamente ligada.

CAPÍTULO 10
A função ambivalente do amor:
objeto do amor e amor sem objeto na política espinosana

Se, no *Tratado Teológico-Político* (e particularmente em seu capítulo XVII), Espinosa fala em evidência do *objeto do amor* em um Estado teocrático, não parece, contudo, falar diretamente de amor nem de um objeto específico do amor nas outras formas de Estado. Quanto a um *amor sem objeto* no pensamento político de Espinosa, numa primeira abordagem não encontramos vestígio em nenhuma parte, ao menos explicitamente.

Por que, assim, tratar da questão: "objeto do amor e amor sem objeto na política espinosana"? É essencialmente em função de uma reflexão sobre a *confiança* em Espinosa, questão que tem uma dimensão eminentemente política e que gira em torno das noções de *fide, fides, fidus*, mas também de *acquiescentia*, de *philautia*, de *pietas* e de *hilaritas*.

Com efeito, em função dessa reflexão sobre a *confiança*, uma distinção entre um amor cuja definição está ligada ao objeto-causa da alegria experimentada, e um amor sem objeto, é visível e legível nos textos políticos de Espinosa – não somente em seu estudo da teocracia hebraica mas também como um modelo implícito de construção dos Estados democraticamente reformados do *Tratado Político*. Essa definição, além disso, oferece, a meu ver, uma indicação quanto à natureza tendencialmente radical da democracia na política espinosana. Ela é também, enfim – para a democracia justamente – a expressão de uma dificuldade sobre a qual vem se escorar a reflexão política de Espinosa e a questão da antropogênese.

Irei, então, percorrer o tema-chave da confiança, mas com o objetivo de extrair dela rapidamente, para o domínio político, o papel que Espinosa atribui ao amor, e isso sob as duas figuras de um amor-de-objeto (ou do objeto do amor) *e* de um amor sem objeto. Essas duas figuras correspondem às duas perspectivas ou aos dois níveis de leitura da política espinosana, oferecidas pelo próprio Espinosa. A saber, uma primeira perspectiva de leitura, interna à relação entre *imperium* e obediência, em que a teoria da soberania (e correlativamente, sob diferentes figuras, a teoria do amor do soberano, Deus, o rei, a pátria, a nação...) impõe o problema da obediência como problema político maior: é uma problemática da representação da Lei e da articulação necessária entre obediência e amor. A segunda perspectiva de leitura é suscitada pelo deslocamento teórico do sentido da soberania que Espinosa operou, indo do direito instituído à soberania que a multidão possui inalienavelmente e que é sua potência ou seu direito natural soberano. Desse segundo ponto de vista, a soberania se afirma como "direito de guerra"[210] ou de resistência inalienável da *multitudinis potentia* à dominação e inseparavelmente como desejo em ato de auto-organização de uma vida humana. Não é mais, então, obediência (e sua articulação, até mesmo sua identificação, ao amor do soberano) que é o problema político maior, mas o exercício de uma liberdade coletiva como prática potente de socialização e de auto-organização do direito natural como direito propriamente humano. Problema, portanto, de "prudência" (ou de estratégia do *conatus*) no plano imanente da realidade efetiva, e não mais problema de "obediência", no e pelo espaço da representação da Lei e da construção correlativa dos sujeitos que são, desse ponto de vista, ao mesmo tempo sujeitos jurídico-políticos-de-obediência e sujeitos-amorosos a quem é politicamente muito útil fixar um objeto de amor. Veremos, contudo, porque esta segunda perspectiva, da prudência que não é uma obediência,[211] inclui ainda, para Espinosa, uma problemática do amor... mas de um amor sem objeto.

Empreendo então esta reflexão seguindo o fio da confiança[212] e começando por um percurso (ultrarrápido) que nos leva da *Ética* III à *Ética* V. Pois não há definição explícita da confiança em Espinosa e, na busca dessa definição, é inicialmente em relação àquela da "segurança" que nós somos conduzidos. A segurança, escreve Espinosa, é "uma Alegria nascida da ideia de uma coisa, futura ou passada, a respeito da qual não há mais causa de dúvida" (*E* III, *AD* 14). Espinosa explica que o afeto de segurança nasce da esperança quando não há mais razão de duvidar do resultado de uma coisa. Isso vem, ele explica, de

---

[210] *TP*, cap. IV, art. 6.

[211] "Esta prudência não é uma obediência; é, ao contrário, a liberdade da natureza humana". *TP*, cap. IV, art. 5.

[212] O fio de nossa reflexão é aquele já seguido em nossa *Introdução* à edição do *Tratado Político* de Espinosa e da conferência "Teocracia, monarquia, aristocracia: confiança e formas de Estado em Espinosa", para o seminário *As lógicas do agir*, de Robert Damien e Christian Lazerri, na Universidade de Besançon (*Conflit, confiance*, Presses Universitaires Comtoises / Belles Lettres, a ser publicado). Encontraremos aqui, a serviço do tema que nos ocupa, certas retomadas sintéticas desses dois estudos.

que o homem imagina como estando aí a coisa passada ou futura e a considera como presente (*E* III, *AD* 15 exp.).

Poder-se-ia chamar *confiança* a esse sentimento de segurança, mas é, então, dilatando, em uma duração indefinida, este tempo da presença, no e pelo esforço que cada ser faz para perseverar em seu ser. Significa, no sentido mais forte, que a segurança como confiança é no presente vivo da presença do que é desejado, o sentimento de que as coisas dependem de nós, e não dos riscos das causas exteriores, que este presente depende de nossa potência e de nossa virtude (de existir, de agir, de conhecer) mais do que da fortuna. Essa confiança envolve então a certeza, que não é mais mera ausência de dúvida, e encontra seu ponto ótimo no que Espinosa chama, na proposição 27 da *Ética* V, a *acquiescentia mentis*, "o contentamento da alma o mais elevado que pode haver", no terceiro gênero do conhecimento. *Acquiescentia* ou "amor de si" (*philautia*, dizia o escólio da proposição 45 da *Ética* III), visto que se trata de uma alegria acompanhada da ideia de si mesmo ou da virtude própria como causa. Essa *acquiescentia* exprime ao mesmo tempo uma ideia de repouso, de calma, de serenidade, "de ausência de perturbações interiores" e, como na *ataraxie* epicuriana, a ideia também de prazer e de contentamento em um consentimento a si, uma *acquiescentia animi*, une adequação que é a própria liberdade espinosana como gozo da autonomia do verdadeiro, no gozo da afirmação da livre necessidade do ser.

Assim, passamos do afeto de alegria passiva da segurança à alegria ativa da *beatitudo* (*E* V, 36 esc.) ou à mais alta *confiança* em si-mesmo, nos outros e em Deus, que expulsa de nós o temor da morte (*E* V, 38). Penso que esse percurso da *securitas* à *beatitudo* é aquele mesmo de uma definição da confiança fundamental cuja noção está, entretanto, ausente.[213]

Encontram-se, aliás, nos grandes textos de Espinosa noções de *fide, fides, fidus*, que só muito raramente podem traduzir-se por confiança, sendo mais geralmente traduzidas por "fé", "lealdade" ou "fidelidade". É, contudo, da confiança que Espinosa fala, quando, no escólio 2 da proposição 37 da *Ética* IV, com relação ao pacto, ele se interroga sobre a maneira pela qual os homens podem proceder para, diz ele, se dar uma segurança mútua e instaurar uma "confiança mútua" (*et fidem invicem habere*), afim de viverem juntos em segurança. E no *Tratado Político* é também a confiança (que se pode depositar na lealdade de alguém na gestão dos negócios públicos) que Espinosa, diametralmente, opõe à segurança do Estado[214]... e, ainda, a necessária sistematicidade de uma desconfiança, de natureza maquiaveliana, na instauração de uma mútua confiança entre o povo e o poder soberano, sobre a base dinâmica e agonística de uma

---

[213] Seria necessário, claro, dar as demonstrações precisas, mas não é esse o objeto de nossa reflexão aqui.
[214] *TP*, cap. I, art. 6.

vigilância e de uma resistência armadas de contrapoderes, como no exemplo dos Aragoneses[215] (deixemos para um segundo momento esta problemática muito importante dos contrapoderes que reencontraremos na seção 5).

Tem-se, então, uma primeira constatação: é antes no campo da reflexão política que o tema explícito da confiança está presente em Espinosa. Mas, ao contrário do que afirmamos muito rapidamente, como condição prévia, no plano ético, longe de trazer uma significação mais positiva à segurança como afeto, a confiança aparece, no domínio político, como aquilo a que a segurança racionalmente se opõe como a uma tolice, ou como aquilo a que ela vem fornecer todo o socorro de seu realismo racional, como é o caso no pacto (tanto na *Ética* quanto no capítulo XVI do *Tratado Teológico-Político* ao qual voltaremos) quando se trata, pelas ameaças – aquelas que o poder soberano e coercitivo do Estado faz pesar sobre todos –, de impor essa confiança.

Contudo, gostaríamos de mostrar que, por trás da oposição destacada que, no domínio político, desvaloriza a confiança em benefício da preocupação das condições efetivas da segurança do Estado e, nos contrapoderes, da instituição da liberdade, Espinosa reconstrói em realidade uma concepção ético-política original de uma confiança imanente, como *amor sem objeto*, aos fundamentos de sua teoria da segurança. Concepção que integra, em um processo que é de ordem ontológica, ao mesmo tempo a gestão – digamos hobbesiana – dos meios de impor a confiança (ameaças e temores) e o jogo estratégico – digamos maquiaveliano – das desconfianças constituintes.

Pois, dizer que "a virtude do Estado é a segurança" (*imperii virtus securitas*) é por isso mesmo, e necessariamente, colocar também a afirmação de uma potência do corpo comum (sua virtude própria) capaz de agir, por sua segurança, pelas leis de sua própria natureza (segundo a definição 8 da *Ética* IV)... e, por isso também, necessariamente, apto a experimentar, neste exercício, uma *acquiescentia in se ipso*, uma *philautia*, que ultrapassa o simples sentimento subjetivo da segurança... e que entretanto não é, tampouco, a *acquiescentia mentis* da *Ética* V.

Nosso problema é, então, interrogar sobre essa *acquiescentia* como "amor de si" ou *philautia* que é própria ao corpo político, cujos membros devem poder compartilhá-la de maneira imanente. A via que escolhi tomar é a da reflexão das práticas, isto é, para nós que desejamos tratar da função do amor no pensamento político de Espinosa, a via que consiste em seguir e em examinar a experiência efetiva da política e da história tal como o exemplo que Espinosa nos deu em sua obra. Esse campo do exercício da confiança e do amor, que (para outros fins) Espinosa estudou particularmente no *Tratado Teológico-Político*, é, sabemos, o das origens e da história do Estado hebreu, assim como de suas instituições.

---

[215] *TP*, cap. VII, art. 30.

Espinosa relata, no capítulo XVII do *Tratado Teológico-Político*, que depois de ter conseguido escapar da escravidão dos Egípcios e encontrando-se na situação do estado de natureza (isto é, não estando mais submetido ao Direito de nenhuma nação), os hebreus, "sob o conselho de Moisés, no qual eles depositavam plena confiança (*ex consilio Mosis, cui omnes maximam fidem habedant*)", decidiram não transferir seu direito [natural] a nenhum mortal, mas somente a Deus.[216]

Temos aí dois exemplos vivos de confiança e um exemplo de amor a Deus que determinam (na linguagem jurídico-política do contrato) a transferência de direito (isto é, de potência): (1) confiança dos hebreus em relação a Moisés (Espinosa não diz nunca que os hebreus *amam* Moisés, mas que eles têm uma "plena confiança" nele); (2) confiança e amor dos hebreus em relação a Deus. O objeto dessa dupla confiança (e deste amor) é explicitamente dado por Espinosa: é a potência, e uma potência benéfica. No que concerne à potência de Moisés, Espinosa nos diz que ela está inteiramente em sua "virtude divina". Moisés conduzira a fuga do Egito e detinha já, de fato, um poder sobre o povo hebreu, pois, escreve Espinosa, ele "ultrapassava os outros por uma virtude divina e persuadira o povo provando-a por numerosos testemunhos". Testemunhos que são outros tantos sinais que devem confirmar a confiança depositada por Deus nele, Moisés, seu servidor.[217] No que concerne à potência de Deus, é ela que permitiu a travessia miraculosa do Mar Vermelho depois do deserto. É importante atentar sobre essa relação de confiança e de amor em relação à potência divina.

É preciso notar *em primeiro lugar* que, constitutiva do amor e de seu objeto como objeto alucinatório do desejo,[218] essa relação causal entre a alegria experimentada pelos hebreus durante esses eventos felizes para o povo e a ideia imaginativa de Deus (Jeová como causa), não é feita facilmente... *Em segundo lugar*, é preciso notar que ela permanece extremamente frágil. Por um lado, Espinosa observa, de fato, que os hebreus são tomados de admiração pelas ações de Deus: "é, então, neste sentido que o Salmista chama os milagres do Egito *potências de Deus*, porque, em um extremo perigo, elas abriram o caminho da salvação aos hebreus que não esperavam tanto e foram marcados por uma viva admiração".[219] Admiração provinda do fato de que "o que é da potência [Jeová] é singular ou único"[220]. Os hebreus puderam, então, admirar, na ocasião dos milagres do Egito, os efeitos da mão potente de Deus, o que os conduz ao

---

[216] *TTP*, XVII [6] (p. 256).

[217] *TTP*, V [10] (p. 87) e XVII [28] (p. 275).

[218] Sobre esta questão, permitimo-nos remeter ao desenvolvimento dos dois primeiros pontos de nosso capítulo II de *La stratégie du conatus. Affirmation et résistance chez Spinoza*, Vrin, 1996, p. 47-64.

[219] *TTP*, I [23] (p. 25).

[220] *TTP*, II [14] (p. 43).

medo e a ter fé (ou confiança) nele. E, acrescenta o texto do Êxodo (19: 4-5, ao qual nos remete Espinosa), a ter fé (ou confiança) em Moisés, Seu servidor fiel. O amor em relação a Jeová se constitui, assim, sobre uma dupla crença: é ele que, por sua potência singular e única, os conservou, e é ele também que, sozinho, poderá conservá-los no futuro. Essa crença e esse amor são, diz Espinosa, "a única razão" da transferência a Deus de toda potência natural que o povo hebreu possui para se conservar e que "talvez, anteriormente, explica Espinosa, eles tenham pensado extrair deles mesmos"...[221] Deve-se acrescentar que eles tinham relativamente pensado com acerto... e que é então, pela via do amor, que Moisés conseguiu captar e capturar essa potência subjugando o espírito deles. Lembremos: o segredo mais profundo da força da superstição e do poder que a utiliza é a potência mesma da multidão, cuja captação ou captura pelos *arcana imperii* se faz na e pela dinâmica mesmo do esforço que cada ser faz para perseverar em seu ser; e isso é uma operação de guerra constitutiva da soberania. Por outro lado, para o povo hebreu, Espinosa destaca também o quanto essa relação causal de amor a Jeová é, apesar de todos os milagres, bem frágil (e talvez, aliás, por todos esses milagres!). O episódio do veado de ouro é, nesse sentido, sintomático, uma vez que os hebreus "habituados às superstições dos Egípcios" puderam também acreditar que foram deuses visíveis (que eles passaram a adorar depois que Moisés partiu para consultar Deus...) "que os conduziram para fora do Egito"![222]

É finalmente Moisés, portanto, que, após esse episódio de desordem, deve fixar imperativamente e deve impor categoricamente o objeto de amor aos hebreus, segundo um comando (o amor *é* uma obediência) acompanhado de ameaças e de promessas. Espinosa escreve no capítulo II do *Tratado Teológico-Político* que

> [...] o culto e amor de Deus foram neles [os hebreus] mais servidão que verdadeiramente liberdade [...] Visto que [Moisés] lhes ordenou amar a Deus e guardar sua Lei para reconhecer os bem feitos passados de Deus (como por exemplo, de terem sido liberados da servidão no Egito), [Moises] terrificou-os, além disso, pelas ameaças pelos casos onde eles transgrediriam seus preceitos, e ele lhes promete em contrapartida muito bens se eles os observassem.[223]

É a execução de um dispositivo de automação dos sujeitos nos quais a devoção a Deus se identifica totalmente à obediência à Lei. Moisés, escreve Espinosa, introduziu "a religião na república, afim de que o povo fizesse seu dever por devoção mais do que por temor".[224] Por isso, Moisés fixou/identificou

---

[221] *TTP*, XVII [7] (p. 256).
[222] *TTP*, II [15] (p. 45) e VI [10] (p. 103-4).
[223] *TTP*, cap. II [15] (p. 45-46).
[224] *TTP*, cap. V [11] (p. 87).

o objeto de amor e o inscreveu em memória no corpo do povo segundo uma narração que dá sentido à experiência comum: a fuga do Egito.[225] É portanto suscitando "a maior admiração [que] por consequência" essa narração imprimiu "a devoção na alma do vulgar"[226] – a devoção, isto é, o amor como piedade, misturado com a mais alta admiração.[227]

A condução das almas, pela devoção comum a um mesmo objeto, resolve, portanto, em teocracia, o problema político maior da obediência, confrontado à realidade efetiva da natureza rebelde da multidão em geral e dos indivíduos que a compõem em particular... Se se crê em Espinosa,[228] é com efeito por um dispositivo amoroso, o da devoção comum, que Moisés resolveu um problema de natureza pulsional (poderíamos dizer) e de delírio amoroso (o dos amores-próprios e da "vã glória" que deles decorre), problema de natureza universal inerente à multidão, pelo fato mesmo da diversidade de sua compleição. No capítulo XVII do *Tratado Teológico-Político*, já evocado, Espinosa escreve:

> [...] aqueles que sabem a que ponto é diversa a compleição da multidão quase desesperam dela, pois ela se governa não pela razão, mas por seus afetos. Desejando cegamente, ela se deixa muito facilmente corromper pela cobiça e pelo luxo. Cada um pensa ser o único a saber tudo e querer tudo segundo sua compleição; estima qualquer coisa justa ou injusta, sacrílega ou não, lícita ou ilícita, conforme pensa retirar dela qualquer vantagem ou prejuízo. Por vã glória, ele despreza seus iguais e não suporta ser dirigido por eles...[229]

O que é afirmado aqui é um ensino "da experiência e [da] Razão"[230] ou ainda o que se pode chamar uma "verdade efetiva" sobre a qual se apoiam os políticos para governar/dominar a multidão. E o próprio Espinosa, quando ensina que os homens deviam primeiramente se reagrupar em democracia.

Com efeito, nós o sublinhamos, é por esse desejo rebelde e resistente de não querer ser dirigido por seus iguais (desejo que, aliás, segundo as mesmas leis dos afetos, inverte-se muito facilmente em desejo de dominá-los!), desejo rebelde e resistente à dominação do semelhante (que se tornará "direito de guerra" inalienável e soberano no *Tratado Político* baseado na lógica institucional dos contrapoderes nos regimes democráticos ou democratizados), é por este desejo que uma multidão livre pode realizar, por si mesma, a unidade em seu seio, através de um consenso sobre a forma de seu governo, a saber, a democracia,

---

[225] *TTP*, cap. V [16] (p. 90) e [18] (p. 92).
[226] *TTP*, cap. VI [13] (p. 106) e [15] (p. 107).
[227] *TTP*, cap. XVII [25] (p. 271).
[228] *TTP*, cap. XVII [4] (p. 253).
[229] *TTP*, cap. XVII [4] (p. 253).
[230] *TTP*, cap. XVII [4] (p. 253).

sociedade, lembremos, na qual, segundo Espinosa, ninguém teria que obedecer a seu igual. O que significa, do ponto de vista da lógica dos afetos, uma forma de vida política na qual o amor que cada um porta naturalmente a si mesmo seja intimidado, ofuscado ou contrariado. Neste sentido, a democracia, para Espinosa, é o Estado "mais natural e mais próximo da liberdade que a natureza atribui a cada um";[231] e o Estado mais próximo da razão porque, como diz o escólio da proposição 18 da *Ética* IV, "a razão não pede nada contra a natureza, é portanto ela mesma que pede que cada um se ame a si mesmo...".

Em democracia cada um permanece, portanto, como exigem ao mesmo tempo a natureza e a razão, um ser que não é de modo algum obrigado a "viver segundo a compleição de um outro", e que permanece "o defensor de sua própria liberdade" por direito natural. A democracia, portanto, prolonga *positivamente* a natureza "diversa" da "compleição da multidão" pela afirmação singular de cada um na e pela vontade de todos.

A democracia é, então, uma outra maneira (a maneira mais natural e mais racional) de resolver o problema político maior da obediência; e isso por meio de uma auto-organização do diverso que, longe de negar a diversidade enquanto tal (e consequentemente a diferença e singularidade de cada um), ao contrário, a afirma em e por uma razão comum, nascida da afirmação do diverso na igualdade, isto é, do desejo de cada um de não ser dirigido por seus iguais e de não ser obrigado a viver segundo a compleição de um outro "semelhante".

A democracia resolve, então, o problema da obediência, mas extraindo a multidão da própria problemática da obediência; ou seja, também de uma problemática do amor de um objeto alucinatório e comum do desejo. Essa solução é, assim, aparentemente reservada aos Estados não democráticos, isto é, afastados da natureza e da razão, nos quais aqueles ou aquele que detém o poder deve aproveitar, para governar, os efeitos da técnica de sujeição da e pela devoção, persuadindo o vulgar da singularidade e da unicidade de sua potência,[232] que deverá ultrapassar, aos olhos da massa (*foule*), a natureza humana ordinária (já que os homens não desejam ser dirigidos por um igual-semelhante). Pela identidade da obediência e da devoção, o amor só entraria assim no campo político segundo o dispositivo animalizante dos *arcana imperii* (os segredos do Estado), seria uma tecnologia da dominação, mistificada, do homem pelo homem.

A originalidade do Estado hebreu é ter levado até o limite essa problemática do objeto alucinatório do amor – e da identificação em Jeová da obediência e da devoção –, o que implica, como vimos, uma servidão integral, totalitária,

---

[231] *TTP*, cap. XVI [11] (p. 242).

[232] Isto é a potência daquele que detém o poder (N.R.).

visto que o amor natural de si em cada hebreu se confunde, absolutamente, com o amor a Deus, isto é, com uma total obediência à Lei em todos os atos da vida. Assim, é num sentido estrito que Espinosa pode dizer que, nos hebreus, o amor a Deus é transformado em natureza[233] ou em uma verdadeira segunda natureza. No sentido, de fato, de que o esforço de cada em perseverar em seu ser não é nada mais do que um ato de obediência, o desejo de cada um sendo absolutamente identificado, fundido, confundido com a Lei! E no sentido de que a estratégia do *conatus*, portanto sua prudência imanente que ordinariamente excede a problemática representativa da obediência à Lei, essa estratégia é, nos hebreus, totalmente (e sem mais) anexada, integrada, sujeitada a ela. Pois, aqui, é absolutamente a mesma estratégia, o mesmo regime que o regime do Desejo e da Lei. Como ensina Moisés aos hebreus em *Deuteronômio* 4:6, "[A Lei] é sua ciência e sua prudência",[234] isto é, sua vida mesma. E é a servidão absoluta... Mas que, por essa perfeita adequação do Desejo e da Lei, dá a cada um o sentimento da liberdade.[235]

Há, portanto, um paradoxo do Estado hebreu. É que do ponto de vista do estatuto político do amor, ele é ao mesmo tempo o mais distante, mas também o mais próximo da democracia, visto que esse amor é que permite – como na democracia – viver em comum no sentimento de "sua" liberdade singular (isto é, o exercício não entravado do amor natural de si em um espaço político liberado da dominação do homem pelo homem).

Portanto, aquém da problemática representativa do amor ligado a um objeto alucinatório imaginariamente transcendente, é tempo de comparar, do ponto de vista imanente da prática, o estatuto do amor de si "e" do sentido comum desses amores, na teocracia e na democracia.

Quanto à democracia, os textos são extremamente raros. No *Tratado teológico político*, entretanto, Espinosa sublinhou a necessidade pela qual os homens se encontram na condição de "fazer todo o possível para que o direito que cada um possuía por natureza sobre todas as coisas seja exercido coletivamente e não seja mais determinado doravante pela força e apetite de cada um, mas pela potência e vontade do conjunto de todos".[236] Ora isso supõe, evidente e necessariamente, um outro regime dos afetos no seio da multidão. Esse outro regime, que os homens deveriam adotar, é aqui tratado sob a forma de uma promessa mútua em quatro pontos. Cada um deverá necessariamente: (1º) agir segundo os comandos da razão; (2º) refrear seu apetite; (3º) não fazer ao outro

---

[233] *TTP*, XVII [23] (p. 269).

[234] Citado por Espinosa em *TTP*, I [26] (p. 27).

[235] *TTP*, XVII [25] (p. 271).

[236] *TTP* XVII [5] (p. 237).

o que não gostaria que lhe fosse feito; (4°) defender o direito do outro como se se tratasse de seu próprio direito. Ora, os pontos 3 e 4 nos remetem a uma problemática do amor, aquela da Regra de Ouro do *Sermão da Montanha*, em Mateus 7:12: "Tudo o que desejares que os homens façam a você, faça também por eles: pois é a Lei e os Profetas". A Regra de Ouro é, portanto, a versão positiva da promessa (3°) que, no quarto preceito, Espinosa *traduz* em termos de direito. Com efeito, "defender o direito de outrem como se tratasse de seu próprio direito" não é nada mais do que a tradução política e democrática em termos de direito, isto é, de potência, do preceito "amar ao próximo como a ti mesmo". É isso que Espinosa escreve explicitamente no *Tratado Político*: "a religião, diz ele, ensina [...] a amar seu próximo como a si mesmo", isto é, "a defender o direito do outro como seu próprio direito".[237]

Na sociedade democrática, o amor, que é inseparavelmente amor a si e amor ao próximo, é, portanto, antes de tudo, uma *prática*: o processo mesmo da antropogênese ou, dito de outra maneira, a prática mesma da constituição do laço social na e pela afirmação, defesa ou reivindicação de um direito que eu não posso desejar para mim mesmo sem, no mesmo ato, desejá-lo também para o outro. Essa prática comum da liberdade ou esta prudência constituinte da sociedade, na e pela liberdade mesma, é o fim da república[238] ou o *conatus* do corpo comum da multidão, se entendemos por isso o Direito ou a potência que o constitui, isto é, em última análise, não as regras e as leis às quais ele deveria obedecer, mas as próprias práticas comuns. Práticas que constituem uma razão comum que refreia a cobiça de cada um (reencontramos aqui os dois primeiros pontos da promessa), sem contudo invadir, muito pelo contrário, o terreno da afirmação do diverso e – por isso mesmo – a afirmação de cada singular. Pois, na prática, é esse desejo resistente de cada um de não querer ser dirigido que constrói positivamente o tecido democrático nesse e por esse mesmo desejo, resistente a toda dominação, de "defender o direito do outro como se se tratasse do seu próprio direito".

A democracia, como forma de vida humana, é engendrada então pelo amor. Pelo amor ao próximo como a si mesmo, isto é, em última análise, pela ativa resistência da dominação do igual sobre o igual, inseparável, em seu movimento mesmo, da construção de uma razão política comum. É portanto o próprio *conatus* do corpo comum que se pode ler na promessa da alínea 5 do

---

[237] *Religionem contrà docere, ut unusquisque proximum, tanquam se ipsum amet, hoc est, ut jus alterius perinde, ac suum, defendat... TP*, cap. I, art. 5. Para um estudo mais aprofundado da passagem do *TTP*, XVI [5], permitimo-nos remeter o leitor ao nosso artigo, "Enseignement du Christ et résistance dans le *Traité théologico-politique* de Spinoza", in: *La Bible et ses raisons. Diffusion et distorsions du discours religieux (XIVe siècle-XVIIe siècle)* Estudos reunidos e apresentados por Gérard Gros; Publications de l'Université de Saint-Étienne, 1996, p. 211-235.

[238] *TTP*, XX [6] (p. 302).

capítulo XVI do *Tratado Teológico-Político*,[239] ou seja, a perseverança em um ser que não é outra coisa senão o laço social ele mesmo ou a dinâmica comum da igualdade na e pela liberdade de cada um. A promessa, assim, só faz exprimir a verdade eterna envolvida no desejo de viver junto: a saber, uma prática da própria vida como amor, que é o mesmo amor por si mesmo e pelo outro, e o mesmo pelo qual o outro defende meu "direito natural de existir e agir» como se tratasse de seu próprio direito. Esse amor não está sujeitado a nenhum objeto, a nenhum «vestígio do tempo", é um amor que vai "à própria eternidade", segundo a formulação de Espinosa no prefácio do *Tratado Teológico-Político*.[240]

Essa verdade eterna de um amor que é em si mesmo amor da eternidade, afirma-se na e pela ativa resistência do diverso à dominação, mas é uma verdade que, de fato, permanece obscura à consciência necessariamente inadequada daqueles (membros constituintes do corpo da multidão) que desejam se unir essencialmente por razões negativas e/ou segundo afetos passivos: escapar ao medo, à dominação do semelhante, à solidão, à insegurança, à morte...

Ora, na verdade, os homens só podem concordar na potência e não na impotência ou na negação (*E* IV, 37 e dem.). E, como diz Espinosa na demonstração da proposição 26 da *Ética* I, "isso pelo que as coisas são ditas determinadas a produzir algum efeito é necessariamente alguma coisa de positivo". Aqui a positividade é aquela mesma dessa potência ou *conatus* da multidão que forma o corpo comum e a conservação desse corpo na e pela diversidade de sua compleição. Ora, *essa positividade é precisamente a do amor*. Mas aquém mesmo de uma problemática sujeito/objeto, já que esse amor não é outra coisa senão o processo indefinido da antropogênese ou da trama da sociabilidade na e pela potência do diverso, formadora do corpo humano comum.

Poder-se-ia certamente questionar que se começa, apesar de tudo, sempre, de fato, no e pelo amor natural a si no qual se enraíza a resistência do indivíduo à dominação... Do *Tratado Teológico-Político* ao *Tratado Político*, Espinosa sublinhou, entretanto, o quanto, fora de uma "ajuda mútua", portanto do laço social ele mesmo, o exercício do direito natural de cada um seria mais teórico do que real.[241] E é necessário dizer o mesmo do amor natural a si que, fora do laço social, é também mais teórico do que real. De modo que o desejo de cada um de não querer ser dirigido enquanto desejo tornado "humano" (pois, de inicio, é um desejo "bárbaro"), só pode ser engendrado pelo próprio laço social, ou seja, por um amor já operando, que é por sua vez o de cada um, de todos e de ninguém... É, portanto, necessariamente juntos que os homens experimentam ao mesmo tempo a realidade efetiva de seu direito natural e o amor natural a

---

[239] *TTP*, XX [5] (p. 236-7).
[240] *TTP*, pref. ([10] (p. 12).
[241] *TTP*, V [7] (p. 85); XVI [5] (p. 237).

si. Pois, se "o direito natural que é próprio ao gênero humano somente pode conceber-se lá onde os homens têm direitos comuns",[242] da mesma maneira o amor natural somente pode ser concebido no e pelo amor comum. Aquém da razão que nos conduz a desejar também para todos os outros homens o bem que desejamos para nós mesmos (*E* IV, 37 e dem.), Espinosa aponta, portanto, no processo mesmo da sociabilidade e da constituição da razão comum, uma natureza constituinte do amor à qual a organização política deverá oferecer toda a sua efetividade (dada a muito forte instabilidade desse tecido social que não exprime inicialmente a positividade do amor comum e sua resistência à dominação senão nas e pelas fortes turbulências bárbaras dos afetos passivos... as mesmas leis dos afetos que conduzem os homens a não querer ser dirigidos por seus iguais conduzindo-os a querer dominá-los!).

Essa organização política do amor é, de maneira exemplar, aquela que, em circunstâncias perfeitamente particulares, Moisés trouxe ao povo hebreu.[243]

Com efeito, a relação de confiança a si, ou o amor a si, na consideração de sua própria potência, era justamente o que faltava aos hebreus na fuga do Egito, e isso por causa da infirmação de suas forças após um bem longo período de escravidão: "O de que eles eram menos capazes, escreve Espinosa, era instituir uma sábia legislação e conservar o poder colegialmente; todos eram de compleição quase selvagem e judiados por uma miserável servidão. O poder precisou portanto permanecer nas mãos de um só".[244]

Conhecendo, contudo, a natureza insubmissa de sua nação[245] – tanto mais insubmissa por ter permanecido muito tempo escrava – Moisés não deseja deter sozinho esse poder que o povo lhe oferece com base apenas na confiança. Se o povo hebreu confia em Moisés, politicamente perspicaz e precavido, Moisés não confia de modo algum na fidelidade desse povo. A fim de assegurar sua segurança e a segurança do próprio povo, ele aconselha aos hebreus dar a si não um homem, mas um Deus como Rei... e, com isso, selar um pacto com o próprio Deus. O que colocava o povo hebreu na situação de ter a experiência de sua impotência radical (projeto, aliás, talvez perseguido por Moisés.). Aterrorizados, de fato, por ocasião da experiência do primeiro pacto, os hebreus retornam a seus antigos hábitos, e se dirigem novamente à Moisés:

> *Eis que nós ouvimos Deus falar em fogo e não temos motivo para querer morrer; seguramente esse fogo extraordinário nos devorará; se precisarmos ouvir de novo a voz de Deus, é certo que*

---

[242] *TP*, cap. II, art. 15.

[243] É esta organização política do amor que, no *Tratado Político*, Espinosa se esforça também em colocar em relevo em seus modelos de Estado reformado que excluem a dominação.

[244] *TTP*, V [10] (p. 87). Uma outra razão além da escravidão: a própria opinião dos "antigos Judeus", segundo a qual Deus reina sobre a natureza como um Rei... *TTP*, V [1] (p. 96), que evoca a lógica do Apêndice da *E* I.

[245] *TTP*, III [10] (p. 60-61).

morreremos. Vai tu, portanto; escuta as ordens de nosso Deus e será tu (e não Deus) *que nos falará: a tudo o que Deus te disser, nós obedeceremos e o seguiremos.*[246]

Observemos que o sentimento que os hebreus provam é uma insegurança total, na qual eles não têm nenhuma dúvida quanto ao resultado da coisa, caso tivessem que consultar Deus novamente: "nós morreremos", afirmam eles. Esse afeto, radicalmente inverso à segurança, é o "desespero", que Espinosa define como "uma tristeza nascida da ideia de uma coisa futura ou passada a respeito da qual não há mais motivo de dúvida" (*E* III, *AD* 15). Desesperados na presença de uma morte inelutável, a confiança de Moisés se impõe novamente como a única via de salvação possível e como a mediação necessária pela qual a potência de Deus tornar-se-á potência constituinte de vida e de segurança, após ter surgido, aos olhos de todos – na ausência desta mediação –, como uma potência de morte.

Mas a mediação que Moisés irá operar na opinião, entre Deus e o povo hebreu, não é nada mais, na realidade efetiva, que a mediação da multidão à sua própria potência, isto é, a seu esforço de perseverança em seu ser, esforço que, historicamente, só pode ser perseverança *in suo statu*, ou seja, em um imaginário próprio que somente através de Moisés é capaz de ser potência inventiva de instituições políticas, respondendo adequadamente ao mesmo tempo à sua necessidade e ao seu desejo de segurança, como também a uma natureza rebelde e bárbara que não pode ser dirigida por um semelhante.

Moisés irá, portanto, ocupar essa função profética/política lamentando que o povo não a ocupe de maneira alguma. Espinosa, na anotação 36 do capítulo XVII, cita a tábua de Moisés em *Números*, 11:28: "Se ao menos todo povo de Deus fosse profeta, ou seja, se somente o direito de consultar Deus fizesse com que o reino estivesse nas mãos do próprio povo"...[247] Moisés lamenta, portanto, que o povo hebreu seja inapto à democracia e irá, então, construir de fato uma democracia, porém adaptada à compleição de um povo bárbaro (ou de um povo infantil).

Sem entrar nos detalhes das instituições do Estado hebreu, examinemos apenas o que nos interessa aqui, a saber, os efeitos práticos da combinação da opinião (crença) com as boas instituições do Estado. O amor a Deus, dissemos, serviu de captura da potência da multidão. Isso, entretanto, é verdadeiro apenas na imaginação dos hebreus. Na realidade efetiva do funcionamento do Estado, a crença no desapossamento da potência irá permitir, ao contrário e paradoxalmente, que o direito de natureza de cada um se afirme realmente como o princípio dinâmico da constituição mesma da vida comum na e pela prática do amor ao próximo como a si mesmo, que Espinosa chama de *pietas*. E a noção de *pietas* nos permite logicamente reencontrar as articulações com as outras noções de *acquiescentia in se ipso*, de *philautia* e de *hilaritas*. Articulações que irei brevemente resumir.

---

[246] *TTP*, XVII [9] (p. 257).
[247] *TTP*, XVII [10] (anotação, p. 258).

Ao escrever, de fato, que "o amor dos hebreus pela pátria era portanto não simplesmente o amor mas a *pietas*",[248] Espinosa nos convida naturalmente a ler em paralelo a *pietas* dos hebreus e a piedade do homem que vive sob a conduta da razão. Ora, essa comparação é reveladora, pois a *pietas* dos hebreus e a firmeza de coração que ela exprime é, no e pelo imaginário político da teocracia, o exato equivalente da piedade racional da *Ética*. Ao mandamento da razão ética, Espinosa substituiu a racionalidade mesma do poder teocrático *feito homem*, ou seja, totalmente ou totalitariamente presente em cada hebreu do qual ela constitui o *conatus* individual. É o amor a Deus ou a obediência transformada em natureza. Donde, entre os hebreus como entre os homens que vivem sob o comando da razão, uma "constância" e uma "virtude" perfeitamente excepcionais. Donde também a perfeição desse corpo (o Estado hebreu) do qual seguem necessariamente, assim como de sua essência, as propriedades ou os efeitos (as práticas cidadãs do *conatus*) cuja potência, na e pela vontade de todos juntos, de fato, e segundo uma lógica (pode-se dizer) em espiral (*boucle récursive*), é a verdadeira causalidade adequada da existência desse corpo. O amor ao próximo como a si mesmo e/ou a prática da defesa do direito do outro, como se se tratasse de seu próprio direito, é o movimento real causal da constituição do real sociopolítico – mas aqui na clausura mesma, afetiva e mental, do espaço simbólico e político da nação hebraica... segundo a qual, por exemplo, o ódio aos estrangeiros é parte integrante da *pietas* e da alegria específica do agir comum, e, assim, de uma *acquiescentia in se ipso* que se irradia nas e por todas as práticas! Essa *acquiescentia in se ipso* é inseparável da perseverança do corpo do povo hebreu. Nas práticas e pelas práticas de cada um (ou obediência à lei divina), é um amor à eternidade (a ser distinguido do amor por Jeová ele mesmo) que poderia ter assegurado ao Estado hebreu uma duração ela mesma eterna...

Essa "alegria que nasce da contemplação de nós mesmos" e que nós chamamos "amor-próprio ou antes satisfação de si mesmo [*philautia vel acquiescentia in se ipso*]" (*E* III, 55 esc.), pode portanto conceber-se perfeitamente também na ordem da imaginação, como o prova tanto o escólio da proposição 55 da *Ética* III, quanto o exemplo dos hebreus no *Tratado Teológico-Político*.

A *Ética* indica também um afeto que corresponde assaz exatamente a uma *acquiescentia*, como alegria passiva e compartilhada envolvendo a imaginação: a *hilaritas*. No escólio da proposição 11 da *Ética* III, Espinosa define a *hilaritas* como um afeto de alegria relacionado ao mesmo tempo à Alma e ao Corpo quando todas as partes do indivíduo, em seu corpo como em sua mente, são igualmente afetadas. A demonstração da proposição 42 da *Ética* IV explica que "relativamente ao Corpo", a *hilaritas* consiste

---

[248] *TTP*, XVII [23] (p. 269).

[...] em que suas partes são igualmente afetadas, isto é, (pela prop. 11 da Parte III) que a potência de agir do Corpo é aumentada ou favorecida de tal modo que todas as suas partes conservam entre si a mesma relação de movimento e repouso; assim, a *hilaritas* é um afeto sempre bom e que não pode ter excesso.

Podemos dizer que a *hilaritas* é um afeto que supõe e exprime a positividade ou a potência de um equilíbrio vital que é conservado. Mas, embora "sem excesso" (e nesse sentido idêntico aos afetos que encontram sua origem na razão), é um afeto passivo, pois a causa desse afeto não é experimentada pelo indivíduo, mas está, essencialmente, nas circunstâncias exteriores que lhe são favoráveis.

Ora, a maneira pela qual Espinosa apresenta a eleição dos hebreus exprime muito bem isso que poderíamos chamar de uma organização política da *hilaritas*, já que os hebreus "conduziram seus negócios com sucesso no que concerne à segurança da vida e venceram grandes perigos, tudo isso graças sobretudo unicamente ao socorro de Deus".[249] Daí a *hilaritas*, cuja causalidade é exterior, mas se irradia de uma confiança, ou de um amor, que se apoia sobre a potência real da multidão em todas as suas práticas, que porém se desenvolvem em regime de heteronomia mental, ou seja, em uma relação imaginária com os processos reais de sua constituição. Imaginário que, ele mesmo como prática social constante, é constituinte da consistência e da resistência da realidade desse povo e desse Estado. A *hilaritas* nos oferece, assim, o afeto da alegria "política" de existir *junto*, do desejo ou do amor de viver em comum. É uma energia virtuosa ou o vigor mesmo da virtude divina que desenvolve, de maneira equilibrada e equilibrante, a prática constitutiva da imaginação política do corpo da multidão. Desse ponto de vista, a problemática da obediência e do amor, enquanto amor de um objeto alucinatório do desejo, revela-se, então, abstrata e num plano exterior (como a representação que ela supõe) ao movimento real imanente da produção e da reprodução indefinida (que poderia ter sido eterna) desse corpo. Pois a *hilaritas* exprime uma outra forma de amor, um amor essencial de si "sem excesso", ou o *conatus* mesmo constitutivo do Estado em todo seu vigor e sua positividade. E devemos assim poder reencontrar esse afeto, de onde se irradia a confiança comum, com seu imaginário próprio e sua *philautia* singular, no coração de todas as formas do Estado bem organizado.

Entretanto, o problema com o qual se confronta a política espinosana é o limite inclusivo/exclusivo traçado necessariamente pelo objeto alucinatório do amor. A adesão "nacional" serve, com efeito a Espinosa tanto para explicar a histórica degenerescência das democracias em aristocracia quanto para oferecer uma solução ideológico-política (na ordem simbólica), a fim de que uma livre república, de forma aristocrática, não ceda em nada à servidão da alteração.

---

[249] *TTP*, III [6] (p. 54).

No artigo 12 do capítulo VIII do *Tratado Político*, encontra-se de fato a ideia recorrente, segundo a qual "ninguém entregando voluntariamente a soberania a um outro", uma livre república que conquistou um território e que o explora em proveito próprio, escolhe necessariamente viver em democracia. "Mas, acrescenta Espinosa, assim como cada um acha justo ter em relação a seu vizinho o mesmo direito que seu vizinho possui em relação a ele" (e, poderíamos precisar, *positivamente*, "assim como cada um acha justo", também, " defender o direito do outro como se se tratasse de seu próprio direito), esses mesmos homens, tomados de liberdade, de igualdade e mesmo de fraternidade para com "seus" semelhantes, "não acham justo que os estrangeiros [...] tenham um direito igual ao seu". E a razão que eles alegam é que foi preciso passar por "grandes penas" e derramar muito "sangue" para construir o Estado (*seu* Estado).

Numa primeira abordagem, não parece tratar-se de um objeto de amor e entretanto, é precisamente o amor a si ou a uma potência que historicamente constitui o "corpo nacional", potência exercida por seus pais e que eles defendem hoje como um Direito próprio e comum, é isso que *exclui* efetivamente da comunidade política todos aqueles cujas famílias não participaram da fundação e da construção do Estado. "Pois todos os homens são, por natureza, feitos de tal modo que cada um ama estar ligado aos seus e distinguido dos outros por sua origem".[250] Essa observação destaca (sobre a base das leis da imitação) a importância política das adesões, das identificações, dos pertencimentos familiares, e mais geralmente de um amor coletivo a si mesmo na imagem ou narrativa (legendária) que um povo se dá de si mesmo e/ou de sua história e da fundação de seu Estado.

O caso dos hebreus não é, portanto, único; ao contrário, é o paradigma de todo Estado. Em graus diferentes de perfeição (se ousamos dizer!), na particularização e exclusão do outro, o delírio do amor da imagem de si, no e pelo orgulho nacional, funciona necessariamente, sempre e por toda parte. Contra essa tendência, em sua reflexão sobre a monarquia reformada, Espinosa sublinhava o quanto o acesso dos estrangeiros à sua cidadania deverá ser facilitado: "é bom, dizia ele, encontrar meios para aumentar o número dos cidadãos e ter uma grande afluência de população".[251] Entretanto, Espinosa, que apontou também os efeitos catastróficos da exclusão dos estrangeiros quanto ao devir histórico das democracias[252], faz ainda (entre outros meios) apelo ao imaginário nacional, portanto à reativação do objeto alucinatório do amor, quando ele trata de responder politicamente ao problema histórico da

---

[250] *TP*, cap. VII, art. 18.

[251] *TP*, cap. VI, art. 32.

[252] *TP*, cap. VIII, art. 12.

corrupção do Estado pela preguiça e pelo luxo.²⁵³ Espinosa estabelece, nessas passagens, uma ligação necessária entre a lógica (ou a ontologia da conservação) que exige, entretanto, não se fechar à contribuição das populações estrangeiras (mas Espinosa, observemos, não diz que esse aporte é o da diversidade enquanto tal), "e" um certo "conservadorismo" (no sentido político) da forma identitária do Estado, ela mesma engendrada por uma história particular, e cuja conservação está, segundo ele, ligada à perpetuação, nas práticas comuns, "dos costumes ancestrais"... costumes que permitiriam resistir à escravidão que engendraria, para um povo (necessariamente sempre particular), a adoção dos costumes de nações estrangeiras.

E essa ligação entre "conservação" e "conservadorismo" não se dá sem colocar problemas quanto à definição da democracia. Esta, dissemos, engendra-se pelo amor enquanto prática constituinte do laço comum, em outras palavras, da dinâmica imanente do diverso capaz de estabelecer relação e capaz também, por sua riqueza e potência, de inovação indefinida: é o movimento da antropogênese. Do ponto de vista do movimento real da potência da multidão, Espinosa nos oferece uma construção ontológica da liberdade, na igualdade e na diversidade, que resiste ativamente a toda forma de dominação e a todo fechamento nacionalista. É a realidade dinâmica da democracia radical que esta indissociavelmente ligada ao processo mesmo da antropogênese. Ora, Espinosa reintroduz, portanto, a clausura desse processo como um elemento constituinte e constitutivo da essência singular atual do corpo político particular (tal ou tal Estado, o dos hebreus, dos aragoneses ou dos holandeses...), que, <u>sob o</u> risco de desaparecer pela dominação de um outro, é sempre acompanhado então de um objeto alucinatório próprio e comum do amor... Ou seja, em última análise, e sob diferentes figuras, "seu" deus particular, "sua" eleição singular, "seu" destino nacional...

A obra política de Espinosa deixa, assim, o leitor (face à democracia) diante de uma importante interrogação, que poderíamos grosseiramente colocar deste modo: como se *liberar* da figura teocrática do Estado? Ou, dito de modo diferente, da heteronomia política?... Ou como cessar, politicamente, de hipostasiar o amor?

Aquém dessa questão deixada em aberto nos capítulos 6 e 10 do *Tratado Político*, Espinosa responde a outra questão: a da concepção de Corpos Políticos (ou de Estados) que, levando em consideração a forma histórica de seus adventos (consagrados pelos acasos da história à forma monárquica ou aristocrática...), poderiam, contudo, escapar às lógicas da dominação do homem pelo homem – portanto aos processos inerentes de animalização. A questão espinosana é, assim,

---

²⁵³ *TP*, cap. X, art. 4, 6 e 7.

saber segundo qual reforma democrática uma monarquia (que permanecesse em sua forma monárquica) ou uma aristocracia (que permanecesse em sua forma aristocrática) poderiam, apesar de tudo, oferecer um espaço político de atualização de "uma vida humana".

É a questão da justiça que é aqui colocada, justiça que, em Espinosa, só tem sentido "humano" se apoiada no direito de guerra ou de resistência da multidão.

CAPÍTULO 11
Direito de guerra e direito comum na política espinosana[254]

Abordarei, então, o problema das relações entre guerra e justiça a partir de três passagens do *Tratado Político*. A primeira passagem é constituída pela integralidade do artigo 23 do capítulo II. Espinosa escreve:

> Da mesma forma, portanto, que o pecado e a obediência, tomados no sentido mais estrito, não podem conceber-se senão no seio do Estado, assim também a justiça e a injustiça. Porque não há nada na natureza que por direito possa dizer-se pertencer a este mais do que àquele; mas todas as coisas são de todos, isto é, de todos aqueles que têm o poder de se apropriar delas. Mas em um Estado, no momento em que o direito comum estabelece o que é deste e o que é daquele, o homem justo é aquele cuja constante vontade é dar a cada um o que é lhe é devido, o homem injusto, ao contrário, aquele que se esforça por fazer seu o que é de outrem.

No artigo 5 do capítulo III, Espinosa escreve:

> Vemos, portanto, que cada cidadão, longe de ser senhor de si, depende da cidade, da qual tem de executar todas as ordens, e que ele não tem direito algum de decidir o que é justo ou injusto, piedoso ou ímpio; mas ao contrário, o corpo do

---

[254] Toda esta seção 11, traduzida por Bernardo Bianchi e Marcelo Barata Ribeiro, foi inicialmente revisada pelo Círculo de Leitura de Spinoza da PUC do Rio de Janeiro. Ela constitui uma conferência apresentada na PUC Rio, em 28 de outubro de 2008, e recebeu uma primeira publicação em português na *Revista Conatus*, v. 2, n. 4, dez./2008 (benedictusdespinoza.pro.br). Agradecimentos ao departamento de Direito da PUC Rio e a André Martins, do grupo de pesquisa Espinosa-Nietzsche do IFCS – UFRJ. (N.Ts.).

Estado devendo agir como que por uma só alma, e por conseguinte a vontade da cidade devendo ser tida pela vontade de todos, o que a cidade declara justo e bom deve-se considerá-lo como declarado para cada um. Donde segue, então, que mesmo que o súdito considerasse iníquos os decretos da cidade, ele não seria menos obrigado a executá-los.

O terceiro fragmento é o artigo 4 do capítulo V. Espinosa escreve:

> Uma cidade em que os súditos não pegam em armas pelo só motivo de que o terror os paralisa, tudo o que se pode dizer dela é que não tem guerra, mas não que ela tenha paz. Porque a paz não é ausência de guerra; é a virtude que nasce do vigor da alma, e a verdadeira obediência (pelo art. 19 do cap. II), é uma vontade constante de executar tudo o que deve ser feito conforme o decreto comum da cidade. Afinal, uma cidade onde a paz não tem outra base que a inércia dos súditos, os quais se deixam conduzir como um gado e só são exercitados na escravidão, não é mais uma cidade, mas uma solidão.

Como se pode constatar, os dois primeiros fragmentos "encerram" estritamente, como em Hobbes, a definição de justiça em termos de decreto comum da Cidade e, por isso mesmo, uma problemática da obediência ao poder soberano, que, legalmente, define a justiça. Sabe-se que Espinosa recusa radicalmente toda transcendência do valor e consequentemente todo "absoluto" do valor de Justiça num sentido religioso, metafísico ou moral. O escólio da proposição 9 da *Ética* III diz que nós não nos esforçamos por nada, não queremos nem desejamos alguma coisa porque a julgamos "boa" em si, mas que, ao contrário, "julgamos que uma coisa é boa porque nos esforçamos por ela, porque a queremos, apetecemos, e desejamo-la". Não há, portanto, justiça como "valor" senão do ponto de vista do desejo e da imaginação dos homens. Segundo a verdade efetiva das coisas, a ideia de justiça, estabilizada, partilhada, só pode ser referida à definição que dela dá um Estado, isto é, a instituição soberana, no âmbito do direito comum, de uma imaginação ou de um desejo partilhados, constituindo, assim, um mundo comum. A adequação perfeita de um mundo comum e de um Estado particular, segundo a formação de uma comunidade que se pode chamar de "substancial", é o Estado hebreu primitivo, fundado por Moisés.[255] Mas é em todo Estado (seja ele bárbaro ou civilizado) que o direito comum do Estado determina uma justiça, "a" justiça, mesmo se esse Estado não é teocrático. E desse modo, qualquer outra ideia ou qualquer definição diferente de justiça, independentemente do Estado, mostra-se, por isso mesmo, u-tópica (isto é, sem lugar, a não ser o dos desejos e imaginações que não encontraram expressão

---

[255] Cf. particularmente os capítulos V e XVII do *TTP*. Ver também que nosso comentário em *La Stratégie Du conatus. Affirmation et résistance chez Espinosa*. Paris: Vrin, 1996, capítulo VII, item 3, p. 198-206 e cap. VIII, p. 207-228, assim como nossa *Introdução* à edição do *Tratado Político*, trad. de Émile Saisset. Classiques de Poche. Paris: Librairie Générale Française, 2002, p. 48-72.

jurídico-política comum...). E pode-se dizer o mesmo da "justiça", tal como ela pode ser concebida ou imaginada pela razão especulativa dos "filósofos", que cai sob a crítica espinosana, e isso desde o primeiro artigo do *Tratado Político*, onde Espinosa escreve que os filósofos que "veem os homens não tais como são [isto é, como seres de desejos e de paixões], mas como gostariam que eles fossem [isto é, como seres de razão]",[256] escreveram, em vez de uma ética ou de uma política, uma sátira, "e jamais conceberam um política que pudesse ser posta em prática, mas antes uma política boa para ser aplicada no país da Utopia ou daquela idade de ouro para a qual a arte dos políticos seria certamente supérflua".[257]

Ao afirmar que não há definição de justiça senão em e através de um Estado, Espinosa parece colocar-se na posição de um positivismo jurídico que se pode ler, na mesma época, em Hobbes.

O terceiro fragmento citado se distancia claramente de Hobbes sobre a concepção da paz que envolve uma vida humana comum segundo o direito – ele mesmo comum – da cidade, uma vez que o autor do *De Cive* compreende a paz apenas como um tempo de ausência de guerra.[258]

Espinosa, ao escrever, pelo contrário, que a paz não é a ausência de guerra mas a afirmação positiva de uma obediência como "virtude que nasce do vigor da alma de cada um", introduz a ideia de que, se é de fato o Estado que – conforme o direito comum – determina a justiça de uma vida humana, essa justiça pode ser, no entanto, também avaliada do ponto de vista da virtude que esse Estado é capaz de produzir em seus próprios súditos. O que conduz necessariamente a distinguir os Estados segundo sua organização e sua aptidão para produzir um mundo comum na e pela operatividade de um Direito que Espinosa nos diz ser mais ou menos "plenamente exercido". É isto que pode ser lido no artigo 3 do capítulo V do *Tratado Político*:

> Ora, da mesma forma que é preciso imputar à organização da cidade os vícios dos súditos, seu gosto pela extrema licenciosidade e seu espírito de revolta, assim também é à virtude da cidade, é a seu direito plenamente exercido que é preciso atribuir as virtudes dos súditos e sua adesão às leis.

Então, há sempre e necessariamente, uma justiça no Estado e pelo Estado, que é engendrada por um Direito comum, mas esse direito do Estado (ou da Cidade) se exerce ou se afirma em uma maior ou menor plenitude. Ou seja, segundo a formulação de Espinosa, todo Estado envolve um "Direito absoluto", mas a Cidade

---

[256] *TP*, cap. I, art. 1. Ambos os adendos foram acrescentados por nós.
[257] *TP*, cap. I, art. 1.
[258] Pode-se ler, com efeito, no cap. I, art. 12 do Cidadão: o que é a guerra "senão aquele tempo em que a vontade de contestar o outro pela força está plenamente declarada, seja por palavras, seja por atos?" O tempo restante é denominado paz".

(*civitas*) não entra necessariamente na plena posse desse Direito: ela exerce ou afirma um direito que, necessariamente, não é "inteiramente absoluto". O exercício "inteiramente absoluto" (*omnino absolutum*) do Direito comum, constitutivo de um mundo que se deve chamar "plenamente" comum, será somente aquele exercido em democracia. Democracia que eleva, portanto, a cidade, e, por isso mesmo, o Direito comum, à estratégia ótima de afirmação do *conatus* do Corpo coletivo da *Civitas*.

Assim, Espinosa estabelece, diferentemente de Hobbes e pela mediação da paz como virtude (virtude ao mesmo tempo da cidade em sua auto-organização e virtude que essa organização permite aos seus súditos), uma correlação necessária entre a justiça do Estado (ou no Estado e pelo Estado) e aquilo que ele denomina "uma vida humana". Isso introduz um segundo critério de definição da ideia de justiça, correlativa do Direito comum. Com efeito, no artigo 5 do capítulo V, que se segue ao terceiro fragmento citado anteriormente, Espinosa escreve:

> Quando, por conseguinte, dizemos que o melhor estado é aquele onde os homens passam a vida em concórdia, entendo por isso uma vida humana [*vitam humanam intelligo*], uma vida que não se define de modo algum pela circulação do sangue e outras funções comuns a todos os animais, mas antes de tudo pela verdadeira vida da mente, pela razão e a virtude.

Ora, essa correlação necessária – como exigência ético-política – entre "justiça" (do Estado, no Estado e pelo Estado) e "uma vida humana" não pode ser verdadeiramente compreendida (em seu sentido estritamente espinosano e portanto original) senão por sua inscrição no plano de imanência de uma ontologia política da afirmação da potência como Direito e como Direito comum.[259] E primeiramente pela identidade que Espinosa estabelece entre "virtude" e "potência": "eu entendo a mesma coisa", diz ele na definição 8 da *Ética* IV... e acrescenta: "a virtude, enquanto referida ao homem, é a própria essência ou natureza do homem, na medida em que ele tem o poder de realizar certas coisas que podem ser compreendidas exclusivamente por meio das leis de sua natureza".

A virtude como potência é, então, outro nome da autonomia ou da liberdade efetiva do direito natural. Essa potência, que é uma "essência ativa" e que, de maneira imanente, é para Espinosa constitutiva de todo o real, é aquela – como vimos na constituição do Estado – da "multidão".

A ideia de "justiça" vai, então, se abrir à mesma divisão que vai atravessar a ideia de soberania. A justiça, articulada à soberania da potência da multidão, ultrapassa, de fato, o quadro jurídico-político instituído, e é por isso que o modelo maquiaveliano da guerra, e não mais o hobbesiano do contrato, se impõe no cerne da análise política espinosana.

---

[259] Trata-se de um Direito comum do Estado, que é também constituinte do Estado e que pode, assim, de acordo com algumas circunstâncias, desfazer o próprio Estado e mudar-lhe a forma...

Espinosa distingue, como sabemos, a soberania, que a multidão possui inalienavelmente no exercício da potência de seu direito comum natural e soberano, e o direito comum ou a "soberania do Estado" (segundo a formulação do *Tratado Político*),[260] enquanto esse direito é detido "absolutamente" por um poder instituído, ele próprio chamado "soberano".

A afirmação segundo a qual o "direito que se define pela potência da multidão" é a própria soberania, conduz Espinosa a abrir uma divisão entre o Corpo do Estado, que deve ser conduzido como que por uma única alma segundo a vontade do poder soberano instituído (*imperii corpus una veluti mente duci debet*) e a vontade da cidade (ou o Corpo do Estado por inteiro), que deve ser tida pela vontade de todos (*civitas voluntas pro omnium voluntate habenda est*). O problema político maior enfrentado pelo *Tratado Político* é pensar a possibilidade de uma adequação de duas vontades: a do soberano (*imperium*) e a da cidade (*civitas*). Teoricamente (como no paradigma hebreu, mas que é o paradigma de uma democracia para um povo infantil), a vontade do poder soberano instituído deveria ser necessariamente a vontade da cidade, e o poder supremo (*imperium*) seria, então, racional e inteiramente absoluto... Dito de outra maneira, o exercício do poder instituído seria a afirmação estratégica racional "absoluta" de um "direito absoluto" plenamente exercido. Mas, na prática, na realidade efetiva da coisa política, esse absolutismo do *imperium* se afirma de maneira tanto mais violenta (como um "poder absoluto" que Espinosa opõe conceitualmente ao "direito absoluto" plenamente exercido) quanto mais este Direito, suposto comum, é efetivamente fragmentário e faccioso[261] (ele só exprime o interesse de alguns poucos), e quanto mais a vontade comum da cidade tiver de ser, à força, assujeitada à vontade daquele ou daqueles que detêm o poder soberano. Donde, como constata Espinosa desde o início do *Tratado Político*,[262] decorre a péssima reputação dos Políticos que, sob influência do medo de uma multidão por natureza ingovernável e rebelde (e que eles devem, no entanto, ao mesmo tempo enfrentar e conduzir), são antes levados a tratar seus súditos como inimigos do que a velar pelos interesses de cada um e pela segurança de todos.

Como para a soberania – que pode ser considerada simultaneamente uma potência constituinte (a da multidão que necessariamente ultrapassa o jurídico-político) e como um poder instituído pelo próprio Estado –, a "justiça" vai ela também ser dita de acordo com duas figuras que podem ou se conciliar numa paz verdadeira do Corpo político, tornando possível "uma vida humana", ou se dividir, fazendo o Corpo político entrar, assim, num regime de guerra implícito ou explícito, segundo a capacidade de revolta ou de resistência da multidão em face da violência do poder soberano instituído.

---

[260] *TP*, cap. IV, art. 2.

[261] No texto original, *partiel et partial*. (N.Ts.).

[262] *TP*, cap. I, art. 2.

A radicalidade de Espinosa está em nos dizer que, na ausência da adequação entre a vontade do soberano e a da cidade (adequação que é "tão difícil quanto rara" visto que ele próprio reconhece, no artigo 30 do capítulo VII do *TP*,[263] que nenhum Estado foi instituído segundo as condições de uma paz verdadeira), é bem um regime de guerra, latente ou manifesto, que reina necessariamente no próprio cerne do mundo suposto comum; e em nos conduzir, então, a uma solução política de afirmação positiva da paz que repousa paradoxalmente sobre o reconhecimento afirmado do direito de guerra da multidão como direito de resistência à dominação. Para que uma adequação entre as duas vontades (a da cidade e a do soberano) possa realmente se afirmar e se manter, isto é, para que o comum do Direito comum do Estado possa afirmar o Direito comum da multidão, é sobre o direito de guerra (o *jus belli*) da própria multidão, ou seja, o desejo de cada um de não ser dirigido por seu igual,[264] que deverá se apoiar o regime de paz verdadeira e "uma vida humana", numa vigilância permanente face ao exercício do poder soberano instituído.

Significa que Espinosa efetivamente tomou distância do modelo jurídico da soberania e da justiça hobbesiano, que concebe o comum a partir da transcendência do Estado, para abrir a reflexão política à realidade das coisas tais como elas são e, assim, pensar o realmente comum através do modelo maquiaveliano da guerra.

Quando Jarig Jelles, na Carta 50, interroga Espinosa sobre sua diferença em relação a Hobbes quanto à política, Espinosa responde: "Essa diferença consiste em que mantenho sempre o direito natural e que, em uma cidade qualquer, só atribuo direito ao soberano sobre os súditos na medida em que, pela potência, ele os supera". Ou, para retomar, por nossa conta, a famosa fórmula de Clausewitz, mas que é preciso aqui inverter, "a política, na ordem civil, é a continuação da guerra por outros meios...". É necessário, contudo, imediatamente precisar essa fórmula brutal em sua significação propriamente espinosana, dizendo que a política é efetivamente a continuação do exercício dos direitos de natureza (que são quantidades de potência), mas, se esse exercício passa por divisões, afrontamentos, conflitos, ele passa sempre, também e necessariamente, por cooperações e alianças; portanto, pela constituição de um comum. É assim que, para afirmar e definir esse comum como Direito comum em meio a um mundo conflituoso, atravessado por uma guerra latente, Espinosa desenvolverá uma política democrática de contrapoderes. Nos

---

[263] ...*au début de son dernier article du chapitre VII du TP*, no original ("no início do seu último artigo do capítulo VII do *TP*"). Na verdade, o último artigo do capítulo VII do *TP* é o 31, mas a passagem a que Bove se refere encontra-se no §30. (N.R.).

[264] E o vivo sentimento de injustiça experimentado se esse desejo for desprezado. Ver a este respeito nosso artigo "Politique: 'j'entends par là une vie humaine'. Démocratie et orthodoxie chez Spinoza", Multitudes n. 22, Philosophie politique des multitudes (2) outono de 2005, p. 63-76.

capítulos VI a X do *Tratado Político*, ele se esforçará, efetivamente, em mostrar que um Estado, seja na forma monárquica, seja na forma aristocrática, pode realmente funcionar como uma cidade na qual se pode viver uma vida verdadeiramente comum e humana, contanto que, por meio de dispositivos de contrapoderes, fundados sobre o direito de guerra, seja possível expulsar, tendencialmente, desses Estados aquilo sobre o que eles são ordinariamente (isto é, historicamente) fundados: a saber, a dominação do homem pelo homem ou, mais precisamente, a dominação de um mundo comum sobre outro, de uma "nação" sobre outra "nação", e isso até mesmo no seio de um só Estado (como é o caso de nobres ou de patrícios sobre a plebe, numa aristocracia). Essa expulsão da dominação (mesmo a de um poder que seria o de *experts* ou profissionais da política cujas aptidões justificariam a função de determinar o que deve ser o comum) é o que separa radicalmente Espinosa de Hobbes: um ponto de vista imanente e maquiaveliano sobre os processos efetivos de constituição de uma vida humana (Espinosa); e, de outra parte, a interpretação jurídico-política, sob a forma da transferência de direito e do contrato, desses mesmos processos, do ponto de vista do poder soberano instituído (Hobbes).

O estado de natureza de Espinosa – fora do Estado como na sua continuação no seio mesmo do Estado – é o estado das relações de força e, correlativamente, a expressão do que podem as estratégias dos *conatus*. Isso nada tem a ver com a abstração teórica do direito de natureza hobbesiano. Contra Hobbes, Espinosa revela entre estado de natureza e estado civil uma continuidade efetiva que o autor do Leviathan desejou esconder (ou exorcizar, na obsessão que ele tinha por guerras civis...). Mas, enfatizando essa continuidade, Espinosa desvela, por isso mesmo, a real natureza da paz comum instaurada pelo contrato hobbesiano. A saber – paradoxalmente, pois que se tratava, segundo Hobbes, para construir um mundo comum, de escapar, pela transferência de direitos naturais e o contrato, da guerra de todos contra todos – a saber, então, a instituição de um regime de guerra implícito que dilacera o comum e tende a destruí-lo. A paz hobbesiana é, portanto, aos olhos de Espinosa, a guerra tácita, aberta, em nome da segurança e da paz, e a título "soberano" de defensor da paz, pelo detentor do poder, contra uma multidão ilusoriamente privada do exercício de seu Direito de constituir, por si mesma, o comum e a razão do comum, segundo um Direito absoluto plenamente exercido. Espinosa tratará efetivamente toda dominação política como a instituição soberana, efetiva mas secreta, de uma lógica de guerra como via de exercício legal – segundo o Direito comum – da soberania. Um exercício que define uma "justiça" – uma vez que não há justiça senão no e pelo Direito comum do Estado –, mas uma justiça e um direito instrumentalizados por uma lógica de guerra que divide efetivamente o mundo suposto comum... É assim que Espinosa pode escrever – e isso vale para todas as monarquias de seu tempo, e mesmo para todos os

Estados de seu tempo – que o Estado monárquico "é na realidade um estado de guerra, onde só o exército é livre e todo o resto escravos".[265]

Se lembrarmos da afirmação de Espinosa, na alínea 6 do capítulo XX do *Tratado Teológico-Político*, a saber, que a finalidade da república é a liberdade e que, por isso mesmo, a função do Estado não pode consistir em transformar homens em "bestas" nem em "autômatos", ou seja, em seres privados do mundo comum e do poder de construí-lo, pode-se dizer, inversamente, que as duas tendências contra as quais deverá necessariamente construir-se um mundo comum (e um Corpo político resistente em regime de paz) são a automação e a animalização de seus súditos. A automação (que pode ser também uma servidão "alegre" na satisfação de necessidades, como teria sido o caso no Estado primitivo dos hebreus, se tivesse sido efetivamente perfeito) ou a animalização, segundo um regime de guerra arrastado até o terror que apaga toda comunidade e no qual, diz Espinosa, dá-se o nome de paz à escravidão, à barbárie e à solidão (*TP* VI, 4 – aí, também, Espinosa fornece um exemplo oriental: o Estado turco).[266]

Daí a importância de uma reflexão sobre o significado da "verdadeira obediência", na ordem de uma Livre República, obediência que não pode ser nem automatizada, nem animalizada. Se, em teoria (a jurídico-política da soberania), a ideia de justiça e de paz está de fato ligada à questão da obediência (portanto à representação de uma Lei que o súdito deve respeitar), na prática, a ideia de justiça e de paz está ontologicamente ligada a uma problemática da "prudência"[267] ou da estratégia, isto é, às condições efetivas da afirmação imanente da potência da multidão no Estado, para o exercício de uma "vida humana". Ou seja, está ligada às condições de exercício de uma afirmação comum resistente às lógicas de guerra automatizantes e animalizantes da dominação. E, no plano de imanência da ontologia espinosana, tal resistência é a afirmação de uma potência comum segundo a dinâmica de um verdadeiro regime de paz. É a guerra dos justos, a guerra da (e pela) igualdade e da (e pela) radicalidade democrática, que exprime a prática comum constituinte do desejo de cada singular de não ser dirigido por seu igual.

---

[265] *TP*, cap. VII, art. 22.

[266] Cf. nosso estudo "Spinoza. Le 'Droit naturel propre au genre humain', Une puissance commune de revendiquer des droits'", *Humanités*, organizado por Julie Allard e Thomas Berns, ed. Ousia, 2005, p. 171-190. A noção de "solidão", tanto em *TP*, cap. V, art. 47, quanto em VI, 4, evoca implicitamente Tácito, *Vida de Agrícola*, 30, *Ubi Ubi solitudinem faciunt pacem appellant* ("lá onde eles fazem um deserto, eles dizem que estabeleceram a paz").

[267] *TP*, cap. IV, art. 5: "Essa prudência não é uma obediência. É, ao contrário, a liberdade própria da natureza humana". Cf. a este propósito, nossa *Introdução* ao *Tratado Político*, Spinoza. Traité Politique. Paris: LGF, 2002 (Le Livre da Poche – Classifiques de la philosophie). "De la prudence des corps. Du physique au politique", em que explicamos a importância que deve ser atribuída a essa noção.

O exemplo histórico exposto por Espinosa para ilustrar suas considerações sobre a reforma necessária dos Estados a fim de que escapem das lógicas de dominação é suficientemente esclarecedor: é o da formação do Estado aragonês no século XI.[268] Esse exemplo mostra que não há justiça senão no e pelo estabelecimento de um Direito comum, no e pelo Estado, mas mostra, contudo, que: (1) essa justiça é tanto mais equitativa quanto mais for a expressão efetiva da vontade de todos em conjunto (no que também ela não escapa, de fato e historicamente, da afirmação singular dos valores e dos significados de uma imaginação comum particular, ou seja, da clausura mental (*clôture mentale*) da nação); (2) que essa equidade ou essa justiça, apoiadas sobre a vontade de todos, deve se impor de fato ao exercício do poder soberano (do *imperium*); e que, mesmo na formação do Estado, o estabelecimento da equidade e da promoção de forças (que portam essa justiça e podem defendê-la), deve necessariamente preceder, como movimento potente e constituinte, o exercício instituído do poder soberano. De modo que a equidade, a qual está essencialmente contida na igualdade entre os homens (igualdade que, escreve Espinosa, é "uma das primeiras necessidades da comunidade política"[269] cuja perda implica necessariamente a perda da "liberdade comum"),[270] essa equidade ou igualdade não é somente uma igualdade face à lei (como o sujeito da obediência faz abstratamente face à representação da Lei), mas é a igualdade dinâmica da afirmação potente e do gozo de um direito comum que pode fazer e desfazer a lei. Dessa igualdade, é preciso dizer que ela é de natureza ontológico-política e que abre o espaço-tempo de uma radicalidade democrática que se constitui em e por processos estratégicos e dinâmicos de um direito comum que é a potência imanente e inalienável de indefinidamente abrir conjuntamente novas vias de liberdade e de paz, ou seja, o processo da antropogênese. E isso, enquanto direito de resistência ativa contra a dominação, no próprio cerne da ordem civil.

Os aragoneses, de fato, após uma guerra vitoriosa de libertação contra a dominação dos mouros, estão livres para escolher o governo que desejam. Eles desejam, então, dar-se um rei. Querem, no entanto, a fim de preservar sua inteira liberdade (adquirida no curso de sua guerra de independência), impor condições ao futuro rei (mas sem chegar a um acordo entre si quanto a essas condições...). Pedem, então, conselho ao Papa Gregório VII, que, após ter firmemente desaprovado o desejo deles de viver na monarquia, aconselha-os, antes de eleger um rei, a se dotarem de "instituições equitativas e adequadas ao caráter nação".[271]

---

[268] *TP*, cap. VII, art. 30.
[269] *TP*, cap. VII, art. 20.
[270] *TP* cap. X, art. 8.
[271] *TP* VII, 30.

Antes de se dar um rei, os aragoneses vão, então, constituir um Direito comum a partir do seu próprio mundo de significações e de valores. E eles o fazem, mostra Espinosa, segundo o mesmo direito, a mesma potência ou a mesma virtude que lhes permitira conduzir vitoriosamente, em conjunto, a guerra de libertação contra os mouros. A afirmação inalienável do direito natural soberano do povo aragonês se diz, pois, num único e mesmo sentido (o de um direito de guerra aquém de toda ordem civil), tanto quando eles expulsam os inimigos de seu território, como quando eles constituem, juntos, o novo Direito, isto é, quando constroem comunitariamente a soberania do Estado. E esse direito comum natural e constituinte – enquanto *jus belli* – não deverá jamais ser abandonado nem transferido a quem quer que seja. Uma vez instituído o Estado, esse direito natural comum soberano deverá poder ser exercido na e pela própria afirmação do corpo comum e do Direito comum do Estado... mas também imediatamente contra toda tentativa de dominação desse corpo, venha do exterior ou do interior do Estado.

É sintomático que os aragoneses, destaca Espinosa, chamarão de "Justiça" (*Justitia*)[272] não aquele que encarna o exercício do poder soberano (a saber, o rei), mas aquele que irá encarnar, no Direito comum, o exercício do contrapoder da soberania popular através de uma assembleia suprema que deverá "servir de contrapeso ao poder do rei (como os éforos na Lacedemônia) e dirimir com um direito absoluto os litígios que se levantassem entre o rei e os cidadãos". Assim, prossegue Espinosa, é a Justiça e a Assembleia que ele preside, que "têm o direito absoluto de revogar e cassar todas as sentenças proferidas contra um cidadão, [...] e mesmo pelo rei, de tal modo que qualquer cidadão teria o direito de citar o próprio rei perante este tribunal".[273]

O nome Justiça irá então, segundo a dinâmica de uma paz verdadeira, encarnar no e pelo exercício de contrapoderes soberanos o direito de guerra ou o direito de resistência inalienáveis do povo aragonês, que esse povo, segundo uma potência constituinte sempre operante, mantém viva no coração mesmo de suas instituições. Essa Assembleia, presidida pelo Justiça, tinha, com efeito, "o direito de escolher o rei assim como o direito de destituí-lo". Direito que ela perdeu em seguida devido a intrigas, liberalidades e favores de um Rei chamado Dom Pedro. Os aragoneses, todavia, precisa Espinosa, não cederam incondicionalmente:

> Certamente, por esta condição eles corrigiram mais do que aboliram o direito anterior; pois, como mostramos nos artigos 5 e 6 do capítulo IV, não é em virtude do direito civil, mas em virtude do direito de guerra que o rei pode ser privado do poder e que os súditos podem resistir à força somente pela força.[274]

---

[272] *TP*, cap. VII, art. 30, linha 21: "Justiça" era o presidente do Conselho constituído pelos aragoneses.

[273] *TP*, cap. VII, art. 30.

[274] *TP*, cap. VII, art. 30.

O que significa fazer um uso pernicioso da autoridade? É transformar o exercício de uma função que é de gestão ou de "administração" da coisa pública, no exercício de uma "dominação".[275] Ora, esse deslocamento, segundo Espinosa, deve ser visto como a passagem de um regime de paz verdadeira sob vigilância do direito de resistência ao regime efetivo de guerra levado pelo soberano contra seu próprio povo, seja essa guerra implícita ou explícita. No regime de guerra, é então o Estado, enquanto administração da coisa comum ou enquanto república, que tende a ser destruído pelo exercício do próprio poder soberano... Daí a positividade ético-política da resistência que, contra a lógica de guerra, é esse esforço de vigilância ou de reorganização de um mundo comum. Esforço cujo sentido é paradoxal, uma vez que é uma afirmação constituinte de justiça e de paz que não podem verdadeiramente se exercer senão na preservação e na afirmação de um direito de guerra (ou de resistência). Mas em nenhum caso a atividade resistente da *multitudinis potentia*, que não pode se reduzir ao exercício do direito civil, pode ser tida por um valor guerreiro. Esta resistência é essencialmente, em atos e pelos valores que ela põe – resistir à dominação é desejar e, por isso mesmo, dizer o valor comum – um "sim" à vida, à solidariedade entre os homens, à liberdade comum e à paz verdadeira de um mundo verdadeiramente comum. Em seu princípio ontológico e constituinte, a resistência espinosana à dominação é, portanto, fundamentalmente antiniilista. Ela não pode então, logicamente, a não ser em sua perversão (a mentira e a má-fé), ser em si mesma e por si mesma portadora de terror, de dominação e de morte. Se este é o caso, ela se trai.

Colocando, assim, a reivindicação do direito de guerra ou de resistência no coração mesmo do seu próprio funcionamento, para um bom funcionamento ou uma otimização [*optimalité*] da sua prudência ou da sua estratégia ético-política, a *civitas* democrática espinosana tende a indefinidamente expulsar de sua própria natureza, em sua afirmação, o desejo de guerra ou de dominação, tanto interno quanto externo, ao qual, indefinidamente, por essa afirmação dinâmica e comum, a cidade resiste.

Podemos, agora, responder à questão posta sobre o sentido da "verdadeira obediência", correlata da justiça e da paz, num Estado democrático ou democratizado.

Para Espinosa, contrariamente ao projeto de Hobbes, tratar-se-á menos, para uma república livre, de produzir o mundo comum dos sujeitos racionais da obediência através do contrato, do que de formar homens que sejam, ao contrário, capazes de resistir à coação que vão necessariamente exercer, sobre seus corpos como sobre seus espíritos, tanto o aparelho de Estado quanto as diferentes seitas (religiosas e políticas) que visam à hegemonia. Se é verdade,

---

[275] A distinção administratores-*dominatores imperii* encontra-se no *TTP* XVII, §4.

escreve Espinosa no *Tratado Político*,[276] que Sagonte sucumbe enquanto os romanos discutem, se enfrentam e deliberam, "é verdade também, sublinha ele, que [é] a liberdade e o bem comum [que] perecem quando um pequeno número decide tudo apenas por sua paixão."!

A tensão própria da república livre espinosana é que ela é tanto mais perfeita na paz positiva, na felicidade, na virtude e na justiça que exprime, quanto mais se constitui segundo uma comunidade crítica no extremo limite da passagem da obediência à sedição. É o fio da navalha da verdadeira democracia e de um mundo realmente comum. Quanto mais um Estado é democrático, mais ele se constitui no limite extremo da sua própria destruição possível, e menos nele o advento do estado de guerra, de dominação e/ou de revolta será efetivamente receado, em razão mesmo da virtude e da potência afirmadas pelo Corpo comum. Na democracia, o consenso, a cada dia renovado, do desejo de viver em conjunto é, portanto, inseparável de um dissenso positivo e constituinte: a vigilância de uma resistência comum à dominação. É, portanto, segundo forças de crítica e de resistência que vive autenticamente um mundo comum como paz verdadeira, isto é, o movimento real e imanente de constituição da realidade humana. É dizer, absolutamente falando, que a paz e a justiça à qual ela é intrinsecamente ligada não poderiam ser definidas somente por instituições ou por uma organização estatal particulares (isto é, um Estado, que envolverá necessariamente sempre suas próprias estruturas de sujeição e de poder), mas que a paz e a justiça, na e pela constituição de um mundo comum, são de essência imanente e dinâmica, ou melhor, que elas são, elas mesmas, a essência da realidade coletiva enquanto república (*res publica*), e que elas afirmam explicitamente a agonística, o conflito, como a própria modalidade da potência de afirmação criadora de vida humana na justiça e na paz.

---

[276] *TP*, cap. IX, art. 14.

CONCLUSÃO
O humano e "sua" animalidade ou a hibridação indefinida do corpo historicizado dos homens

Face aos processos de animalização e de automação de massa que atravessam os corpos políticos, que entretanto se consideram, de maneira unilateral, eficazes máquinas a serviço da antropogênese, o evento teórico espinosano da afirmação secreta da potência de resistência da multidão à dominação, *na e pela cooperação*, abre-se, *inversamente* (contudo de maneira dissimétrica, já que a resistência se apoia nas leis de uma natureza bárbara), à atualidade de uma dinâmica plural da *reivindicação dos direitos*. Assim, natureza humana e natureza animal *do homem* se fazem e se desfazem *juntas*, na e pela relação de poder e proporção de força das lógicas de dominação e de resistência que ultrapassam indefinidamente as fronteiras internas que separam o humano do não humano. Não se trata, portanto, de forma alguma para Espinosa, na animalização, "de atribuir ao homem as características próprias de um elefante ou de um asno". Os textos de Espinosa nos conduzem a descobrir e a pensar que existem *as animalidades ou as bestialidades inacreditáveis* em devir, que são (ou serão) específicas ao homem enquanto animal sócio-histórico; e que a humanidade, ou antes, *as* humanidades portadoras da exigência do universal e *as* animalidades *do* homem (suas clausuras), se entrelaçam como tantos processos de hibridação e de contentamentos ou apetites misturados (hominizantes/animalizantes) que fazem e desfazem o esforço (necessariamente comum) que cada ser faz para perseverar em seu ser. A relação dinâmica entre dominação e resistência ou entre processo de animalização e de singularização-autonomização dos *conatus* contesta, portanto, na prática, a utilidade e a pertinência de uma definição metafísica da essência específica do homem e de uma norma de humanidade, necessariamente abstrata e com contornos necessariamente sempre muito estreitos. Ela a contesta e a subverte, na "realidade efetiva das coisas" – a das práticas comuns nos campos da política e da história – pelo rompimento (*effraction*) que ela opera sem cessar das clausuras dispositivas que todos pretendem teologicamente (teocraticamente), e na exclusão do *outro*, fixar como a norma de verdade da atividade humana à qual os indivíduos-sujeitos deveriam obedecer. Quando Espinosa, no *Tratado Político*, assinala os processos efetivos de animalização da plebe puxada para "fora da humanidade" pela dominação, isto não é (muito pelo contrário!) nem para justificar que a multidão seja afastada do exercício da soberania política, nem para valorizar, por contraste, uma norma de humanidade que seria preciso procurar nos homens mais cultivados... (coisas que as elites reivindicam efetivamente e ilusoriamente, no desprezo da multidão que elas dominam). Neste sentido, Espinosa escreve, no *Tratado Político*, que

> [...] não é uma coisa surpreendente que a plebe permaneça alheia à verdade e lhe falte o julgamento, pois que os principais negócios do Estado se fazem sem que ela o saiba, pelo que ela é reduzida a conjeturas sobre o pequeno número de negócios que não se pode esconder-lhe inteiramente. Para suspender o juízo é preciso uma virtude rara. Querer portanto fazer todas as coisas sem que o saibam os cidadãos e não querer que eles façam falsos julgamentos e interpretem tudo errado é o cúmulo da estupidez. Se a plebe, de fato, pudesse moderar-se, se ela fosse capaz de suspender seu julgamento sobre o que ela conhece pouco e apreciar normalmente a partir de um pequeno número de elementos conhecidos, a plebe então mereceria antes governar que obedecer. Mas, como o dissemos, a natureza é a mesma em todos os homens, todos se orgulham com a dominação; todos tornam-se terríveis, desde que cessem de ser tocados pelo terror... [277]

E é, paradoxalmente, essa potência "terrível", bárbara, da natureza humana, que Espinosa quer preservar, já que é por ela que existe resistência à dominação do igual-semelhante e assim pode-se construir um mundo "humano" (quem pode crer, de fato, que Espinosa pensa por um só instante ser preciso, como ele diz, realmente arrebatar a multidão de terror para governá-la?! Todo seu *Tratado Político* ensina o inverso!). O "cúmulo da estupidez" está, assim, efetivamente do lado dos dominadores. Pois a plebe que eles dominam, terrível e bárbara por natureza (como, aliás, todos os homens), mesmo *animalizada* (pois *efetivamente* vítima da opressão e da exclusão), essa plebe *resiste*. E essa resistência é o cadinho (*creuset*) mesmo da antropogênese. Espinosa nos oferece, portanto, uma abordagem finalmente positiva da plebe, qualquer que seja sua opressão, do ponto de vista de sua resistência mesma, expressão de sua potência, isto é, de seu direito inalienável ou de sua liberdade. Liberdade secreta e selvagem, aquém da lei, aquém mesmo de toda norma *a priori* de humanidade. É dessa liberdade que procede necessariamente o rompimento (*effraction*) das clausuras dispositivas do corpo

---

[277] *TP*, cap. VII, art. 27.

comum, segundo a lógica das aberturas (*frayages*) plurais de uma potência ela mesma comum, implícita ou explícita, secreta ou manifesta, que se afirma como direito de reivindicar os direitos. É o que poderíamos, com o *Tratado Político*, inscrever em uma lógica da "prudência" ou da estratégia do *conatus* da *multitudinis potentia*. Prudência que não pode ser uma "obediência"[278] (na qual todas as figuras representativas da humanidade reforçam sua clausura), pois ela é, ao contrário, na e pela pluralidade das alianças que ela amarra e que a constituem, "a liberdade" em ato de uma natureza reivindicativa, rebelde, seu direito de guerra e/ou de *resistência comum* inalienáveis. Liberdade de uma natureza que, mesmo quando obedece, é potência inalienável de-não-ser comandada. É a obediência que faz o súdito[279], mas é o gozo comum do útil próprio que faz o cidadão, escreve Espinosa.[280] E esse gozo não é tido pela recompensa, *necessariamente* "animalizante", da obediência.[281] É, ao contrário, a obediência (mais como "prudência", afirmação singular na e pela potência do agir comum) que encontra justificativa "humana" apenas por esse gozo. Assim, é lógico que esse gozo resista, se amplie e reivindique sua extensão, se necessário pela desobediência e contra toda ideologia do sacrifício da *utilitas* do Estado.[282] A definição da cidadania pelo gozo das vantagens da vida comum é, assim, a posição de uma dinâmica de hominização extensiva, diferencial e continuada, na e pela reivindicação dos direitos, sob a base do princípio do prazer e da resistência comum à tristeza que engendra dominação e sacrifício. Dinâmica da reivindicação, na cooperação, que é dinâmica ético-política da complexificação dos corpos que, segundo a pluralização das maneiras de afetar e ser afetado de que são capazes, como nas maneiras de estar junto, multiplicam indefinidamente as aberturas singulares da liberdade a novos pensamentos capazes da verdade, de novas práticas, de novas potências do fazer, de novos direitos. É a dinâmica da *multitudinis potentia*, constituinte do "direito natural que é próprio ao gênero humano".[283] Essa potência de resistência (que é aquela, múltipla, que se dá na e pela singularidade dos laços), se exerce, assim, como potência social da diferença, na qual e pela qual, sem cessar, deslocam-se e se reconstituem as figuras da humanidade do homem e, simultaneamente, suas clausuras "animalizantes" e os pontos de passagem pelos quais essas figuras e esses limites estão sempre-já, secretamente, na própria reivindicação, em vias de ser transgredidos.

---

[278] *TP*, cap. IV, art. 5.
[279] *TTP*, cap. XVII [2] (p. 251).
[280] *TP*, cap. III, art. 1.
[281] *TP*, cap. X, art. 8.
[282] *TP*, cap. III, art. 12.
[283] *TP*, cap. II, art. 15.

E é por isso que, no domínio da política e da história, a leitura de Espinosa nos ensina que, para além da defesa teórica de um direito de cada um à humanidade, a história real de uma "vida humana" procede quanto a ela, de início, no segredo e pelo rompimento. E que uma antropogênese só possui, então, verdade efetiva no terreno de uma ontologia política atenta às estratégias de afirmação e de resistência que o *conatus*-reivindicativo da multidão desenvolve no segredo da constituição continuada de uma vida comum.

Referências

ESPINOSA, B. *Tratado Teológico-Político*. São Paulo: Martins Fontes, 2003.

NEGRI, A. *O poder constituinte. Ensaio sobre as alternativas da modernidade*. Rio de Janeiro: DP&A, 2002.

SPINOZA. *Œuvres III – Traité thélogico-politique*. Trad. J. Lagrée et P-F. Moreau. Paris: PUF, 1999.

SPINOZA. *Traité politique*. Paris: LGF, 2002, no Livre de poche, Classiques de la philosophie.

SPINOZA. *Œuvres I*. Paris: GF Flammarion, 1964.

SPINOZA. *Œuvres IV*. Paris: GF Flammarion, 1966.

TRATADO DA CORREÇÃO DO INTELECTO. In: *Espinosa*. São Paulo: Abril Cultural, 1973, 1. ed. e seguintes. Coleção Os pensadores.

TRATADO DA REFORMA DA INTELIGÊNCIA. São Paulo: Martins Fontes, 2002.

Bibliografia seletiva de Laurent Bove sobre lógica dos afetos e política

Obras do autor

Camus. De l'absurde à l'amour (en collaboration). Paris, éd. Paroles d'Aube, 1995. Reeditada em 2002 pelas éd. La Renaissance du Livre.

La Stratégie du Conatus. Affirmation et Résistance chez Spinoza. Coll. "Bibliothèque d'Histoire de la Philosophie", édition Vrin, 1996. Ouvrage distingué par le Jury du Prix XVIIe siècle 1996 (*XVIIe SIÈCLE* n°194, janvier-mars 1997).

BOVE, Laurent. Revisão, introdução, notas e comentários in *Spinoza: Traité Politique*. Tradução de E. Saisset. Paris, Le Livre de Poche, Classiques de la philosophie, 2002.

Vauvenargues ou le Séditieux. Entre Pascal et Spinoza, une philosophie pour la seconde nature. Coll. "Libre pensée et littérature clandestine", éd. Champion, Paris, 2010.

Obras coletivas organizadas pelo autor

Théâtre et Justice. État et Démocratie, Actes du Colloque du Palais de Justice de Paris, éd. Quintette, Paris, 1991.

La Recta Ratio. Criticiste et Spinoziste ? Hommage en l'honneur de Bernard Rousset, Presses de l'Université de Paris-Sorbonne, Paris, 1999.

Vauvenargues. Philosophie de la force active. Critique et Anthropologie, coll. Moralia, éd. Champion, Paris, 2000.

Le philosophe, le sage et le politique. De Machiavel aux Lumières, (com C. Duflo) Actes du Colloque d'Amiens, éd. Publications de l'Université de Saint-Étienne, 2002.

Qu'est-ce que les Lumières Radicales ? Libertinage, athéïsme et spinozisme au tournant philosophique de l'Âge Classique (com C. Secrétan et T. Dagron), éd. Amsterdam, collection Caute, Paris, 2007.

Pascal et Spinoza. De la géométrie du hasard à la nécessité de la liberté (com G. Bras et É. Méchoulan), éd. Amsterdam, collection Caute, Paris, 2007.

Philosophie politique, Les deux Corps du monstre, dir. com Filippo Del Lucchese de *Multitudes* 33; présentation "Tératopolitique : récits, histoire (en)jeux", éd. Amsterdam, Paris, 2008.

Artigos

"Théorie de l'amour-propre et de l'orgueil", in *Studia Spinozana* n° 8, *Spinoza's psychology and social psychology*, Königshausen & Neumann, Würzburg, 1992.

"Subjectivité éthique et logique de l'affirmation des forces" *La Etica de Spinoza, Fundamentos y Significado*, éd. A. Dominguez, coll. Estudios, ed. de la Universidad de Castilla La Mancha, 1992.

"Spinoza dans le cours d'Alexandre Kojève", *Spinoza au XXe siècle*, dir. Olivier Bloch, Puf, Paris, 1993.

"Épicurisme et spinozisme : l'éthique", in *Spinoza, Épicure, Gassendi, Archives de Philosophie* t.5, Paris, 7 juillet-septembre 1994.

"Enseignement du Christ et résistance dans le *TTP*", in *La Bible et ses raisons*, ouvrage collectif de l'UPRES-A 5037 de l'Université de Saint-Étienne, 1996.

"Le désir et la mort chez Pascal", in *Pascal philosophe, Revue Internationale de Philosophie*, Paris, n° 1/1997.

"Les raisons de l'échec de l'enseignement du Christ et la constitution du christianisme dans le *TTP*", in *Fécondité de la dissension religieuse aux XVIe et XVIIe siècles*, Publications de l'Université de Saint-Étienne, 1998.

"La dynamique singulière du corps humain et la pulsion éthique de la liberté chez Spinoza", in *Corps et Science. Enjeux culturels et philosophiques*, Actes du Colloque d'Ottawa sob a direção de L. P. Bordeleau et S. Charles (orgs.), éd. Liber, 1999.

"Le retour aux principes de l'État de Moïse. Éléments pour une lecture politique et matérialiste de l'enseignement du Christ chez Spinoza", *Materia Actuosa. Antiquité, Âge classique, Lumières*, Mélanges O. Bloch, éd. Champion, Paris, 2000.

"*Autour de Spinoza*. Entretien avec Alexandre Matheron. Questions de P.F. Moreau et L. Bove", in *Multitudes*, n° 2/2000. Reeditado em *Anthologie Multitudes* pelas éd. Amsterdam, Paris, 2007. Publié en traduction coréenne avec *Individu et communauté chez Spinoza* d'Alexandre Matheron (trad. Eun-ju Kim, Séoul, 2008) ; publié en trad. italienne de F. Del Lucchese in *Scritti su Spinoza, Alexandre Matheron* (ed. Ghibli, Milano, 2008).

"De l'étude de l'État hébreu à la Démocratie. La stratégie politique du conatus spinoziste", in *Philosophie, Droits et Démocratie*, Actes du Congrès de l'Acfas, Université d'Ottawa, 1999, revue canadienne *Philosophiques*, automne 2002.

"L'adolescence indéfinie du monde", revue *Autrement, L'adolescence à risque*, dir. David Le Breton, janv. 2002 (réédition coll. Pluriel, Hachette-Littératures, 2003).

Animalisation, Auto-organisation, Coutume, Effort, Masse, Résistance, Stratégie, Théocratie, articles pour le *Grand Dictionnaire de la Philosophie* sous la direction de Michel Blay, éd. Larousse, CNRS-éditions, 2003.

"Droit de guerre et droit commun dans la politique spinoziste", *Guerre, Justice et Mondialisation, Revue Tunisienne des Études Philosophiques* n° 36/37, 2004/2005.

"Spinoza : le droit naturel qui est propre au genre humain, une puissance commune de revendiquer des droits", in *Humanités*, sob a direção de J. Allard et Th. Berns, éd. Ousia, 2005.

"Le corps sujet-des-contraires et la dynamique prudente des *dispositiones corporis*" in *Penser les Corps, Asterion* n° 3, septembre 2005.

"Objet de l'amour et amour sans objet dans la politique spinoziste", *Spinoza, philosophe de l'amour*, dir. Chantal Jaquet, Pascal Séverac, Ariel Suhamy, éd. de l'Université de Saint-Étienne, 2005.

Table ronde de la Sorbonne sur "Les Lumières radicales. Spinoza, la philosophie et la naissance de la modernité", avec la participation de Jonathan Israel, Laurent Bove, Colas Duflo et Pierre-François Moreau, *Bulletin de l'Association des Amis de Spinoza* n° 38, 2006 (p. 2 à 16).

"Politique : 'j'entends par là une vie humaine'. Démocratie et orthodoxie chez Spinoza", in *Multitudes* n° 22, automne 2005, Reeditado em *Anthologie Multitudes* aux éd. Amsterdam, Paris, 2007.

"*Éthique III*", in *Lectures de Spinoza*, organizada por P.-F. Moreau et Ch. Ramond, Ellipses, Paris, 2006.

"Peinture de l'ordinaire et pensée politique du commun. Machiavel, Bruegel, Spinoza", in *L'ordinaire et le politique*, organizada por Sandra Laugier et Claude Gautier, Puf, 2006.

"Théocratie, Monarchie, Aristocratie. Confiance et formes de l'État chez Spinoza", in *Conflit, Confiance*, éds Robert Damien et Christian Lazzeri, Presses Universitaires de Franche-Comté, 2006.

"Puissance d'*une vie* comme singularité. La place vide de la cause de la modification des contraíres", in *Spinoza et les philosophies de la vie, Kairos* 28, Presses universitaires du Mirail, Toulouse, 2006.

"Les simulacres, la chaire et la scène", in *Poétique de la pensée. Études sur l'âge classique et le siècle philosophique. En hommage à Jean Dagen*, éd. par B. Guion, S. Menant, M. S. Seguin et Ph. Sellier. Préface de S. Menant, éd. H. Champion, 2006.

"Boulainvilliers lecteur de Spinoza. Analyse politique et forme paradoxale de la radicalité dans la première moitié du XVIIIe siècle", in *Qu'est-ce que les Lumières Radicales ? Libertinage, athéïsme et spinozisme au tournant de l'Âge Classique*, éd. Amsterdam, collection *Caute*, Paris 2007.

"Le désir, la vie et la mort chez Pascal et Spinoza", in *Pascal* et *Spinoza. De la géométrie du hasard à la nécessité de la liberté*, éd. Amsterdam, collection *Caute*, Paris, 2007.

"Du complexe au commun. Quelques réflexions sur la 'prudence' et la 'libre nécessité' spinoziste", Actes du colloque de Cerisy, *Autour de l'œuvre d'Henri Atlan, Déterminismes et Complexité, du physique à l'éthique*, dir. Paul Bourgine et David Chavalarias, éd. La Découverte, Paris, 2008.

Le *Traité politique* de Spinoza avec L. Bove, P.-F. Moreau, Ch. Ramond. Questions posées par Ch. Jaquet, *in La multitude libre. Nouvelles lectures du Traité politique*, dir. Ch. Jaquet, P. Séverac, A. Suhamy, coll. Caute, éd. Amsterdam, Paris, 2008.

"Vivre contre un mur. Diagnostic sur l'état de notre nature en régime de terreur ordinaire", *Philosophie politique. Les deux Corps du monstre*, in *Multitudes* n° 33, éd. Amsterdam, Paris, 2008.

"Une théorie de la pratique collective. Résister à l'oppression", *Spinoza. Le maître de liberté*, Hors-série du *Nouvel Observateur* n° 73 de juillet-août, Paris, 2009.

"Lumières radicales ou 'modérées' : une lecture à partir de Spinoza", *Refaire les Lumières ?*, revue *Esprit* août-septembre, Paris, 2009.

"Émotions, manières d'être et nature 'humaine' chez Spinoza", *Les Émotions*, dir. Sylvain Roux, Thema, éd. Vrin, Paris, 2009.

"Préface" à *Épistémologie et Transculturalité* de Jacques Chatué : t. 1, *Le paradigme de Lupasco*; t. 2, *Le paradigme de Canguilhem*, éd. L'Harmattan, Paris, 2010.

Publicações em outras línguas

"*Lo Stato degli Ebrei e l'Impero*", *Posse*, trad. italienne de Saverio Ansaldi, Rome, 2000.

La strategia del conatus. Affermazione e resistenza in Spinoza. Trad. de Filippo del Lucchese, Milão, ed. Ghibli, 2002.

"*La adolescencia indefinida del mondo*", in *Adolescencia bajo riesgo*, dir. David Le Breton, presentacion de Maren Ulriksen de Vinar, trad. espagnole por Laura Masello, éd. Trilce, Montévidéo, 2003.

"Hilaridade e contentamento intimo", in *Psicopatologia: Clinicas de Hoje*. Trad. e ed. de David Calderoni (org.), São Paulo, Via lettera, 2006.

"*Il desiderio di non essere dominati. Moltitudine e anthropogenesi*". Atti del convegno internazionale di Bologna, 17-19 novembre 2005, *Spinoza : Individuo e Moltitudine*, a cura di Riccardo Caporali, Vittorio Morfino, Stefano Visentin, Società Editrice Il Ponte Vecchio, Cesena, 2007.

"Hilaritas and Acquiescentia in se ipso" ; vol. 4 de *Spinoza by 2000, The Jerusalem Conferences. Ethica IV, Spinoza on Reason and the "Free Man"*, éd. Brill 2007.

"Boulainvilliers" article en anglais in *Dictionnary of Seventeenth-Century French Philosophers*, sous la direction de Luc Foisneau, éd. Thoemmes, London-New-York, 2008.

"*Luc de Clapiers Vauvenargues*", article en allemand in *Grundriss der Geschichte der Philosophie*. Begründet von Friedrich Ueberweg. *Die Philosophie des 18. Jahrhunderts. Band 2 : Frankreich*, Herausgegeben von Johannes Rohbeck und Helmut Holzhey, éd. Schwabe & Co Ag. Verlag und Drukerei, Basel, 2008.

"*Direito de Guerra e Direito Commun na Politica Spinozista*", article en portugais in *Revista Conatus, Filosofia de Spinoza*, vol. 2 n° 4, Fortaleza, Ceara, Brasil, décembre 2008.

"*Un'ontologia politica della confidenza : il modello teocratico*", *Spinoza*, article en italien in *Quaderni Materialisti*, ed. Ghibli, Milan, 2008.

"*De la prudencia de los cuerpos a la historia de los hombres*", article en espagnol in Atas do Congresso *Spinoza : de la fisica a la historia*, realizado na Université de Ciudad Real, Coordinatores Julian Carvajal, Maria Luisa de la Camara, trad. Pedro Lomba, ed. de la Universidad de Castilla-La Mancha, 2008.

"*Epicurism em spinozisme : De ethiek*", article en néerlandais in *Spinoza, Filosoof van de Blijheid*, Tinneke Beeckman red., éd. Academic and Scientific Publishers, Bruxelles, 2009.

"*Politique, j'entends par là une vie humaine*", article en japonais in *Antonio Negri*, p. 152-163, trad. et dir. de Yoshihiko Ichida, Tokio 2009.

"*Lenguaje-poder : el envite de la interpretacion*", article en espagnol in *Spinoza Contemporaneo*, dir. Montserrat Galceran Huguet et Mario Espinoza Pino, Tierradenadie ediciones, 2009.

"*Diritto di guerra e soggetto politico d'ell'autonomia in Spinoza*", article en italien in *Storia politica della moltitudine. Spinoza e la modernità*, a cura di Filippo Del Lucchese, ed. Derive Approdi, Roma, 2009.

La Estrategia del conatus. Afirmacion y resistencia en Spinoza, traduction espagnole Gemma Sanz Espinar, Tierradenadie ediciones, Ciempozuelos Madrid, 2009.

Sobre os tradutores

André Menezes Rocha é doutorando em Filosofia pela Universidade de São Paulo (USP). Desenvolve sua pesquisa com foco na filosofia de Espinosa, mais precisamente com foco na ética e na política de Espinosa. É membro, desde 2000, do Grupo de Estudos Espinosanos do Departamento de Filosofia da USP, coordenado por Marilena Chauí.

Bernardo Bianchi Barata Ribeiro é graduado em Direito pela Pontifícia Universidade Católica do Rio de Janeiro. Mestre em Ciência Política pela Sociedade Brasileira de Instrução (SBI/IUPERJ), é atualmente doutorando em Ciência Política nessa mesma instituição.

Danilo Bilate é doutorando em filosofia pela Universidade Federal do Rio de Janeiro (UFRJ) e membro do Grupo de Estudos Spinoza & Nietzsche (SpiN), coordenado pelo professor André Martins. É coeditor da *Revista Trágica: Estudos sobre Nietzsche* (www.tragica.org). Atualmente desenvolve pesquisa sobre a possibilidade de uma Ética em Nietzsche.

David Calderoni é pesquisador do Núcleo de Psicopatologia, Políticas Públicas de Saúde Mental e Ações Comunicativas da Universidade de São Paulo (Nupsi-USP), doutor em Psicologia pela USP e membro do Departamento de Psicanálise do Instituto Sedes Sapientiae. É autor, entre outros, de *O Caso Hermes: a dimensão política de uma intervenção psicológica em creche – um estudo em psicologia institucional* (Casa do Psicólogo/Fapesp, 2004) e *O silêncio à luz – ensaios para uma ciência do singular* (Via Lettera, 2006)

Éricka Marie Itokazu é doutora em Filosofia pela Universidade de São Paulo (USP). Atualmente é pós-doutoranda na mesma universidade como pesquisadora integrante do Projeto Temático "Ruptura e continuidade: relações entre Natureza e História". É membro do Grupo de Estudos Espinosanos.

Henrique Piccinato Xavier é doutorando em Filosofia pela Universidade de São Paulo. Graduado em Artes Plásticas (Multimídia) pela mesma Universidade, é membro do Grupo de Estudos Espinosanos.

Lívia Godinho Nery Gomes é graduada em Psicologia pela Universidade Federal de Sergipe (UFS), mestra em Psicologia Social pela Universidade de São Paulo (USP) e doutora em Psicologia Social e do Trabalho também pela USP.

Marcelo Bianchi Barata Ribeiro é graduado em Ciências Econômicas pela Pontifícia Universidade Católica do Rio de Janeiro (2008).

Marcos Ferreira da Paula é doutor em filosofia pela USP, membro do Grupo de Estudos Espinosanos e do Grupo de Estudos Spinoza & Nietzsche (SpiN), coordenado pelo professor André Martins (UFRJ).

Maurício Ayer é tradutor, graduado em Composição pela Faculdade Santa Marcelina e doutor em Língua e Literatura Francesa pela Universidade de São Paulo.

Moara Passoni é graduada em Ciências Sociais pela Faculdade de Filosofia, Letras e Ciências Humanas da Universidade de São Paulo (USP). Estudou Comunicação das Artes do Corpo pela Pontifícia Universidade Católica de São Paulo (PUC-SP) e Cinema na EICTV em Cuba. É mestranda em Cinema pela Universidade de Campinas (Unicamp) e doutoranda em Estética pela Universidade Paris VIII.

Renato Mezan é psicanalista, professor titular da Pontifícia Universidade Católica de São Paulo (PUC-SP) e membro do Departamento de Psicanálise do Instituto Sedes Sapientiae, onde coordena a revista *Percurso*. É autor de 14 livros, entre os quais *Freud: a trama dos conceitos* (1982), *Freud: pensador da cultura* (1985), *Figuras da teoria psicanalítica* (1995), *Escrever a clínica* (1998), *Interfaces da psicanálise* (2002) e *Intervenções I* (2010).

Qualquer livro do nosso catálogo não encontrado nas livrarias pode ser pedido por carta, fax, telefone ou pela Internet.

✉ Rua Aimorés, 981, 8º andar – Funcionários
Belo Horizonte-MG – CEP 30140-071

📱 Tel: (31) 3222 6819
Fax: (31) 3224 6087
Televendas (gratuito): 0800 2831322

@ vendas@autenticaeditora.com.br
www.autenticaeditora.com.br

Este livro foi composto com tipografia Baskerville
e impresso em papel Chamois 80 g na Formato Artes Gráficas.